*Migrant Workers' Employment
in the Urban Labor Market :
Search Constraints and Matching Path*

中国"三农"问题研究系列

农民工城市就业：
搜寻渠道与匹配路径

韩洪云　梁海兵 ◎著

ZHEJIANG UNIVERSITY PRESS
浙江大学出版社

致　谢

　　本书的研究和出版得到了国家社会科学基金重大项目(14ZDA070)、教育部人文社会科学研究项目(14YJA790010)、浙江大学农业现代化与农村发展研究中心(CARD)的资助,在此表示衷心的感谢!

前　言

　　农业农村农民问题是关系国计民生的根本性问题。没有农业农村的现代化，就没有国家的现代化。提高农业综合生产能力是推进农村经济社会全面发展、加快实施乡村振兴战略的基础。有限土地上的劳动过密投入，是提高农业劳动生产率的一大障碍。劳动力不完全商品化、土地资本化发展不足，限制了农户资本积累能力。虽然农村市场与国内、国际市场日趋融合，加速了中国农村经济的商品化和专业化发展，但二元体制的政策设计与农业过密化增长条件下的农民被迫进入市场的现实，导致农村剩余劳动力城市稳定就业困难，迟滞了中国城市化发展进程。土地低度资本化与农民工社会保障缺失的不完全商品化相互强化，降低了农户的资本积累能力、阻碍了农村剩余劳动力转移。

　　促进农村剩余劳动力的有效转移和城市稳定就业不仅是解决"三农"问题的重要任务之一，而且事关我国经济转型和国家现代化发展进程。改革开放以来，随着工业化和城市化进程的加快，农村剩余劳动力开始向城市转移。但农村剩余劳动力在转移过程中也受到自身、家庭以及社会等诸多因素的制约。落后的思想观念、较低的劳动技能、疏离的社交网络、激烈的竞争环境和城乡二元的制度限制成为农村剩余劳动力转移的障碍。本研究希望通过对农民工城市就业：搜寻渠道与匹配路径的研究，探索促进农民工城市稳定就业的制度与经济因素，以期为中国新型城镇化建设提出可行的对策建议。

作　者

2018 年 2 月

目　录

上篇
农村剩余劳动力转移:动因与决定因素

　　党的十八大提出:"解决好农业农村农民问题是全党工作的重中之重,城乡发展一体化是解决'三农'问题的根本途径。"促进农村剩余劳动力的有效转移不仅是解决"三农"问题的重要任务之一,而且事关我国经济转型和现代化建设。改革开放以来,随着工业化和城市化进程的加快,大批农村剩余劳动力开始向城市转移。城市的各种优越性,如较高的经济收入、更多的发展机会、便利的基础设施和良好的人文环境吸引着众多农村人口流入,为城镇的发展注入了新的生机与活力。但农村剩余劳动力在转移过程中也受到自身人力资本、家庭以及社会等诸多因素的制约。落后的思想观念、较低的劳动技能、疏离的社交网络、激烈的竞争环境和城乡二元制度成为农村剩余劳动力转移的障碍。本篇主要就农村剩余劳动力转移动因、决定因素作简要分析。

第 1 章
农村剩余劳动力转移动因

1.1　农村剩余劳动力就业现状

二元经济的主要特征是落后的农村经济和高农业就业比例。通过城市化促进农业人口向非农产业转移,是加快农业经济发展和二元经济转换的重要途径。产业结构理论认为,随着经济的发展,国民经济各部门的主导产业会出现不断替换并产生相应的结构效益。克拉克(Colin Clark)在英国经济学家配第(William Petty)关于国民收入与劳动力关系学说的基础上,根据宏观数据,总结并验证了就业及产业间的结构性变化规律,即"配第—克拉克定理"。该定理指出,随着经济发展和人均国民收入的提高,劳动力首先从第一产业向第二产业转移;当人均国民收入进一步提高时,劳动力则向第三产业转移。

改革开放以来,中国劳动就业人口配置经历了配第—克拉克配置过程(见表 1.1)。其中,劳动力指 16 岁以上各产业的年末从业人员。从三次产业劳动力投入构成情况看,第一产业的劳动力投入始终占据最大比例,1990 年的劳动力投入人数为 38914 万人,占总劳动力投入的 60.1%;2011 年,第一产业的劳动力投入人数为 26594 万人,占总劳动力投入的 34.8%,下降了 25.3%。随着我国整体生产力水平的提高,农村大量剩余劳动力在收入差距的推动下逐渐向城市转移,导致第一产业的劳动力投入的绝对数及相对数均一直处于下降趋势,第二产业和第三产业的就业人数一直处于上升态势。1990 年,我国第二产业劳动力投入人数为

13856万人,占总劳动力投入的21.4%;2011年,第二产业的劳动力投入人数为22544万人,占总劳动力投入的29.5%,增加了8.1个百分点。第三产业在1990年的劳动力投入为11979万人,占总劳动力投入的18.5%;2011年,从事第三产业劳动力的绝对数上升至27282万人,占总劳动力投入的比重上升至35.7%。其中,农业劳动力在社会总劳动力的比例以平均每年1.06个百分点下降。

表1.1 我国三次产业就业人数及构成

年份	就业人数(万人)			构成(%)		
	第一产业	第二产业	第三产业	第一产业	第二产业	第三产业
1952	17317	1531	1881	83.5	7.4	9.1
1978	28318	6945	4890	70.5	17.3	12.2
1980	29122	7707	5532	68.7	18.2	13.1
1985	31130	10384	8359	62.4	20.8	16.8
1990	38914	13856	11979	60.1	21.4	18.5
1991	39098	14015	12378	59.7	21.4	18.9
1992	38699	14355	13098	58.5	21.7	19.8
1993	37680	14965	14163	56.4	22.4	21.2
1994	36628	15312	15515	54.3	22.7	23.0
1995	35530	15655	16880	52.2	23.0	24.8
1996	34820	16203	17927	50.5	23.5	26.0
1997	34840	16547	18432	49.9	23.7	26.4
1998	36177	16600	18860	49.8	23.5	26.7
1999	35768	16421	19205	50.1	23.0	26.9
2000	36043	16219	19823	50.0	22.5	27.5
2001	36513	16284	20228	50.0	22.3	27.7
2002	36870	15780	21090	50.0	21.4	28.6
2003	36546	16077	21809	49.1	21.6	29.3
2004	35269	16920	23011	46.9	22.5	30.6
2005	33970	18084	23771	44.8	23.8	31.4

续　表

年份	就业人数（万人）			构成（%）		
	第一产业	第二产业	第三产业	第一产业	第二产业	第三产业
2006	32561	19225	24614	42.6	25.2	32.2
2007	31444	20629	24914	40.8	26.8	32.4
2008	30654	21109	25717	39.6	27.2	33.2
2009	29708	21684	26603	38.1	27.8	34.1
2010	27931	21842	26332	36.7	28.7	34.6
2011	26594	22544	27282	34.8	29.5	35.7

资料来源：根据 2012 年《中国统计年鉴》整理。

　　国际发展经验表明，随着经济发展水平的提高，农业相对份额和就业份额下降具有客观必然性。世界主要国家的三次产业就业人员构成（见表 1.2）显示，2000 年，美国与日本在第一产业的劳动就业比重分别为 2.6% 和 5.1%；相比较而言，俄罗斯、印度、巴西和中国的农业劳动力投入比重较高，其中，中国第一产业的就业比重在金砖四国中最高，高达 50.0%。同年，美国与日本第三产业的就业比重均超过了 50%，分别占 74.4% 和 63.1%，中国第三产业就业比重最低，仅占 27.5%。当然，伴随着国民经济的不断发展，各国农业相对份额显著递减。2008 年，中国第一产业就业比重已经下降为 38.1%，印度与巴西分别下降至 41.2% 和 19.3%，美国与日本分别下降至 1.4% 和 4.2%。

　　随着第一产业劳动力投入的逐渐下降，第二、第三产业劳动力的吸纳能力不断增强，第二、三产业对农村剩余劳动力就业的拉动作用也在逐步加强。但是相对于发达国家，中国农业劳动力所占比重仍然处于较高水平，通过第二、三产业的发展以及农村劳动力的转移实现就业结构转化的任务十分艰巨。

表 1.2　世界主要国家三次产业就业人员构成

国家	第一产业（%）				第二产业（%）				第三产业（%）			
	2000年	2003年	2005年	2008年	2000年	2003年	2005年	2008年	2000年	2003年	2005年	2008年
中国	50.0	49.1	44.8	38.1	22.5	21.6	23.8	27.8	27.5	29.3	31.4	34.1

续　表

国家	第一产业(%)				第二产业(%)				第三产业(%)			
	2000年	2003年	2005年	2008年	2000年	2003年	2005年	2008年	2000年	2003年	2005年	2008年
美国	2.6	2.5	1.6	1.4	23.0	21.6	20.6	20.6	74.4	75.9	77.8	78.0
日本	5.1	4.6	4.4	4.2	31.2	28.8	27.9	27.9	63.1	65.6	66.4	66.7
俄罗斯	12.7	10.0	10.2	9.0	29.6	31.3	29.8	29.2	57.7	58.7	60.0	61.8
印度	45.3	46.4	44.0	41.2	13.5	13.2	18.7	18.8	41.2	40.4	37.2	39.9
巴西	—	19.8	20.5	19.3	20.0	21.6	21.4	21.4	59.4	58.4	57.9	59.1

资料来源:根据 2004—2012 年《中国统计年鉴》整理。

1.2　中国城乡居民收入差距

　　根据刘易斯(1954)发展中国家传统农业部门与现代城市工业部门的二元经济结构理论,农村劳动力不断流向工业部门是农业部门的大量劳动力剩余和工业部门扩张的结果。中国人口基数大,农村人口比重高。为了解放生产力并推动农业发展,中国政府通过推行家庭联产承包责任制,缓解了农业就业压力,提高了农业相对生产效率,并促使大量农村剩余劳动力向农业外转移。

　　历史地看(见表 1.3),1990 年,我国乡村人口 84138 万人,占全国总人口的 73.59%;城镇人口 30195 万人,占总人口的 26.41%。2010 年,我国乡村人口 67113 万人,占总人口比重下降至 50.05%。全国人口变动情况抽样调查数据显示,2011 年,我国城镇人口占总人口比重首次超过了 50%,达到 51.28%,与上年相比,上升 1.32 个百分点,城镇人口为 69079 万人,增加 2100 万人;乡村人口 65656 万人,减少 1457 万人。城镇人口比乡村人口多 3423 万人。从绝对量看,农村人口虽然仍然在不断增长,但其占全国人口总量的比重却在缓慢下降。

表 1.3　1990—2011 年中国城乡人口及其构成

年份	总人口(万人)	城镇		乡村	
		人口数(万人)	比重(%)	人口数(万人)	比重(%)
1990	114333	30195	26.41	84138	73.59

续 表

年份	总人口（万人）	城镇		乡村	
		人口数（万人）	比重（%）	人口数（万人）	比重（%）
1991	115823	31203	26.94	84620	73.06
1992	117171	32175	27.46	84996	72.54
1993	118517	33173	27.99	85344	72.01
1994	119850	34169	28.51	85681	71.49
1995	121121	35174	29.04	85947	70.96
1996	122389	37304	30.48	85085	69.52
1997	123626	39449	31.91	84177	68.09
1998	124761	41608	33.35	83153	66.65
1999	125786	43748	34.78	82038	65.22
2000	126743	45906	36.22	80837	63.78
2001	127627	48064	37.66	79563	62.34
2002	128453	50212	39.09	78241	60.91
2003	129227	52376	40.53	76851	59.47
2004	129988	54283	41.76	75705	58.24
2005	130756	56212	42.99	74544	57.01
2006	131448	57706	43.90	73742	56.10
2007	132129	59379	44.94	72750	55.06
2008	132802	60667	45.68	72135	54.32
2009	133474	62186	46.59	71288	43.41
2010	134091	66978	49.95	67113	50.05
2011	134735	69079	51.28	65656	48.72

资料来源：根据 2012 年《中国统计年鉴》整理。

　　农村人口是农业劳动力的源泉，农村劳动力供给的增加与农村人口增长密不可分。农村人口相对比重的下降，一方面提高了农业相对生产效率；另一方面促进了农村劳动力由第一产业向第二、三产业的转移，推动了农村经济和城市化的进一步发展。我国农村剩余劳动力转移大致经历了两个阶段：

第一个阶段为 1979—1994 年。随着我国经济体制改革及经济结构的调整,1979—1988 年,农业劳动力占社会总劳动力的比重以平均每年 1.72 个百分点的速度下降。但由于国家对宏观经济的调整,1988—1994 年农村非农就业处于停滞状态。第二个阶段为 1995 年至今。农村剩余劳动力转移在我国经济高速增长的同时又迎来了新一轮加速发展的局面。

农村剩余劳动力转移的直接目的在于提高农民收入。随着中国家庭联产承包责任制、鼓励农村非农产业和乡镇企业发展、放松农村劳动力流动限制等一系列措施的实施,中国农村发生了举世瞩目的变化。但由于历史、经济和社会等各种原因,我国经济结构不合理、农民收入增长缓慢等矛盾仍然十分突出。虽然城乡居民的生活水平总体得到了很大改善,但大部分的农村人口生活水平仍然较低。与此同时,农村教育、医疗保险等基本社会事业发展滞后,导致我国城乡和地区之间的收入差距呈现逐步扩大趋势,从城镇居民家庭与农村居民家庭人均纯收入变化中可见一斑(刘文勇,2004)。转变经济发展方式,由过多地依赖进出口、依赖外需转向依赖内需,内需更多地应该转向消费需求,要扩大消费需求,当然要增加居民收入。农村人口收入相对偏低,他们的消费水平就受到影响。

如表 1.4 所示,整体来看,我国农村居民人均收入水平是在不断提高的。1990 年农村居民家庭人均收入仅为 686 元,2011 年增加到 6977 元。毋庸置疑,中国经济的发展带来了农村居民收入的不断增长和生活水平的提高。但一个值得注意的现象是,农民增收并没能缩小城乡收入差距。相反,城乡收入差距却在持续扩大。1990—2000 年,我国城乡收入比一直处于 2~3 之间;自 2000 年以后,我国城乡收入比一直处于 3 以上;2007 年,我国城乡收入差距维持扩大趋势,并达到历史最高位 3.33。2010 年,我国城镇居民人均可支配收入 19109 元,农村居民人均纯收入 5919 元,城乡收入差距为 3.23 倍,是世界上城乡收入差距最大的国家之一(中国社会科学院,2010)。据 2005 年国际劳工组织的研究结果,多数国家的城乡人均收入比都低于 1.6,只有 3 个国家超过了 2,中国名列其中。美、英等西方发达国家的城乡收入差距一般在 1.5 左右。2011 年,我国城镇居民人均可支配收入与农村居民人均纯收入分别以 14.1% 和 17.9% 的速度增长,城乡收入比较 2010 年有所回落,降至 3.13 倍,但是仍远超过世界城乡收入差距的平均水平。城乡收入差距的持续扩大,已成为中国经济社会和谐发展的一大挑战。

表 1.4 我国居民城乡收入

年份	农村居民人均纯收入(元)	城镇居民人均可支配收入(元)	城乡绝对差距(元)	城乡收入比
1990	686	1510	824	2.20
1991	708	1700	992	2.40
1992	784	2026	1242	2.58
1993	921	2577	1656	2.80
1994	1221	3496	2275	2.86
1995	1577	4283	2706	2.72
1996	1926	4838	2912	2.51
1997	2090	5160	3070	2.47
1998	2162	5425	3263	2.51
1999	2210	5854	3644	2.65
2000	2253	6280	4027	2.79
2001	2366	6860	4494	2.90
2002	2476	7703	5227	3.11
2003	2600	8472	5872	3.26
2004	2936	9424	6488	3.21
2005	3255	10493	7238	3.22
2006	3587	11759	8172	3.28
2007	4140	13786	9646	3.33
2008	4761	15781	11020	3.31
2009	5153	17175	12022	3.33
2010	5919	19109	13190	3.23
2011	6977	21810	14833	3.13

资料来源:根据 2012 年《中国统计年鉴》整理。

从城乡产业特性角度来看,农产品的收入需求弹性低于其他产品,因此第一产业的发展速度及其占 GDP 的比重会低于第二、三产业,农业产业的弱势地位导致城乡收入差距扩大。由于中国早期的产业战略性倾斜,使得我国很长一段时间都在依靠农业优先发展工业,加之户籍制度所引起的城乡劳动力市场分割始终没有得到根本解决,使得农民在择业及就业转移中遇到了极大阻碍。由户籍制度引发的巨大福利差异,使农民进入城市后在就业、子女上学、住房、医疗卫生等方面难以得到与城市人口相同的待遇,导致农民工城市就业转移困难。因此,尽管我国农民的迁移与择业已经实现了一定程度的自由转移,但城市劳动力市场发展的滞后和相对封闭,以及由户籍决定的利益分配机制,导致我国城乡居民收入差距持续扩大。农村居民收入增长乏力,阻碍了农村居民消费能力的提升和劳动力素质的改善,导致中国经济社会持续发展的人口红利逐渐消失。

1.3 中国农村居民消费约束

居民可支配收入、消费品的价格水平、消费环境、非家庭经营收入的比例,以及勤俭节约的消费伦理、隔代消费的消费习惯等因素是影响农村居民消费行为的重要因素,其中可支配收入水平是决定性的影响因素(王宏伟,2000)。本研究选取了1980—2010年农村居民的收入和消费数据,以及食品、衣着、居住、家庭设备用品及服务、交通通信、文教娱乐用品及服务、医疗保健和其他支出时间序列数据,在分析农村居民总体消费行为时,考察了总体消费和不同消费项目分别与当期收入(Y_t)、过去收入(Y_{t-1})、预期收入(Y_{t+1})之间的关系,研究目的在于考察收入约束条件下我国农村居民的消费行为特征。分析采用的计量模型如下:

$$C_t = \alpha + \beta_1 Y_t + \beta_2 Y_{t-1} + \beta_3 Y_{t+1} + \mu_t$$

其中,α,β_1,β_2,β_3分别表示基本生活消费、当期边际消费倾向、过去边际消费倾向和预期边际消费倾向。为消除物价上涨的影响,分析数据是扣除物价上涨因素后的农村居民实际收入和消费数据。回归分析结果如表1.5所示。

表 1.5 我国农村居民总体消费与收入回归分析结果

	常数项	Y_t	Y_{t-1}	Y_{t+1}	调整后 R^2
总消费支出	33.45***	0.87***	−0.35***	0.19**	0.9989
食品	107.08***	0.89***	−0.41**	−0.18	0.9804
衣着	17.37***	0.11***	−0.07***	0.01	0.9935
居住	−2.94	0.20	−0.11	0.02	0.9716

续　表

	常数项	Y_t	Y_{t-1}	Y_{t+1}	调整后 R^2
家庭设备用品及服务	6.31***	0.09***	−0.05**	−0.01	0.9811
交通通信	−50.56***	−0.16	0.04	0.18**	0.9179
文教娱乐用品及服务	−18.12***	−0.20**	0.18***	0.11**	0.9751
医疗保健	−21.47***	−0.04	0.02	0.07*	0.9652
其他支出	−4.18**	−0.02	0.03**	0.01	0.9545

注：***、**、* 分别表示在 1%、5% 和 10% 水平上显著。

回归分析结果表明：(1)随着当期收入水平的增加,食品、衣着和家庭设备用品及服务等生存消费显著增加,而发展型或享受型消费则显著减少。表明我国农村居民总体消费依然以家庭基本生存消费为主,发展型或享受型消费品的消费收入弹性较大。(2)食品、衣着和家庭设备用品及服务等生存型消费与过去收入负相关,预期收入对其影响并不显著。这表明我国农村居民的生存型消费几乎取决于当期收入,过去收入仅会对当期消费产生"补偿"作用,超前消费受消费文化影响几乎不可能发生。另外,食品的基本需求量和边际消费倾向要远远大于衣着和家庭设备用品及服务的基本需求量和边际消费倾向,食品消费是农村居民消费的主要组成部分。(3)交通通信和医疗保健需求受预期收入影响显著,而与过去收入和当期收入则无显著关系。由于其常数项均为负,表明我国农村居民对交通通信和医疗保健的消费仅有消费需求,而尚无消费能力。(4)对文教娱乐的消费受各个时期的收入影响显著。对过去、对未来消费迫切,而现在却消费不起,更多的收入用于其他支出。(5)我国农村居民当期总体消费受当期收入、过去收入和预期收入影响均非常显著,且与当期收入正相关,边际消费倾向为 0.87,表明我国农村居民当期收入每增加 1 元,将有 0.87 元用于消费,0.13 元用于储蓄。

实证分析表明,过去收入负向影响我国农村居民消费,预期收入正向影响农村居民当期消费。说明农村居民消费行为具有记忆性,未来收入预期影响农民的消费行为。根据已有的消费理论研究,随着收入的提高,基本生活消费比重比较高,消费结构逐渐升级,用于提高生活质量的消费比重会有较大幅度的提升(王宏伟,2000)。中国农村居民消费收入约束的结构性效应,值得深入分析。

在消费结构分析中,目前最常采用的是扩展线性支出系统模型。基于英国经济学家斯通(R. Stone,1954)的消费结构研究,经济学家路迟(C. Luch)1973)提出了线性支出消费函数。本研究采用改进的线性支出消费函数,形式如下:

$$I_i = p_i q_i + w_i (Y - \sum_{i=1}^{n} p_i q_i)$$

其中,I_i 为家庭对产品 i 的消费支出,p_i 和 q_i 分别为产品的价格和需求量,$p_i q_i$ 为家庭对产品 i 的基本需求(最低消费量),w_i 为剩余收入对第 i 种商品的分配比例,也就是第 i 种商品的边际消费倾向,Y 为家庭收入,$w_i(Y - \sum_{i=1}^{n} p_i q_i)$ 为对剩余收入 $(Y - \sum p_i q_i)$ 的分配。给定居民收入水平 Y,居民收入首先用于基本消费品需求 $p_i q_i$,剩余收入 $(Y - \sum p_i q_i)$ 按一定比例 w_1,w_2,$\cdots$,w_i 在其他不同消费品间分配。由于一部分收入将用于储蓄等其他支出,从而有 $\sum w_i < 1$。

整理可得:$I_i = (p_i q_i - w_i \sum_{i=1}^{n} p_i q_i) + w_i Y_i$

在此,$b_i = (p_i q_i - w_i \sum_{i=1}^{n} p_i q_i)$,$I_i = b_i + w_i Y$

传统的线性支出系统(Linear Expenditure System,LES)认为,所有的消费者某类消费品的边际预算份额或边际消费倾向是相同的。已有的理论分析表明,忽视收入变化的分配效应会导致对总需求弹性的错误估计。为此,中国社会科学院农村发展研究所课题组提出如下理论推设:同一收入等级的所有消费者对某类消费品的边际预算份额或边际消费倾向相同,不同收入等级的消费者则可能不同(朱信凯、骆晨,2011)。

考虑到消费价格影响,学者们在运用扩展线性支出系统模型时,往往采用截面数据以消除商品价格的影响(刘钟钦,1991)。本研究尝试使用价格平滑时间序列数据,研究我国农村居民不同收入组的消费结构变化规律。由于历年《中国统计年鉴》数据部分统计口径的不一致,导致数据获得困难,本研究选取了2002—2010年近10年的统计数据,分析不同收入对农民消费行为的影响。

不同收入组农村居民各项消费的边际消费倾向的估算结果(见表

1.6)表明,收入越高,边际消费倾向越低,但不同收入层次的农村居民各项消费的边际消费倾向存在明显差异。

表 1.6　不同收入组农村居民各项消费的边际消费倾向

	低收入	中低收入	中等收入	中高收入	高收入
食品	0.6916	0.3807	0.4468	0.2533	0.1858
衣着	0.0975	0.0564	0.0719	0.0428	0.0366
居住	0.3261	0.2043	0.2496	0.1550	0.1536
家庭设备用品及服务	0.0883	0.0591	0.0749	0.0446	0.0331
交通通信	0.1581	0.1013	0.1393	0.0954	0.1081
文教娱乐用品及服务	0.1119	0.0709	0.0960	0.0618	0.0496
医疗保健	0.0869	0.0435	0.0418	0.0257	0.0170
其他商品	0.0263	0.0172	0.0213	0.0125	0.0108
边际消费倾向	1.5867	0.9332	1.1415	0.6909	0.5946
边际储蓄倾向	−0.5867	0.0668	−0.1415	0.3091	0.4054

　　数据来源:根据 2003—2011 年《中国统计年鉴》数据整理。本章以下各表数据来源相同。

　　低收入和中等收入农村居民的边际消费倾向大于 1,低收入组的农村居民家庭生活基本消费中超出 60％的份额用于食品消费;随着收入水平的提高,食品消费所占比例递次下降,而中高收入和高收入组的边际储蓄倾向分别为 0.3091 和 0.4054。不同收入组农村居民消费具有分层特征。低收入层消费能力不足和高收入层储蓄率过高,共同导致了我国农村居民总体消费疲软。从同一收入层次角度考察我国农村居民的消费结构变化与从时间序列角度考察我国农村居民总体消费行为所获得的直接认知相似,即农村居民的消费仍以食品等生存型消费为主,同时交通通信等发展型消费以及文教娱乐用品及服务等享受型消费不足。

　　从各项消费的贡献率(见表 1.7)来分析,消费贡献率比较高的前四位消费分别是食品、居住、交通通信、文教娱乐用品及服务。这表明在收入约束条件下,农村居民对消费品的消费选择是有序的,即在收入约束条件下,农村居民会优先选择消费某些消费品(如食品等),而另一些消费品可能滞后消费(如医疗保健等)。其原因可能是因收入的差异而消费的出发点不同,或出于基本生活的满足(如食品的消费),或出于对生活质量的提升需求(如对交通通信、文教娱乐用品及服务等的需求),等等。这也进一步表明,当前农村居民除了食品、居住、交通通信、文教娱乐用品及服务消费需求比较高以外,其他消费,如医疗保健等关系民生的重要基础性消费依然疲软。

表 1.7 不同收入组农村居民的消费贡献率

	低收入	中低收入	中等收入	中高收入	高收入
食品	43.59	40.79	39.14	36.66	31.25
衣着	6.15	6.04	6.29	6.19	6.15
居住	20.55	21.89	21.87	22.43	25.84
家庭设备用品及服务	5.56	6.33	6.56	6.45	5.57
交通通信	9.97	10.85	12.21	13.81	18.18
文教娱乐用品及服务	7.05	7.59	8.41	8.94	8.34
医疗保健	5.48	4.66	3.66	3.71	2.86
其他商品	1.66	1.84	1.86	1.81	1.81

消费者收入变动是影响消费品需求的重要因素,其影响程度可通过需求的收入弹性得到反映。在这里收入弹性涉及的农村居民纯收入变量选取的是 2002—2010 年人均纯收入,具体收入弹性系数值如表 1.8 所示。

表 1.8 不同收入组不同消费需求的收入弹性系数

		食品	衣着	居住	家庭设备用品及服务	交通通信	文教娱乐用品及服务	医疗保健	其他商品
收入弹性	低收入	0.997	1.240	1.562	1.536	1.555	1.157	0.820	1.064
	中低收入	0.872	1.094	1.463	1.475	1.419	1.008	0.604	0.952
	中等收入	0.905	1.070	1.244	1.286	1.284	0.997	0.556	0.914
	中高收入	0.838	1.034	1.292	1.319	1.468	0.930	0.456	0.775
	高收入	0.840	1.033	1.244	1.099	1.672	0.789	0.355	0.707

在所有的收入组中,中等收入组农村居民各项消费与总体趋势表现出特异性,中等收入组农村居民的边际消费倾向低于低收入组农村居民

的边际消费倾向,却高于中低收入组农村居民边际消费倾向。不同收入组农村居民的各项消费品的收入弹性估算结果表明:(1)低收入组和中低收入组对文教娱乐用品及服务消费的收入弹性大于 1,反映出中低收入组和低收入组对文教娱乐用品及服务的消费需求比较高,而中等及以上收入组的收入需求弹性小于 1,即其对文教娱乐用品及服务消费需求比较低。(2)不同收入层次的农村居民食品和医疗保健消费的收入弹性均小于 1,且衣着、居住、家庭设备用品及服务和交通通信消费的收入弹性均大于 1,这一方面说明农村居民收入差异对食品和医疗保健的消费支出影响不大,同时对衣着、居住等消费的需求则表现较为宽松;另一方面也说明即使收入增长,农村居民对食品和医疗保健的消费增长速度也不会超过其收入增长的速度,而对衣着、居住、家庭设备用品及服务和交通通信等消费刚好相反,即随着收入的增加,其消费增加得更快。

总体而言,不同收入组的农村居民购买力和边际消费倾向各不同,农村购买力向高收入群体集中,低收入群体虽有较强的消费意愿但购买力不足。收入差距扩大使高收入群体的储蓄率增加而低收入群体的消费难以扩大,并且使消费层次不能形成梯度而影响了消费需求的持续性增长(王立明、王宪明,2004)。不同收入组的农村居民,因收入差异而消费需求不同,消费能力也各不相同:高收入组的农村居民消费需求在满足基本生活需求的基础上,其消费更偏重于生活质量的提高,如医疗保健等消费;而低收入组的农村居民由于收入限制,消费支出的大部分仍在于维持基本生活。

1.4 中国农村居民收入构成

发展农村经济,促进农村居民收入的较快增长、消费水平的较快提升,历来是党和政府工作的重要内容,尤其是从 2004 年起,中央连续发布"一号文件",强化了一系列"惠农"、"强农"措施,为农村居民收入的持续快速增长、农村居民生活水平的提高创造了良好条件。

由表 1.9 可知,1979—2010 年,农村居民人均纯收入由 160.2 元增加到 5919.0 元,年均名义增长 112.34%,扣除价格因素的影响,年均实际增长 7.52%。1979 年农村居民人均工资性收入为 100.7 元,占全年纯收入的比重为 62.86%;2010 年农村居民人均工资性收入达到 2431.1

元,占全年纯收入的比重为 41.07%。虽然随着农村居民收入绝对量的提高,工资性收入对农村居民收入的贡献率出现下降趋势,但一个不可否认的事实是,农村居民工资性收入在 1979—2010 年间增长了 72.32%。农村居民工资性收入保持较快增长,成为农村居民收入增长的重要来源;农村剩余劳动力就业转移成为农村居民收入增长的重要来源。

表 1.9 中国农村居民收入构成

年份	纯收入（元）	扣除价格因素实际比上年增长（%）	工资性收入（元）	家庭经营纯收入（元）	财产性收入（元）	转移性收入（元）
1979	160.2	19.2	100.7	44.0	15.5	—
1980	191.3	16.6	106.4	62.6	22.4	—
1981	223.4	15.4	113.8	84.5	25.1	—
1982	270.1	19.9	142.9	102.8	24.5	—
1983	309.8	14.2	57.5	227.7	24.6	—
1984	355.3	13.6	66.5	261.7	27.2	—
1985	397.6	7.8	72.2	296.0	29.5	—
1986	423.8	3.2	81.6	313.3	28.9	—
1987	462.6	5.2	95.5	345.5	21.6	—
1988	544.9	6.4	117.8	403.2	24.0	—
1989	601.5	1.6	136.5	434.6	30.5	—
1990	686.3	1.8	138.8	518.6	29.0	—
1991	708.6	2.0	151.9	523.6	33.0	—
1992	784.0	5.9	184.4	561.6	38.0	—
1993	921.6	3.2	194.5	678.5	7.0	41.6
1994	1221.0	5.0	263.0	881.9	28.6	47.6
1995	1577.7	5.3	353.7	1125.8	41.0	57.3
1996	1926.1	9.0	450.8	1362.5	42.6	70.2
1997	2090.1	4.6	514.6	1472.7	23.6	79.3
1998	2162.0	4.3	573.6	1466.0	30.4	92.0
1999	2210.3	3.8	630.3	1448.4	31.6	100.2

续　表

年份	纯收入（元）	扣除价格因素实际比上年增长（%）	工资性收入（元）	家庭经营纯收入（元）	财产性收入（元）	转移性收入（元）
2000	2253.4	2.1	702.3	1427.3	45.0	78.8
2001	2366.4	4.2	771.9	1459.6	47.0	87.9
2002	2475.6	4.8	840.2	1486.5	50.7	98.2
2003	2622.2	4.3	918.4	1541.3	65.8	96.8
2004	2936.4	6.8	998.5	1745.8	76.6	115.5
2005	3254.9	6.2	1174.5	1844.5	88.5	147.4
2006	3587.0	7.4	1374.8	1931.0	100.5	180.8
2007	4140.4	9.5	1596.2	2193.7	128.2	222.3
2008	4760.6	8.0	1853.7	2435.6	148.1	323.2
2009	5153.2	8.5	2061.3	2526.8	167.2	397.9
2010	5919.0	10.9	2431.1	2832.8	202.2	452.9

第 2 章
农村剩余劳动力转移决定因素

20 世纪 90 年代初,伴随着中国户籍制度改革,大批农村富余劳动力转向非农就业,此举不仅有效增加了农民的家庭收入,而且为中国经济增长提供了无可替代的内在动力。低劳动成本的劳动密集型产业集群发展是东部沿海地区经济增长和竞争优势的主要来源(范剑勇,2004)。源于美国的 2008 年金融危机,导致我国东部沿海地区中小型甚至大型出口依赖型企业倒闭破产,企业转型升级困难,劳动力吸纳能力下降。伴随着发达地区的经济波动,随之而来的是农民就业难和"民工荒"的交替显现,导致西部地区农村富余劳动力转移困难、农民收入增长下降和经济发展乏力。本研究对以往关于农村剩余劳动力就业转移行为从政策变迁、理论解释、区域特征和决定因素等四大方面加以考察。

2.1　政策变迁

政策对农村劳动力流动具有极大的导向作用(邓大松、孟颖颖,2008)。从农村剩余劳动力转移的历史变迁(见表 2.1)可知,政策是农民能否实现城乡自由转移的决定因素。国家在不同的阶段出于不同的经济目标而采用不同的管控政策,而正是这种具体的限流政策抑制或促进了农村劳动力的流动。

表 2.1　农村剩余劳动力转移的历史变迁

历史阶段	主要政策	劳动力转移变化
1949—1978 年	1958 年,国务院《中华人民共和国户口登记条例》	公民由农村迁往城市,必须持有城市劳动部门的录用证明、学校的录取证明
1979—1983 年	1981 年,中共中央、国务院《关于广开门路,搞活经济,解决城镇就业问题的若干决定》	严格控制农村劳动力注入城镇。对农村多余劳动力,要通过发展多种经营和兴办社队企业,就地适当安置,不使其涌入城镇
1984—1988 年	1984 年,中共中央《关于 1984 年农村工作的通知》	允许农民自筹资金、自理口粮,进入城镇务工经商
1989—1991 年	1989 年,国务院《关于严格控制民工外出的紧急通知》	各地政府需采取有效措施,严格控制当地民工盲目外流
1992—1999 年	1993 年,中共中央《关于建立社会主义市场经济体制若干问题的决定》	鼓励并引导农村剩余劳动力逐步向非农产业转移,以及地区间的有序流动
2000 年至今	2000 年,劳动和社会保障部等 7 部委《关于进一步开展农村劳动力开发就业试点工作的通知》	改革城乡分割体制,取消对农民进城就业的不合理限制

资料来源:邓大松,孟颖颖.中国农村剩余劳动力转移的历史变迁:政策回顾和阶段评述.贵州社会科学.2008(7):4-12.

2.2　理论解释

成本收益理论认为,理性经济人在作出是否迁移的决策时,首先会对迁移成本和预期收益进行比较,若迁移的预期收益的净现值大于迁移成本,则选择迁移。这一理论通常被用于分析农村劳动力的外出就业行为(刘华、苏群,2005)。相对经济地位变化假说(relative deprivation)则更加深入地解释了劳动力从农村迁往城市的现象。农村劳动力的迁移决策不仅取决于他们与城市劳动力之间的预期收入之差,还取决于他们在家乡感受到的相对经济地位的变化,以及迁移之后按照输入地的期望生活标准感受到的相对经济地位的变化(吴秀敏等,2005)。新家庭经济理论为分析双重迁移的女性就业决策提供了有益的视角。在新家庭经济学模型中,家庭被视为生产单位和消费单位的统一体,家庭消费品的价值不再仅仅由市场价格决定,同时取决于家庭生产所消耗的劳动时间的影子价格。女性作为家务劳动的主要承担者,在家庭总体效用最大化的前提下,其家务劳动的影子价格就成为女性参与劳动力市场的保留工资(Beckor,1965;Gronau,1973、1977、1980)。与单独外出不同的是,家庭化迁移能够将很多生活成本家庭内部化,即通过家务劳动来节省消费性支出。由新家庭经济学模型可知,与从市场上获得的工资水平相比,当家务劳动的影子价格更高时,女性会放弃就业而选择在家中从事家务劳动。这就在理论上解释了很多"双重迁移"的女性成为自愿失业者,表现出"迁而不工"的现象(李强,2012)。

2.3 区域特征

转移行为的区域特征研究,对从东部经济发达地区到中部经济较发达地区再到西部经济欠发达地区进行了差别化分析。其中东部发达地区大多数农村劳动力已经实现了就地向非农产业转移,但向城市迁移的意愿不强。农村劳动力可分为异地转移、分离型就地转移、兼业型就地转移和农业劳动力四种类型,他们向城镇迁移的意愿依次减弱。农村劳动力对拟迁目的地城镇的选择大致随城乡距离的增加而衰减,表现出迁移空间意愿的距离偏移特征,主要以中心城区周边的小城镇和卫星城为拟迁目的地,呈就地城市化的趋向(王华,2008)。而中西部地区农村女性占该地区农村人口总量的一半,她们特殊的性别角色、家庭角色对劳动力转移的牵动作用,以及她们作为城乡经济社会一体化发展的明显受益者和重要承担者,她们向城市的转移对促进中西部地区城乡统筹发展和形成城乡经济社会发展一体化的新格局,具有更为实质性的意义(刘宁,2008)。综合而言,处在不同经济发展阶段和地区的农户的进城意愿不同,且影响他们进城意愿的主要因素也存在差别。在二元经济特征基本消失的经济发达地区,农户的城乡意识已经淡漠,他们的收入状况、受教育状况和年龄状况都与进城意愿无关。处于中等发达地区的农户进城意愿受到诸多因素的影响,总体上,年龄结构偏轻、平均受教育程度较高、非农收入占比较大、已有一定非农工作经验的农户家庭更愿意迁进城市。在经济欠发达地区,农户进城的意愿主要受到非农收入的影响(蒋乃华、封进,2002)。

2.4　决定因素

1954 年,美国经济学家刘易斯(W. A. Lewis)的《劳动力无限供给下的经济发展》一文从二元结构的角度对经济发展的转变过程进行了探讨。1961 年,美国经济学家拉尼斯和费景汉(G. Ranis & C. H. Fei)的《经济发展理论》一文对刘易斯模型进行了修正和扩展,并将经济发展过程进一步划分为三个阶段:第一阶段,农业部门存在大量剩余劳动力,当这部分劳动力向工业部门转移时,农业总产量不变,并且可以为工业部门劳动力维持数量不变的农产品。在此阶段,劳动力处于无限供给状态,农业部门和工业部门的工资保持不变。第二阶段,农业剩余劳动力被工业部门完全吸收,但是由于隐性失业的存在,随着这部分劳动力的转移,农业总产量减少,在农产品供给减少的情况下,工业工资被迫提高以吸引更多劳动力。此阶段农产品的供给将对经济的发展产生重要影响。第三阶段,农村剩余劳动力都已经转移到工业部门,农业部门开始进入现代化农业阶段,并且,当农业劳动力的边际产出等于工业劳动力的边际产出时,二元经济变成一元经济。因此,在整个经济的发展和转型过程中,农村劳动力向城镇转移既是一国推进工业化和城市化进程的必然趋势,也是市场经济和产业结构调整的必然结果。

转移行为的影响因素分析最为复杂,因人而异,因地而异,因工而异,但总体特征有一定的规律可循。中西部地区农户的迁移决策受到户主的学龄、户主的职业类型、家庭是否有学龄儿童、人均耕地面积、交通状况、外出劳动力比例、本地非农就业机会等多种因素的影响,并随着这些因素的变化而不断变化(吴秀敏等,2005)。而已婚、受教育程度较高、有职业技能、家庭耕地少、居住地在偏远乡村的农民工倾向跨省流动(郭力等,2011)。黄宁阳、黎梦(2010)认为,文化程度、年龄、家庭外出劳动力数量对农民工跨省流动意愿没有显著影响;打工收入越高、打工年限越长的农民工跨省流动意愿越强;家庭年收入对农民工跨省流动的影响呈倒 U 形。家庭化迁移会降低女性居家就业和外出就业概率,降低女性就业水平。有关研究表明,学前教育、技能培训等公共服务的可获得性能够提高流动妇女的劳动参与率,而在职培训和教育水平在提高女性农民工收入方面发挥了重要作用(李强,2012)。虽然男女受教育程度具有一定影响,女性在职业发展上与男性的差距很大程度上归因于家庭时间配置、劳动力市场政策以及劳动力市场结构转型等因素。女性承担过多的家务劳动，缺乏社会资源以支持职业发展，比男性更早退出劳动力市场，并更易受到经济转型过程的负面影响（宋月萍，2007）。

需要特别强调的是，因二元经济结构的长期存在，女性农民工在城市就业举步维艰，即使能够就业也处于边缘、底层的地位（肖云，2005）。农村已婚女性由于年龄、文化程度和技能等方面的差异，其转移行为也有差异。年龄的增长降低了农村已婚女性劳动力转移就业的可能性，在外出就业上影响更大。文化程度是影响其转移方式的重要因素，文化程度越高，外出就业的需求与意愿就越强烈，外出就业的可能性也越大；拥有一定的技能也使得已婚女性劳动力有更大的主动性和可能性实现转移。配偶的就业形态和就业收入在一定程度上影响其转移行为，但影响并不显著。由于传统的"男主外，女主内"的家庭分工模式的存在，农村已婚女性更倾向于选择能实现"双赢"的就业途径，既照顾家庭又从事非农就业以增加家庭收入。一些乡镇企业发展较好的地区，能够提供更多的本地非农就业机会，已婚女性外出就业较少；而一些传统农业村庄非农产业部门的吸纳能力相对不足，已婚女性转移就业的主要途径是外出就业，考虑到外出的成本，更多的已婚女性选择留守家庭，从事农业生产或处理家务（赵卫红等，2012）。改革开放以来，中国农村剩余劳动力的流动出现了三次大的浪潮：20 世纪 80 年代起，一大批农民走出家乡到东部沿海经济发达城市寻找工作，形成了首次大规模的劳动力跨省转移，被广泛地称为"民工潮"。2004 年，我国珠三角、长三角等经济发达地区出现了普遍的企业用工短缺现象，即首次"民工荒"。2010 年，全国性用工短缺再次出现。据估计，珠三角地区城市出现超过 200 万人的用工缺口，其中深圳81.9 万人、广州 15 万人、东莞 100 万人；2010 年第一季度，进入浙江省劳动市场数据采集地人力资源市场求职的劳动者共有 148.45 万人，用人单位通过人力资源市场提供岗位 289.44 万人，岗位数大于求职人数，求人倍率为 1.95，福建省该指标值也创下了近年来的最高值，达到 1.3。与此同时，中西部劳动力输出大省湖北、安徽、四川等都相继出现了"民工荒"。

有学者认为，2009 年后中国农村劳动力向城市转移将迎来一个全新阶段，劳动力无限供给现象逐渐消失，劳动力供求市场将迎来"刘易斯拐点"（蔡昉，2007）和我国农村劳动力无限供给时代的结束（周立，2011）。

与此同时,结构性就业矛盾加剧是本轮"民工荒"的重要诱因,一方面是劳动力自身素质与工作岗位的不匹配;另一方面表现为由工资、社会福利水平低下以及新生代农民工就业倾向转变所引发的工作频繁流动(李波平、田艳平,2011;周立,2011)。

人力资源和社会保障部的数据(见表 2.2)显示,2010 年企业对求职者技术等级有明确要求的将近达到一半,约占总需求人数的 49.3%,主要集中在初级工、中级工和技术员、工程师,其所占比重合计为 41.4%。2011 年,企业对工人技术等级提出要求的比例继续上升,达 54.2%,其中对初级工、中级工、高级工及技师的需求比重均有所提升。但与企业对新招员工的职业技能要求相对应的是,针对农民工的职业技能培训缺乏,由此必然引发空缺岗位与求职人数比值的持续上升。《2010 年农民工监测报告》显示,51.1% 的外出农民工没有接受过任何技能培训。并且,农民工的低受教育水平也限制了农民工接受职业技能培训的机会。调查显示,中国文盲、半文盲农民工中没有接受过技能培训的比例高达 73.7%,小学文化程度的农民工中没有接受过技能培训的占 52%;而高中和中专以上的农民工中接受过技能培训的比例分别为 54.8% 和 62.5%。

表 2.2 2010—2011 年企业对于工人技术等级的需求情况

技术等级	2010 年			2011 年		
	需求人数(人)	需求比重(%)	空岗与求职人数比	需求人数(人)	需求比重(%)	空岗与求职人数比
初级工	3977517	17.0	1.47	4090877	19.8	1.45
中级工	2070320	8.9	1.48	2072339	10.0	1.54
高级工	924544	4.0	1.63	847373	4.1	1.71
技师	476708	2.0	1.87	435368	2.1	1.88
高级技师	193471	0.8	1.89	165634	0.8	1.76
技术员	2402294	10.3	1.53	2182286	10.6	1.53
工程师	1224913	5.2	1.59	1161773	5.6	1.60
高级工程师	250534	1.1	1.87	260627	1.3	2.34

续　表

技术等级	2010 年			2011 年		
	需求人数(人)	需求比重(%)	空岗与求职人数比	需求人数(人)	需求比重(%)	空岗与求职人数比
无要求	11839449	50.7	—	9464286	45.8	—
合计	23359750	100.0	—	20680563	100.0	—

资料来源:根据人力资源和社会保障部《2010—2011 年度全国部分城市公共就业服务机构市场供求状况分析》整理。

频繁的职业流动不仅导致新生代农民工无法实现充分就业,也增加了用人单位对该年龄段的用工需求压力,加重了"民工荒"现象。研究表明,员工在职业生涯初期(20～24 岁)存在较高的流动率,随着年龄的递增,雇员的人均新雇主数呈下降趋势(Topel & Ward,1992)。人力资源和社会保障部公布的数据显示,2011 年,16～34 岁的青壮年劳动者构成单位用人需求的主体,约占总体需求的 63.4%,其中,对 16～24 岁劳动者的需求约为 28.1%,对 25～34 岁劳动者的需求约为 35.3%。但是,随着我国 80 后、90 后农民工逐渐成为现代农民工的主力军,新生代农民工的诸多特征也开始潜移默化地影响劳动力市场的运行方式及劳动关系。与第一代农民工相比,由于成长环境和社会背景差异,新生代农民工外出就业的价值观念、效用目标和偏好都发生了明显变化,挣钱不再是打工的唯一目的,生活质量开始成为农民工的重要追求目标(刘俊彦、胡献忠,2009);同时,新生代农民工的敬业精神更低、职业流动率更高。数据显示,新生代农民工平均每人每年换工作 0.45 次,而老一代农民工仅为 0.08 次,新生代农民工跳槽频率是老一代农民工的近 6 倍(长子中,2009)。

如表 2.3 所示,2011 年,我国 16～24 岁的劳动力岗位空缺与求职人数比首次突破 1;25～34 岁劳动力岗位空缺与求职人数比较 2010 年也有所增加,达 1.18;但 45 岁以上的岗位空缺与求职人数比仍然低于 1,这在一定程度上是受到不同年龄段务工群体的职业流动倾向变化的影响。

表 2.3　2010—2011 年企业对于工人年龄分组的需求情况

年龄	2010 年			2011 年		
	需求 人数(人)	需求 比重(%)	空岗与求 职人数比	需求 人数(人)	需求 比重(%)	空岗与求 职人数比
16~24 岁	7415333	31.7	0.92	5805030	28.1	1.00
25~34 岁	8074955	34.6	1.16	7310490	35.3	1.18
35~44 岁	3850310	16.5	1.03	3678579	17.8	1.06
45 岁以上	1215239	5.2	0.75	1124991	5.4	0.77
无要求	2803913	22.0	—	2761473	13.4	—
合计	23359750	100.0		20680563	100.0	

资料来源:根据人力资源和社会保障部《2010—2011 年度全国部分城市公共就业服务机构市场供求状况分析》整理。

从劳动力供给角度将求职人员进行分类,在所有求职人员中,由本市农村人员和外埠人员组成的外来务工人员占总求职人数的 33.7%,是仅次于应届高校毕业生的第二大求职群体(见表 2.4)。通过对农村转移劳动力就业行业的观察,工业、建筑业以及服务业是农村劳动力流动的主要选择,因此,仅从产业需求及劳动力供给的角度来看,我国城市吸纳农村劳动力仍有较大空间。根据中国人力资源市场信息检测中心对 2011 年全国公共就业服务机构市场供求信息的统计,有 87% 的用人单位对求职者的文化程度都提出了要求,其中,要求高中文化程度的用人需求占总体需求的 39%;对初中及以下文化程度求职者的需求比重为 23%;对大专文化程度求职者的需求比重为 25%。从对技术等级的需求来看,对技术等级有明确要求的占总需求人数的 54.2%,主要集中在初级工、中级工和技术员、工程师,其所占比重合计为 46%。《2010 年农民工监测报告》显示,2010 年 51.1% 的外出农民工没有接受过任何技能培训。文化程度和技能不足引起的工作不匹配也是劳动力有效供给不足的一个重要原因。

表 2.4　按求职人员类别分组的求职人数

求职人员类别	求职 人数(人)	所占 比重(%)	与上年相比求职变 化(%)
新成长失业青年	4799603	24.5	—2.2
其中:应届高校毕业生	2109365	43.9	—3.1

续 表

求职人员类别	求职人数(人)	所占比重(%)	与上年相比求职变化(%)
就业转失业人员	3203450	16.4	+0.8
其他失业人员	2593130	13.3	+0.4
在业人员	1033280	5.3	0.2
下岗职工	632340	3.2	-0.5
退休人员	130644	0.7	+0.1
在学人员	566034	2.9	+0.2
本市农村人员	3335335	17.0	+2.9
外埠人员	3269489	16.7	-1.9
合计	19563305	100.0	

资料来源:根据中国人力资源市场信息监测中心《2011年度全国部分城市公共就业服务机构市场供求状况分析》整理。

改革开放以来,我国的产业结构逐步趋于合理,但第二产业技术水平低下、第三产业比重以及结构性水平偏低等矛盾依然严重。工业化发展是带动劳动力转移最直接和最有效的方式,工业化的发展主要表现为产业结构的转变和产业化过程,其发展水平将直接影响劳动力的转移(黄晋太,2005)。2011年,中国人力资源市场信息监测中心对分布全国各大区域的117个城市的公共就业服务机构市场供求信息的统计分析显示,第一、二、三产业需求人数所占比重依次为1.8%、39.3%和58.9%。与上年相比,第二产业的需求比重上升了0.6个百分点,第三产业的需求比重下降了0.6个百分点(见表2.5)。

表2.5 按产业分组的需求人数

产业	需求人数(人)	所占比重(%)	与上年相比需求变化(百分点)
第一产业	362106	1.8	—
第二产业	8143816	39.3	+0.6
第三产业	12174641	58.9	-0.6
合计	20680563	100.0	

资料来源:根据中国人力资源市场信息监测中心《2011年度全国部分城市公共就业服务机构市场供求状况分析》整理。

　　世界经济发展和产业结构经验表明,产业结构演进不仅包括产业构成的变化,还包括要素密集程度的转化。随着经济发展,产业结构会逐渐从劳动密集型向资金密集型再向技术密集型和知识密集型转变。但我国就业人口尤其是农村转移劳动力教育水平及专业技能水平的低下对产业结构的演进带来了阻力,产业发展受阻及滞后无疑又限制了农村剩余劳动力向非农产业的转移,农业生产率的提高以及城市化的推进和二元经济的转变均面临很大挑战。

　　在我国经济区域格局发生改变的背景下,政府对中西部地区的扶持力度正在加大,我国的产业结构已经逐渐开始由沿海地区向内陆地区转移,由经济发达的地区向不发达地区转移,地方经济不断发展,外资不断注入,使得很多劳动力输出大省不需要向外迁移过剩劳动力,在当地就可以实现转移就业。通过对农村劳动力流入地与流出地的人均 GDP、人均可支配收入、人口数、距离等的数据分析,可以发现人口流入大省之所以出现"民工荒"问题,原因在于其发展速度明显低于人口输出大省的发展速度(张稳,2011)。传统的城乡二元经济结构将我国劳动力市场分割为农村就业部门、城市非正规就业部门和城市正规就业部门,正式劳动力市场和从属劳动力市场。劳动力市场分割将农民工与城市劳动力市场相隔离,户籍制度以及由此衍生的就业歧视和福利等制度性障碍,加大了农民工的工作搜寻成本和风险。2004 年,我国政府提出要完善就业服务体系,发展跨地区劳务合作,但劳务市场发展步伐缓慢;加之许多非法中介机构充斥劳务市场,农民工劳务跨地区输出依然处于零散的无组织的"双盲"状态,求职者因为缺乏必要的岗位信息而盲目流动、盲目求职,招聘单位同样缺乏必要的求职者信息而招不到合适的员工。随着中西部地区和人口输出大省经济的崛起,农民工在选择非农转移时将面临更多的就业机会。选择就近转移不仅不需要面临跨区域转移就业所承担的高额成本,还可以在就业的同时兼顾家业并更好地维系家庭。

　　城市化的一个重要途径就是农村人口的城市迁移(蔡昉等,2006)。伴随着经济的发展和城市化进程的加速推进,中国农村剩余劳动力转移规模也在不断扩大。农村妇女是农村劳动力中的重要组成部分,大约占 1/3~1/2(黄雯,2011),也是我国劳动力市场中一个特殊的弱势社会群体,相对于其他农村务工群体,她们兼有农民身份、工人职业、妻子和母亲角色等多种特征,因此内部结构更加复杂。农村已婚女性作为从劳动力群体中分化出来的一个特殊社会群体,大多数户籍仍然属于农村,也还有自己的土地,因此身份还是农民;同时,也可以靠自己的劳动在非农产业中获取工资性收入,在职业上是工人。尤其是农村女性劳动力,在提高家庭经济收入的同时承担着更多培养、教育并照顾孩子的家庭和社会责任,这对于未来我国新一代人力资源的有效供给有至关重要的作用。因此,从家庭和社会的角度而言,人口输出大省发展速度的提高即意味着跨区域外出务工比较收益的下降,"离土不离乡"的就地转移模式作为农村劳动力流动的一种重要形式,已经构成了对跨地区的劳动力流动的替代,从而一定程度上减少了对沿海发达地区的劳动力供给,并引发"民工荒"。农村已婚女性的多重家庭角色,导致她们在流动和转移就业的选择决策中需要进行多方面的考虑与权衡,因此也使她们在城市化进程中扮演着一个沉重的矛盾角色。中国农村剩余劳动力家庭迁移的缺失,不可避免地导致频繁的民工潮,农民工的频繁的就业流动不仅造成人力资源的浪费,也不利于劳动力质量的提高。

中篇
农民工城市就业：工作搜寻与匹配机制

从改革开放到新型城镇化建设，从乡土社会到城市劳动力市场，根植于农村的农民工把血缘、地缘关系网络扩展到城市(李培林，1996)。费孝通(1985)认为，中国是乡土社会，在差序格局中，人们以自己作为社会关系网络的中心，由己外推构成的社会范围是一根根私人联系，每根联系被一种道德要素维持着。李培林(1996)也认为，中国的乡土社会特别重视以家庭为纽带的亲缘和地缘关系，这种对亲缘、地缘关系的重视影响人们的生活方式和社会交往方式，成为一种"习性"，并具有很大的惯性。农民工进入城市，乡土社会关系的断裂导致其社会关系出现结构性紧张与失衡，工作过程中形成的新的社会关系成为其交际依赖，若求职者拥有较多的社会关系，就业机会也相应增加，他们可从中挑选工资待遇更高的岗位，利用这种"信息效应"实现收入增加(郝君富、文学，2013)。就业是求职者进入市场经过搜寻、匹配，进而获得收入的重要途径。农民经历就业转移成为具有亦农亦工色彩的"农民工"，为我国经济腾飞作出重要贡献之余却并未分享到他们理应得到的发展成果；农民工城市就业渠道狭窄、职业流动频繁、工作环境恶劣已成为我国城市化与社会协调发展的阻碍因素。实现农民工城市就业稳定、推动农民工市民化，是推进我国城镇化发展和缩小城乡收入差距的内在要求，也是我国经济社会长期健康稳定发展的必然要求。

第3章
研究基础:研究内容、方法与数据

　　就业是民生之本,稳定的就业是农民工市民化的前提,也是当前推进新型城镇化过程中国家和地方政府考虑的重要问题(陈锡文,2014)[①]。据《中国人力资源发展报告(2013)》统计,我国每年需要就业的城镇劳动力超过 2400 万人,农村每年需要转移就业 800 万人,新增就业需求与岗位缺口存在较大落差。严峻的就业形势意味着每年大批量涌入城市劳动力市场的具有中国特色的弱势群体"农民工"将面临更多的生存与就业的挑战。他们经历就业转移进入非农行业为我国经济腾飞作出巨大贡献之余并未享受到他们理应得到的发展成果,却因为没有城市户口而被医疗、子女教育、居住等诸多问题困扰,始终无法真正融入城市生活。与此同时,农民工就业难和"民工荒"交替显现,造成劳动力资源浪费、农民收入增长乏力、城乡收入差距加大和经济发展不平衡。一方面,农民工城市就业环境恶劣、职业流动频繁、工作岗位技术含量低、收入水平低(刘林平等,2006;郑捷,2010),农村流动人口进城实现地域转移和职业转换,但并没有实现身份转变,处于"半城镇化"的尴尬境地;另一方面,伴随着经济的高速增长,虽然我国拥有上亿农村剩余劳动力却反复遭遇"民工荒"(包小忠,2005;李波平、田艳平,2011)。但是,在我国经济社会转型发展阶段,又很难将"民工荒"看作是真正的劳动力短缺,而更可能是在供求的某个或某些环节上出了问题。究竟是什么原因使得城市中成千上万的空缺

---

　　① 清华大学中国农村研究院专家视点,具体参见:http://www.cirs.tsinghua.edu.cn/zjsdnew/index_3.html.

岗位与上亿的农村剩余劳动力之间出现不匹配是值得深思的重要问题（蔡昉、王美艳，2005）。农民工因其就业高度流动性而无法成为稳定的产业工人和真正的城市人口，而且目前农村流动人口呈现利益诉求上的深化、空间分布上的多元化以及融入意愿上的强化等新特点，农民工城市就业已然成为影响我国经济稳定增长、社会和谐发展的重要因素（陆铭，2005）。解决农民工城市就业问题，使其能够在城市就业稳定、定居甚至融入城市，是推进城镇化进程和缩小城乡收入差距的内在要求，也是我国经济社会长期健康稳定发展的必然要求。

3.1 问题指向

伴随城市化战略的逐步推进，我国经济得到快速而稳定的增长，而在农民的迁徙过程中却潜伏着难于就业的危机。越来越多的农民放弃农村的土地与住房斥资进城购房，表现出强烈的城市融入热情，然而初始禀赋的约束致使其城市生存遇到前所未有的问题或阻碍，甚至出现居住在城市却依然务工在农村的尴尬局面，城市就业成为其留城首先面临的问题。正如张琪（2003）所言，相对于城市的下岗职工和失业人员而言，被动转居的农民更是就业的弱势群体，不仅是因为农民的就业意识和纪律行为与工业化、城市化的要求有一定的距离，而且他们过去具有的劳动技能在城市也将失去用途。生活在城市却又难以就业，加之每日必需的城市生活成本，农民工承受着严重的心理与身体的双重压力。由此可见，城市化进程在促进农民工大规模转移就业的同时，并未充分预见其受个人禀赋约束以致就业困难的现实问题，该问题突显出实现农民工城市就业是未来城市劳动力市场定将面临和必须解决的关键而复杂的民生问题。

《2013年全国农民工监测调查报告》显示，2013年全国农民工总量26894万人，比上年增加633万人，增长2.41%；其中外出农民工总量16610万人，比上年增长274万人，增长1.68%（见表3.1）。然而，就在城市农民工数量逐年递增的同时，自2003年以来，珠三角周边城市却开始出现"民工荒"，之后迅速扩展开来，而且缺口逐年增大，并有向中西部劳动力输出省份蔓延的趋势。在劳动力廉价而且丰富的中国，农村尚有大量剩余劳动力未转移出来，而在农村的剩余劳动力数量与城市的岗位空缺数量不成比例的情况下，出现这种大范围的"民工荒"现象是值得深思和忧虑的(蔡昉、王美艳,2005)。一端是大批的剩余劳动力找不到适合他们的工作岗位,另一端是企业存在数量不小的职位空缺,劳动力市场供需的结构性失衡造成严重的资源浪费,同时诸如流动人口家庭矛盾突出、刑事犯罪率上升、交通拥堵等恶性事件或复杂的民生问题已在城市悄然滋生,而城市管理相应的制度建设还并没有跟进,长此以往,有可能引发城市问题失态进而陷入类似巴西贫民窟问题等恶性循环之中。在这一现实背景下,"民工荒"与剩余劳动力并存现象宏观上反映出劳动力市场供需结构失衡和劳动力资源匹配效率低下,而微观上作为劳动力市场重要组成成分的农民工在其城市就业过程中面临哪些约束条件,以及城市就业对农民工究竟意味着什么,是值得思考的重要问题。这是制定针对性政策缓解农民工城市就业压力的理论基础与客观依据。

表 3.1　2008—2013 年农民工数量统计

	2008 年	2009 年	2010 年	2011 年	2012 年	2013 年
农民工总量(万人)	22542	22978	24223	25278	26261	26894
增长(%)	—	1.93	5.42	4.36	3.89	2.41
其中外出农民工(万人)	14041	14533	15335	15863	16336	16610
增长(%)	—	3.50	5.52	3.44	2.98	1.68

数据来源:根据《2013 年全国农民工监测调查报告》整理。

竞争日益激烈的就业市场,迫使企业不断自我革新以规避退出市场的风险,进而企业用人素质要求逐渐提升,先天禀赋不足的农民工在竞争中难免处于劣势而只能选择低收入高风险的就业岗位,甚至面临被淘汰的命运。农民工进入城市后其就业经历较为频繁的工作转换行为已成为劳动力市场的重要特征(黄乾,2010)。白南生和李靖(2008)研究表明,农民工就业流动频繁,当前单位的平均工龄仅约为 3 年,流动状态随着进城务工年限的增长不断趋于稳定,但特定单位工龄对工作稳定性反而产生显著负影响。收入低是农民工流动的最主要原因,但流动原因日益多元化。频繁的工作流动不仅降低了企业的生产效率,而且垫付了农民工沉重的搜寻成本。在劳动者就业稳定性较低的同时,就业短期化现象突出。农民工城市就业流动的发生机制是什么? 频繁地转换工作能否实现其工作预期? 如果其上升通道受阻,是什么因素驱动着理性的行为人作出似乎并不理性的行为? 相应地,农民工工作转换频繁启示我们促进其就业稳定才是保障民生的重要着力点。

综上所述，农民工城市就业问题不仅是其进入劳务市场并获得收入的重要途径，也是衍生其他问题（如住房问题、子女教育问题、社会保障问题等）的客观基础，就业不足和就业质量不高是当前我国农民工城市就业方面存在的主要问题（韩长赋，2006）。因此，农民工城市就业的搜寻渠道与匹配路径的研究具有一定的现实重要性与必要性：第一，农民进入城市并稳定下来的首要条件是获得能够提供稳定收入的就业岗位（吴敬琏，2002）。为深入贯彻落实党的十八大、十八届三中全会和中央城镇化工作会议关于进一步推进户籍制度改革的要求，《国务院关于进一步推进户籍制度改革的意见》①明确提出，促进有能力在城镇稳定就业和生活的常住人口有序实现市民化。可见，促进农民工城市就业稳定与市民化基本要求相一致。同时，学术界不少学者提醒，中国城乡改革发展不能只追求数字的城镇化率，更应关注人的城镇化，要充分吸取巴西等国家因城市化战略不当而陷入中等收入陷阱并形成城市贫民窟的教训，而避免农业转移人口跌入贫穷的重要途径之一是解决好农民工城市就业问题，这也是有效推进农民工市民化的重要保障。第二，农民工城市就业流动频繁，其转换行为对其自身与市场而言具有两面性：微观层面上频繁地转换工作提高了农民工城市生存成本，而宏观层面上就业流动更有利于资源转向效率更高的位置。厘清农民工工作转换的发生机制不仅有利于促进农民工就业稳定，而且可以指导农民工实现有效就业，避免频繁的试错行为，节省不必要的转换成本。第三，农民工市民化虽然可以预期较好地解决农村居民与城市居民公共品供给差异化问题，但可能并不能真正地处理好农民入城到留城的持续性问题。城市化并不能自动解决农民问题，关键是要为农民进城就业创造更多的机会（韩俊等，2005）。

为此，本研究拟对农民工城市就业的搜寻渠道与匹配路径展开详细剖析以期厘清农民工城市就业脉络，并在此基础上提炼出农民工城市就业基本模式，为有效缓解甚至解决农民工转移就业困难提供政策建议。分析框架如图 3.1 所示。具体而言，研究以农民工就业流动频繁的客观现实为出发点，进而挖掘其背后深层次原因，向前追询其如何搜寻、怎样

① 2014 年 7 月 30 日，国务院印发《国务院关于进一步推进户籍制度改革的意见》（国发〔2014〕25 号）。

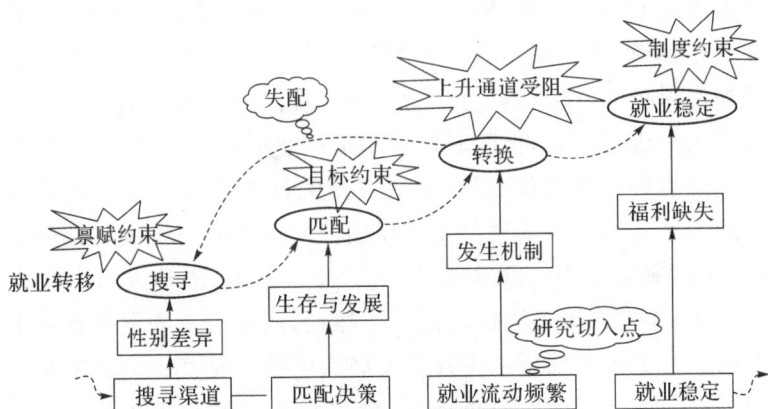

图 3.1　农民工转移就业分析框架

匹配,向后探讨如何稳定其城市就业,全面考察农民工城市就业路径及其模式。从农民工就业过程来看,区别于一般择业的整体性研究策略(高文书,2006;张车伟、王智勇,2009;刘家强等,2011),本研究将以搜寻匹配理论为基础,同时结合转型期我国劳动力就业市场具体特点,将农民工城市就业整个流程分解为"工作搜寻—工作匹配—工作转换—就业稳定"四个序列相连的环节来逐个突破,以求真实反映农民工城市劳动力市场中就业的动机、影响因素、存在困难与改进路径等重要而现实的"小问题"。在每一个环节农民工都会遇到特定的约束条件,如搜寻时的人力资本约束、匹配时的双重决策约束、转换时的上升通道约束以及就业稳定时的制度约束。与此同时,正因为农民工城市就业存在诸多的约束条件才导致其就业困难,而要解决该复杂问题,则首先需要厘清农民工城市就业各个环节的内在机制,这也正是本研究力图探讨的问题,并期望在此基础上提出有效缓解农民工城市就业困难的应对策略。

3.2　研究内容、目的与意义

为深入探索农民工城市就业的约束条件与实现路径,有四个基础性、前瞻性的问题需要重点关注并深入研究:一是农民工工作搜寻的性别差异与渠道选择。身在异乡为异客,农民工如何搜寻工作? 改革开放初期,农村剩余劳动力转移就业主要遵循"家庭决策—个体转移—市场机制"就业模式,然而越来越多的农民工面临竞争激烈的转型经济时逐渐意识到依靠个人力量外出务工既费时费力往往效果还不是特别理想，转而调整其就业获得渠道，社会网络渠道便突显出来。社会网络在人力资本约束条件下如何影响工作搜寻行为作为考察农民工城市就业的第一个重要环节值得深入分析。同时，伴随农民工城市就业的家庭化趋势日渐突出，女性农民工劳动参与率相伴而增，渠道选择的性别差异亦应受到足够的重视。二是农民工工作匹配机制及其识别。城市就业对于农民工究竟意味着什么？据《中国流动人口发展报告（2013）》显示，流动人口由生存型向发展型转变，其进入城市不仅仅是为了挣钱，而是对未来发展有更多新期待。农民工外出务工期望从生存到发展的嬗变既是其就业决策在我国经济转型过程中理性渐变的具体体现，也是其外出就业逐渐增加对城市就业环境和自身适应能力认识后的理性选择。农民工工作匹配决策机制不仅影响其个人城市就业好坏及其持续性，而且也将影响整个劳动力市场就业效率。因此，在新形势下农民工就业决策机制是生存导向型还是发展导向型直接影响到市民化进程的政策导向。三是工作转换、资本积累与农民工收入效应之间的传导机制。农民工工作转换的发生机制是什么？工作转换对其城市就业产生怎样的影响？工作转换频繁已是农民工城市就业模式的一大典型特征，但同时其上升通道受阻也是不争的事实。农民工试图通过工作转换行为来实现增收或改善工作待遇，但往往事与愿违。厘清农民工城市就业过程中工作转换作用于其收入效应的内在机制是回答上述两个问题的基础命题。四是福利缺失与农民工就业稳定。如何实现农民工城市就业稳定？目前学术研究关乎就业的命题主要围绕工资理论来展开和拓展，并没有考虑除工资因素外，如工作福利因素等对就业产生的重要影响。鉴于我国实际情形，城市职工不仅获得货币工资而且享有许多物质福利，农民工作为外来城市建设者却一直被排斥在城市福利之外（杜书云、张广宇，2004），更甚的是中国农民福利尚未进入主流公共言论与学术空间，是个长期缺乏社会福利理论视角的边缘化议题（刘继同，2002）。这种未考虑福利因素的研究框架在解释中国当前经济社会转型时期劳动力市场农民工城市就业，尤其是就业稳定问题时存在一定的缺陷。如何在制度性约束条件下，通过福利补偿来实现农民工城市就业稳定是值得关注的重要问题。

针对以上四个问题的研究目的有三：其一，厘清农民工城市就业的基本模式及其约束条件。改革开放以来，农村剩余劳动力就业转移与城市就业已悄然发生深刻的变化，只有厘清当前农民工城市就业的基本模式及其约束条件，才可能制定更具针对性的政策，以更好地解决农民工就业难题。其二，把握农民工城市就业流动与资本积累的互动机制。农民工城市就业流动频繁已严重影响到城市劳动力市场就业效率，把握其就业流动与资本积累的互动机制可以有效干扰其流动行为。其三，探讨福利补偿与农民工城市就业稳定的相关关系。受制度约束，农民工与市民城市就业存在较大的福利差异，寻找农民工城市就业有效的福利补偿措施可能是实现其就业稳定的备择选项。

这样的研究其意义在于：第一，运用搜寻理论研究我国劳动力市场就业问题为劳动经济学在我国进一步深化与拓展提供一种可能而具有深远的理论意义。囿于我国特殊的国情，劳动经济学的发展起步较晚，搜寻理论及其经验研究匮乏，劳动力市场发育不健全，市场分割与制度性阻碍提升了农民工的流动成本。因此，有必要基于搜寻理论对劳动力市场微观主体行为展开更加细致的研究。第二，农民工城市就业问题的研究对分析与认清当前复杂的就业形势具有积极的示范效应和深刻的现实意义。城市劳动力市场就业形势严峻，一方面，在原有农民工存量未得到有效就业安置的条件下，农村每年依然有大量的劳动力涌入城市，"蓄水池"内部压力越来越大；另一方面，劳动力需求方在难以寻找到相匹配的员工的情况下，越来越多的职业空缺囤积在市场之中，如此奇怪的供求现况不得不令人思考。

3.3　核心概念界定

3.3.1　农民工

农民工作为一个具有中国特色的务工群体，自改革开放以来一直是学术界关注的焦点。农民工为中国经济"九年增"作出了巨大贡献但却并未公平地享受到经济发展成果，同时因其特殊身份在城市就业还屡遭歧视。如何界定一个如此勤劳而又相对弱势的群体是值得深入讨论的问题，这也是研究农民工群体相关问题的基础性命题。为此，本研究拟从文献来源中搜集已有研究的诸多有益观点，并在此基础上清晰划定本研究中"农民工"的边界。此外，本研究还将对"农民工"概念的外延展开适当的解释以补充其定义范畴，提高论证的准确性。

1. 文献来源

随着改革开放人口流动限制的放松，大批农村劳动力为了获得收入更高的就业机会而离开农村进入城市务工（周其仁，1997），这批流动人口最初被称为"农民工"。至于到底什么样的劳动力可称为"农民工"，目前学术界存在不少争论，比较主流的是从户籍和工作性质两个角度来加以界定，即户口为农业人员且从事非农工作的人。其他界定基本均是由此衍生而来，如"年龄论"、"学历论"等。农民工概念各种界定的差异，可参见表3.2。

表3.2　学术界对农民工概念的界定

论点分类	观点陈述	代表学者
户籍与工作性质论	户籍身份是农民，并有承包土地，主要从事非农产业，以工资为主要收入来源的劳动者	李培林、李炜（2007）
	非城镇户口，不从事农村生产经营，主要在第二、三产业工作并领取工资的人员	赵文斌、袁积盾、樊德勇（2002）
	具有农村户口身份的劳动力在城镇非农产业就业（包括自我雇佣和被他人雇佣）	宁光杰（2012）
	从农村流动到城镇从事各种非农产业活动而获得工资收入的人员，他们的经济和生活重心已从农村转移到城市，但是身份仍然是农民	王琳琳、冯继康（2005）
	常年或大部分时间在城市劳动，但户籍仍然保留在农村的一个社会群体，他们保留农村户籍，但不从事农业生产，在城市长期务工使得他们具备一定的工人阶级特征	杨艳、陈立坤、唐荣（2005）
	常年或大部分时间在城镇地区或乡村社区的国有或集体等企事业单位从事第二、三产业非农产业活动，但户口在农村，原则上家中还有承包地，不吃国家供应的平价粮，不享受城镇居民的各种补贴和福利待遇的农村劳动力	《人口科学大辞典》（1994）
年龄论	新生代农民工是指1980年以后出生，年龄为16～30岁，20世纪90年代中后期外出务工，主要从事第二、三产业劳动，但户籍身份是农民的劳动者	罗恩立（2010）
	新生代农民工主要指出生于1980年以后，具有农业户籍，在城镇从事非农职业，在基层和市场第一线工作的人群	李培林、田丰（2011）
学历论	在调查时点，大专学历及以下的农村户口持有者跨县（区）域流动到城市务工的人员	许传新（2010）

2.本研究对农民工概念的界定

本研究拟采用的农民工概念仍延续"户籍"与工作性质论的模式,系指农业户口从事非农工作的劳动力。除户籍与工作性质外,其他特征及其与农户和市民的区别如表 3.3 所示。

表 3.3　农民工与农户和市民的区别

	农户	农户		市民
		老一代	新生代	
户籍	农村	农村	农村	城市
工作地点	农村	城镇	城镇	城市
产业	农业	非农产业	非农产业	非农产业
基本要求	—	足额工资	社会保险	—
福利期望	—	改善劳动条件	分享企业、城市发展成果	—
权益诉求	—	挣钱回乡发展	融入城市发展	—

3.关于农民工概念外延的几点讨论

虽然常有研究将农民工按照年龄分为新生代和老一代两种类型的农民工(如罗恩立,2010;许新传,2010)。但本研究无意作出此类划分,原因主要有两个:其一,老一代农民工城市就业行为并不是一成不变的,伴随外出务工经历的丰富,个人人力资本与社会资本都得到一定程度的积累,他们会动态调整自己的心理预期和目标等,王春超、吴佩勋(2011)的研究结论也从侧面印证了这一点,即城市农民工群体在面对政府的战略和政策环境调整时能够理性地认识到政府与企业利益导向的差异以及其与自身利益的一致性。因此,本研究宜用发展的眼光看待农民工择业问题。其二,将农民工分类虽然可以更加深入细致地把握农民工某些特点,如新生代农民工与老一代农民工的福利期望与权益诉求等方面的差异,但同时也无形中摒弃了一些特征,甚至根本无法研究,如年龄与健康状况、年龄与搜寻时间关系等,凡是与年龄等有二次关系的均不能得到有效分析。

4.在界定农民工概念时引入学历限制

笔者认为这是一种固化农民工个人特征的学术处理。20 世纪末开始实施的高校扩招迅速积累起巨大存量规模的人力资本,在为经济增长注入新活力的同时,也引领了劳动力市场变革。高素质劳动力进入市场,一方面受到既有的市场制度约束,另一方面对制约人力资本配置效率提高的体制带来强烈的冲击,并内生出劳动力市场的变革要求(赖德胜,2012)。农民工的识别标签并非都是低学历,研究农民工应该给予其基本的尊重。每年新闻都会报道一些优秀的农民工利用业余时间充实自己,或者提高自己的专业技能,或者提升自己的文化水平,甚至有些经过自己的刻苦努力被选为人大代表参政议政①,他们并不缺乏较高的学历。

3.3.2 工作转换

20 世纪七八十年代随着我国户籍制度的放开,农村劳动力流动逐渐成为可能,以劳动力转移为主旋律的职业流动研究一时成为热点。李强(1999)较早研究国内农民工职业流动问题,系指农民脱离农业进入非农产业,或者不同非农产业之间转换的过程。张文宏、刘琳(2012)界定的职业流动是指受访者初职地位到现职地位的变化过程,受访者的现职地位获得即为职业流动的实现。这种概念的界定比较笼统,只是提及初职与现职存在差别,至于什么样的差别则指定未清。相比较而言,唐美玲(2007)的界定要具体很多,即职业流动为青年白领就业期间在不同类型的工作组织或不同职业和行业之间的流动。该界定不仅指出了职业流动的主体为青年白领,而且指明了具体的流动模式,即不同职业或行业。与之相似的还有许新传(2010)的界定,即职业流动为农民工就业期间在不同类型与规模的工作组织或不同的工种之间的流动。另外还有"就业流动"的叫法,如白南生、李靖(2008)将就业流动界定为专指就业人员在不同单位之间的流动,不是指产业之间、地区之间的劳动力流动,而从工作稳定性角度来观察农民工就业流动。国内研究将"职业流动"与农村剩余劳动力转移紧密相连,进而认为"职业流动"仅指职业的转变,即从农业转向非农业。笔者认为,这种论点存在人为界小"职业流动"范畴的可能。而国外研究相应的称呼为 occupational mobility(直译为"职业流动"),意指在工人整个职业生涯过程中职业类型的改变(Rosen,1972)。与国内相关研究界定意义差别不大,但国外更多使用 job turnover(直译为"工作

---

① 如第十二届全国人大代表中有 31 位农民工。

转换"），系指求职者转换当前工作的一种经历（Mortensen，1986）。我国
农村剩余劳动力第一次职业流动一般是指农民脱离农业产业从事非农产
业的过程，而进城以后的职业流动与后来的工作转换含义相近，主要指职
业的更替或工作的转换。为此，结合国内研究的现实情境，本研究拟采用
"工作转换"的概念，并将其界定为求职者转换当前工作状态的一种理性
行为，既包括职业之间的转换，也包括同一职业不同工作地点等职业特征
的改变。因本研究的研究主体为农民工，故定义中的"求职者"与"农民
工"同义。

3.4 研究方法与技术路线

3.4.1 研究方法

针对农民工城市就业的搜寻匹配与匹配路径研究，本研究运用的研
究方法主要包括三种。

1. 实地调研方法

研究问题来源于生活却又高于生活，"纸上得来终觉浅，绝知此事要
躬行"。笔者为深入了解农民工城市就业的约束条件及其匹配路径，于
2012 年 12 月至 2013 年 2 月寒假期间分别在甘肃省玉门市和河南省信阳
市进行第一次大规模问卷调研；2013 年 7 月到 8 月暑假期间在浙江省杭
州市又进行了第二次问卷调研。扎实的调研基础让笔者深刻理解并关注
农民工这个弱势群体的城市就业情况，并将其行为选择与主流经济学理
论相结合，给出合理的经济学解释。

2. 案例研究方法

案例研究因可以提供重要的证据以补充实证研究而被视为是实证研
究的"助手"而非能够取而代之的研究方法（Yin，2010）。虽然个体对既往
生活的回顾中难免有其主观构建的成分，但其中恰恰体现着个体生命历
程中的主动性，将之作为论据略显脆弱，但作为分析个人经历的一种研究
方法，生活史以当事人自己的言辞展现了生命的内在逻辑（张世勇，
2014）。通过典型案例分析以最直观的方式展现农民工城市就业流动频
繁的突出因素，并借助生命历程理论中轨迹和转变等分析性概念，将农民

工生活史中表达的流动意愿放置在变化着的时空背景下进行过程分析，达到从个体层面对农民工的生活期望和社会归属进行动态考察的目的。以此为据，探索农民工城市就业稳定的可能路径。

3. 计量经济学研究方法

笔者在对农民工城市就业情况进行调研过程中产生诸多思考，并且将这些思考以理论假设的形式予以表达。而这些理论假设是否正确则需要来自实地调研数据的实证检验，通过检验的理论假设不仅是本研究的理论成果，而且或将可以用以支撑相关政策的制定。本研究运用计量经济学中常用的多元回归分析、联立方程等方法对相关假设进行检验分析并注重结果的稳健性，然后如实报告了相关实证结果并形成相关研究结论。

3.4.2 技术路线

本研究基于搜寻匹配理论，同时考虑农民工城市就业不同阶段的不同约束条件，实证分析其搜寻渠道选择与性别差异、匹配机制及其识别，以及转换行为及其效果，并运用生命历程理论选取典型案例解释了福利缺失与农民工就业稳定的作用关联。

具体技术路线如图 3.1 所示。

3.5 数据来源

鉴于目前公布的国家层面的宏观统计数据无法提供有关农民工城市就业微观主体的符合本研究全部需要的详细资料，并且抽样方式和调查对象也难以满足具体的研究需要，笔者采取入户访谈的方式获取了本研究所需要的微观数据。本节首先对取样点背景进行简要介绍，然后详细交代问卷设计、数据获取以及数据基本信息描述等方面的信息。此外，考虑到本次调研数据存在的局限性，本研究同时引入其他数据加以辅助，并对其作简要介绍。

3.5.1 取样点选择

为了更好地反映我国农民工城市就业情况，同时考虑到农民工输出

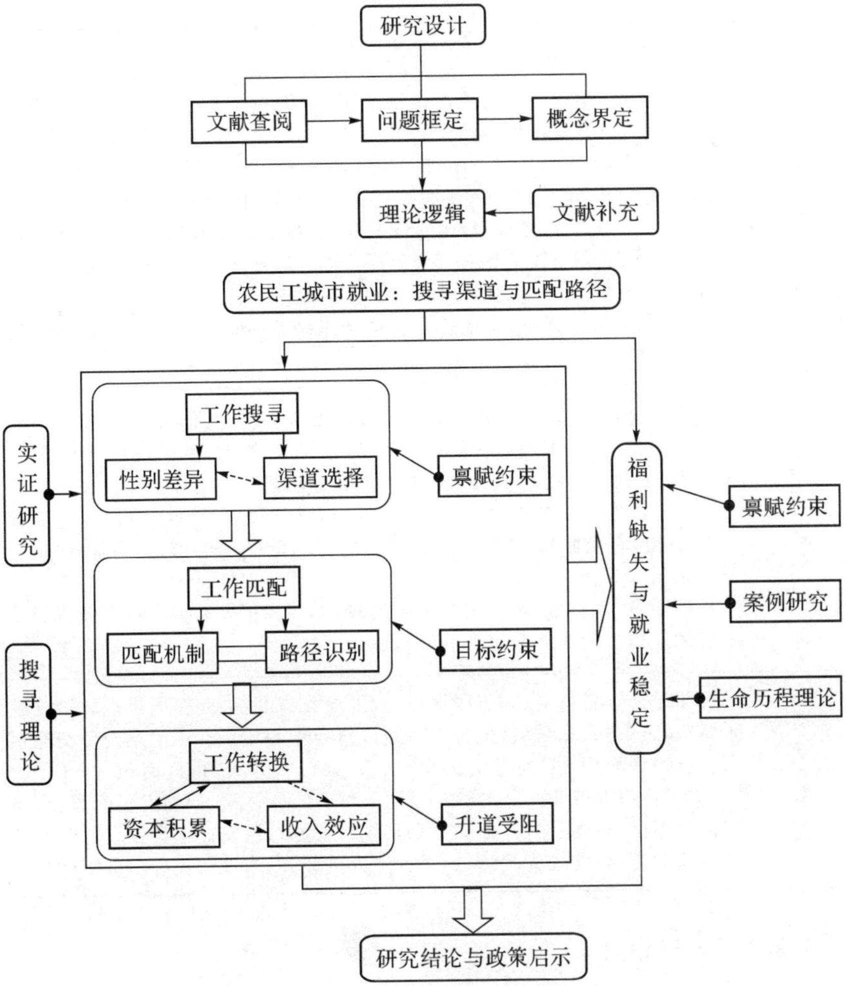

图 3.1　本研究技术路线

的地域性差异,本研究分别选取了甘肃省玉门市(西部地区)、河南省信阳市(中部地区)和浙江省杭州市(东部地区)作为三大调研点以力图满足样本选择合理性的需求。调研取样点各自具体情况如表 3.4 所示。

表 3.4 调研取样点分析

取样点	样本特征
甘肃省玉门市	玉门市位于中国甘肃省河西走廊西部,总面积1.35万平方公里。根据第五次人口普查数据,全市总人口18.9万人,汉族为主。玉门市辖3个街道、4个镇、5个乡、1个民族乡:南坪街道、北坪街道、新市区街道、玉门东镇、玉门镇、赤金镇、花海镇、下西号乡、黄闸湾乡、柳河乡、昌马乡、清泉乡、小金湾东乡族乡;国有饮马农场、国有黄花农场。全市土地面积133.08万公顷,其中耕地2.87万公顷;水域1.22万公顷,园林牧草8.75万公顷,其他用地13.28万公顷,未利用土地106.42万公顷。 总体而言:地多人少,土地是主要经济来源,外出务工人较少,以就近转移为主。
河南省信阳市	信阳市光山县位于河南省东南部,北临淮河,南依大别山,为鄂豫皖三省交界地带,总面积1835平方公里,人口79.7万人,其中农村人口69.7万人,下辖10乡、7镇、2个街道办事处,是国家著名的苏区县和扶贫开发工作重点县。耕地面积121.86万亩,宜林面积92.5万亩,林地面积66万亩,宜渔面积10万亩。全县水资源总量平水年19.2亿立方米,总蓄水量5.9亿立方米。 总体而言:人多地少,外出务工人员较多,并且正发展为由被雇佣成为工资的获得者变为自我雇佣的经营者。
浙江省杭州市	杭州是浙江省省会、副省级城市,地处浙江省北部,是全国重点风景旅游城市和历史文化名城,是长三角地区重要中心城市和中国东南部交通枢纽。市域面积16596平方公里,人口642.78万人;市区面积3068平方公里,人口393.19万。现辖上城、下城、江干、拱墅、西湖、滨江、萧山、余杭8个区,建德、富阳、临安3个县级市,桐庐、淳安2个县。 总体而言:经济较为发达,外来务工人员较多,本地居民外出务工较少。

3.5.2 问卷设计

问卷设计采用结构式问卷调查,包括个人特征、家庭特征等七部分,具体内容如下。

第一部分个人特征,主要包括性别、年龄、户籍、是否创业、受教育程度、政治面貌和婚姻状况等。

第二部分家庭特征,主要包括家庭人口概况、耕地概况和收入概况。

第三部分参与行为,对农民工外出务工原因、家庭是否支持、办理哪些证件及其费用、第一工作的搜寻渠道进行访谈,并且如果受访者已经结婚,将进一步考察其配偶参与行为,同时若已有孩子,对孩子的具体情况也进行了解。

第四部分搜寻能力，从社会资本、人力资本和获取信息能力三个方面对农民工城市就业搜寻能力进行评判。

第五部分搜寻要素，对农民工城市就业的搜寻时间、搜寻强度、搜寻半径、持续时间、实际成本、预期收益、保留工资和首份工作接受原因进行细致了解。

第六部分工作转换，对农民工城市工作转换次数，以及每份工作的开始时间、务工地点、工作任期、搜寻成本、搜寻等待时间、每天平均工作时间、月工资水平、是否培训、工资支付是否按时、搜寻渠道、工作岗位性质、工作福利待遇、务工职业、合同签订、工作满意点、工作不满意点以及离职原因展开分析。此外，如果受访者是经人介绍获得工作，那么将进一步考察介绍人的职业类型、岗位任职、所在单位性质规模，以及具体的介绍方式。

第七部分当前工作，包括工作时间、工资类型、工资水平、工作强度、心理压力、工作环境、工作福利、话语权、工作保障、社会保险、就业安全、工资是否满意、转换意愿，以及对工作单位的期望等。

3.5.3　数据获取

为了保证问卷设计的全面性和合理性，即能够准确地采集研究所需要的所有信息，以及问卷中设计的问题能够被受访者有效接受，笔者在正式调研前进行了小范围的预调研。2012 年 10 月下旬，笔者在杭州市西湖区三墩镇随机访谈了 15 位农民工，旨在了解农民工城市就业基本概况，同时检验问卷中问题设计的合理性，补充遗漏的问题和选项，删除多余甚至错误的问题和选项，对调研问卷中每一个问题设计的准确性进行仔细检查，经过对问卷问题和结构的多次修改和调整后，最终形成正式的调研问卷。

笔者于 2012 年 12 月至 2013 年 2 月寒假期间分别在甘肃省玉门市和河南省信阳市进行第一次大规模问卷调研，分别整理获得有效问卷 116 份和 137 份；2013 年 7 月到 8 月暑假期间在浙江省杭州市又进行了第二次问卷调研，获得有效问卷 75 份，总计获得 328 份有效调研问卷。为了进一步考察农民工城市就业的稳定性，除了两次大规模问卷调查以外，笔者分别在甘肃省嘉峪关市、河南省信阳市和浙江省杭州市进行了多次小规模的深入访谈调研。需要特别说明的是，在个人调研中，鉴于客观条件限制，笔者尽自己最大可能促使样本具有一定的代表性，事实上，本次调研并非严格意义上的随机抽样，无法保证获得数据完全反映农民工群体的总体情况。但笔者仍然希望借这 328 份小样本来分析和厘清农民工城市就业的大致情形,进而为促进我国农民工城市顺利就业、改善农民工城市就业环境、提升农民工福利待遇等提供理论依据与政策启示,同时也可为推动农民工市民化提供相关政策建议。

3.5.4 描述性统计分析

根据调研统计结果(见表 3.5),个人特征中,外出务工以男性为主(均值为 0.57),平均受教育程度为高中(均值为 3.05),并且开始出现一定比例的党员农民工(均值为 0.17),未婚者居多(均值为 0.41)。

就家庭特征而言,样本总体中家庭人口均值为 4.19 人,分地区来看,甘肃、河南与浙江样本家庭人口均值分别为 3.87 人、4.32 人和 4.45 人,表明家庭人口数量越多的农民工,越倾向于向经济更加发达的东部地区转移。依存人口约为 1.43 人,即每个农民工家庭约有两口人需要照顾或抚养。耕地规模总体均值为 9.81 亩,这显然与中东部地区农村人均耕地数不符。从地区样本来看,即可知,甘肃样本家庭耕地规模平均为 16.47 亩,而河南和浙江样本分别为 4.29 亩和 3.98 亩,这与实地调研情况比较符合。家庭总收入样本总体均值为 119917.65 元,甘肃样本、河南样本和浙江样本均值分别为 84250.00 元、165975.49 元和 109538.89 元,这表明选择河南务工的农民工年收入最高,浙江次之,最低的是甘肃。

从外出务工状况来看,务工原因为增加收入、学习技术与知识、增加生活阅历和寻找城市生活机会的分别占 59.76%、23.78%、22.26% 和 17.38%。而搜寻渠道选择社会关系、自己搜寻和计划安排的分别占 43.29%、41.16% 和 5.49%。初始保留工资样本总体均值为 2212.78 元,分地区来看,甘肃样本、河南样本和浙江样本分别为 2771.36 元、1663.56 元和 2111.36 元。当前工资水平样本总体均值为 3313.33 元,分地区来看,甘肃样本、河南样本和浙江样本分别为 3813.25 元、2743.36 元和 3582.43 元。当前消费水平样本总体均值为 1342.34 元,分地区来看,甘肃样本、河南样本和浙江样本分别为 1300.00 元、1424.44 元和 1279.50 元。分别有约一半的农民工对工作持满意态度与不满意态度(均值为 0.51),将近一半的农民工具有工作转换意愿(均值为 0.42)。

表 3.5　样本基本信息情况

指标	指标界定	样本量	有效比(%)	均值(标准误)
性别	男＝1;女＝0	328	100.00	0.57(0.027)
受教育程度	小学及以下＝1;初中＝2;高中＝3;大学及以上＝4	328	100.00	3.05(0.045)
政治面貌	党员＝1;非党员＝0	328	100.00	0.17(0.021)
婚姻	已婚＝1;未婚＝0	328	100.00	0.41(0.027)
家庭人口(家庭总人数)(人)	样本总体	325	99.09	4.19(0.067)
	甘肃样本	116	35.37	3.87(0.106)
	河南样本	136	41.46	4.32(0.102)
	浙江样本	73	22.26	4.45(0.150)
依存人口(人)	家庭总人数除去劳动力	325	99.09	1.43(0.090)
耕地规模(亩)	样本总体	253	77.13	9.81(0.928)
	甘肃样本	116	35.37	16.47(1.479)
	河南样本	83	25.30	4.29(0.936)
	3.98(1.892)	浙江样本	54	16.46
家庭总收入(农业收入与非农业收入之和)(元)	样本总体	272	82.93	119917.65(33452.476)
	甘肃样本	116	35.37	84250.00(14427.936)
	河南样本	96	29.27	165975.49(87665.587)
	浙江样本	60	18.29	109538.89(7674.445)
务工原因	增加收入	196	59.76	0.66(0.028)
	学习技术与知识	78	23.78	0.26(0.026)
	增加生活阅历	73	22.26	0.25(0.025)
	寻找城市生活机会	57	17.38	0.19(0.023)
搜寻渠道	社会关系	142	43.29	0.48(0.029)
	自己搜寻	135	41.16	0.46(0.029)
	计划安排	18	5.49	0.06(0.014)

续　表

指标	指标界定	样本量	有效比(%)	均值(标准误)
保留工资 (初始保留工资)(元)	样本总体	169	51.52	2212.78(210.726)
	甘肃样本	66	20.12	2771.36(513.52)
	河南样本	59	17.99	1663.56(143.884)
	浙江样本	44	13.41	2111.36(101.896)
工资水平(当前月工资水平)(元)	样本总体	276	84.15	3313.33(224.003)
	甘肃样本	89	27.13	3813.25(650.332)
	河南样本	113	34.45	2743.36(123.847)
	浙江样本	74	22.56	3582.43(209.744)
消费水平(当前月消费水平)(元)	样本总体	209	63.72	1342.34(54.907)
	甘肃样本	68	20.73	1300.00(89.892)
	河南样本	81	24.69	1424.44(92.784)
	浙江样本	60	18.29	1279.50(103.000)
工作是否满意	满意=1;不满意=0	266	81.09	0.51(0.031)
工作转换意愿	转换=1;不转换=0	271	82.62	0.42(0.030)

3.5.5　数据补充

因个人能力有限,实地调研问卷不可避免会存在一些缺陷,诸如样本量大小及其代表性等问题,为了弥补笔者实地调研问卷的不足,同时也为了验证实证研究过程中模型的稳健性,笔者选取了中国收入分配研究院公布的大型微观调研数据 CHIP[①]2007 数据中的流动人口数据,即 RUMiC 2008数据,作为辅助和补充。

RUMiC(Rural-Urban Migrants in China)即中国城乡流动人口调查数据,是由来自北京师范大学和澳大利亚国立大学学者联合发起并执行的中国收入分配大型微观调研数据。本研究选取的"流动人口"样本来自以上数据库。其数据抽取的两个原则分别是:(1)地区代表性,北京和上

---

① 即 2007 年中国家庭收入项目调查(Chinese Household Income Project Surver,CHIPS)。更多具体信息可参阅中国收入分配研究院 CHIP 数据介绍:http://www.ciid-bnu.org/.

海作为中国大都市的代表;辽宁、江苏、浙江、福建和广东代表东部地区;山西、安徽、河北、河南、湖北和湖南代表中部地区;重庆、四川、云南和甘肃代表西部地区;(2)随机抽样原则,子样本的选取严格按照随机原则从大样本中选取,保证对大样本中所涉及省份的覆盖。

此外,本研究所使用的官方统计数据主要来自《中国人口和就业统计年鉴》(历年)、《中国统计年鉴》(历年)、《2013 年全国农民工监测调查报告》等;此外,还包括部分官方网站公布的其他权威数据。

3.6 可能创新点

本研究创新之处主要体现在研究思想、研究方法和研究视角三个方面。

3.6.1 研究思想创新

研究思想创新主要包括两个方面:(1)就业的"部分与整体统一"分析思想。区别于已有的将"就业"作为一整体进行观察、分析与检验的研究思想,本研究试图打开就业配置机制黑匣子,将其细分为"搜寻—匹配—转换—就业稳定"四个序列关联的组成部分,并加以分析与检验。该研究策略不仅可以厘清农民工城市就业的整个过程,而且充分体现了"部分与整体统一"的哲学思想。(2)工作转换与资本积累交互作用的系统研究框架。将工作转换与资本积累(包括人力资本和社会资本的积累)视为一个互动共进的系统加以研究。工作转换有利于农民工人力资本与社会资本的积累,反过来,人力资本与社会资本的积累也有助于农民工获得更多的就业机会从而增加其工作转换的概率,进而实现增加收入的预期。这样的研究框架避免了人为割裂工作转换与资本积累相互作用的关系,更加逼近农民工城市就业获得收入的真实状况。

3.6.2 研究方法创新

研究方法创新主要包括两个方面:(1)农民工工作匹配机制识别的实证检验与方法运用。国家层面的大型微观调研报告(如《中国流动人口发展报告(2013)》)曾指出,流动人口由生存型向发展型转变:其进入城市不仅仅是为了挣钱,而是对未来发展有更多新期待。这一结论只是大多数调研报告结论,尚无实证研究对此结论加以检验。本研究采用联立方程法与 Acemoglu 识别法分别对农民工工作匹配机制加以识别。这种识别方法区别于已有研究对某个(些)关键性指标的影响因素的绝对分析,它是一种影响因素间相对重要性的分析,这种分析方法对政策制定具有十分重要的指示作用和理论支撑作用。(2)工作转换与收入效应的内在机制分析方法。以往的研究大多直接将工作转换与收入效应相连接,而很少考虑两者之间的连接机制。本研究一项重要的贡献是运用"资本积累"这一关键性指标解释农民工工作转换与收入增长之间的内在联系。研究通过构建工作转换与资本积累交互作用的联立方程并采用系统估计法检验,然后借助 Heckman 两阶段法评估工作转换之后的收入效应来实现这一连接机制的实证检验,结果充分肯定了"资本积累"的重要作用。

3.6.3 研究视角创新

研究视角创新主要是指从"福利缺失"视角透视农民工工作转换深层原因,并探讨其就业稳定的可能方案。受制度性约束,农民工城市就业缺乏基本的社会保障,而传统的农民工城市就业分析侧重考察其就业的工资效应,而忽略了非工资性因素对其就业稳定性的影响。越来越多的证据表明,农民工城市就业期望已由过去的求生存上升到谋发展,即融入城市诉求逐步增强。案例分析表明,除了工资因素外,影响农民工工作转换的重要因素是福利缺失。福利缺失的原因主要有两个方面:一是农民工福利意识普遍淡薄;二是小微企业主为了降低用工成本也没有为其员工提供必要的福利待遇。因此,从"福利缺失"视角通过案例研究来考察农民工工作转换的深层原因,进而分析其就业稳定的基本要求,是本研究对传统的农民工城市就业研究中工资效应视角的有益补充。

第 4 章
文献综述:搜寻匹配理论演进逻辑

4.1 引言

　　搜寻理论研究始于 20 世纪 60 年代,Stigler(1961)引入搜寻(search)理论并用之分析商品市场价格离散。事实上,搜寻理论并不仅限于商品市场的研究,许多重要的理论与实证贡献来自于其他市场的研究(Lippman & McCall,1976),如劳动力市场。Phelps(1970)引入摩擦(friction)分析为搜寻理论应用于劳动力就业市场开辟了新的研究空间。为实现效用最大化,求职者首先需要综合衡量搜寻成本与搜寻收益的预期净回报。其次,针对多个就业机会,求职者需考虑如何选择以实现最佳匹配。再次,满意的雇佣关系是工人与雇主在搜寻与匹配过程中时间和货币投资的一个调节过程。劳动力市场摩擦与失配可能造成求职者继续失业或工作转换,而企业则可能采取更多的工作创造(job creation)或工作破坏(job destruction)。因此,搜寻匹配是一揽子活动与决策。2010 年诺贝尔经济学奖获得者 Diamond、Mortensen 和 Pissarides 基于搜寻理论构建了一个用于分析劳动力市场供求关系、均衡工资与市场效率的 DMP 模型(Diamond-Mortensen-Pissarides Model)。该模型在统一并加深人们对劳动力市场结构性失业认识的同时,为分析劳动力市场微观行为奠定了扎实的理论基础。然而,考虑到中国经济发展的曲折性与历史特殊性,直至 20 世纪 90 年代,以市场为导向的国家改革才逐渐推行,规模庞大的劳动力获得允许流动的机会,劳动力市场发育缓慢以致搜寻与匹配相关研究不仅起步较晚而且涉足者甚少,理论研究与经验研究都比较匮乏。整理并深入研究国外经典的劳动力市场搜寻匹配理论不仅对研究中国劳动力市场具有重要的参考价值,而且有助于我们重新认识和评价劳动力市场服务机构,以及各种工作搜寻方法的有效性,并理解真实劳动力市场的运作机制,同时对于指导我国劳动力市场的发展,应对严峻的就业和失业问题具有重要的现实意义(何亦名、张炳申,2006)。

本章将沿着"搜寻—匹配—转换"的逻辑脉络,对以往劳动力市场摩擦和搜寻匹配相关研究进行系统梳理,以期为中国劳动力市场发展提供可资借鉴的理论基础。为此,本章第二至五部分安排如下:第二部分梳理搜寻理论并附以简要述评;第三部分分析匹配理论并揭示匹配剩余在搜寻双方之间的分成机制,详细讨论失配条件下市场各方各种反应和就业保护立法对失业和工作流动的影响;第四部分梳理工作转换研究的理论脉络,以及当前中国转型经济中劳动力市场转换机制,以期认清实现劳动力市场稳定匹配研究的重要性和面临的研究困难;第五部分为文献总结与搜寻理论对中国劳动力市场研究的启示。

4.2 搜寻:经济行为人逐利之手段

作为劳动力市场中理性行为人的经济活动,搜寻不仅关乎求职者能否有效实现就业,而且关乎劳动力市场配置效率,以及整个市场运行秩序。求职者在搜寻过程中有许多选择需要考虑,如使用什么样的搜寻方式、每一种方式投入多大努力、需要搜集多少可以接受的聘约(offer)等(Blau & Robins,1990),而工作搜寻理论为这些选择提供了理论解释,包括预期收益或效用最大化(Lippman & McCall,1976),或者约束最大化,如搜寻成本、搜寻技术、预算集(Benhabib & Bull,1983;Morgan,1983;Stern,1989)。本节研究主要从搜寻理论与市场摩擦、理性行为人与搜寻策略、搜寻均衡及其数理逻辑三个角度回顾劳动力市场搜寻研究成果,并在此基础上给予简要述评。

4.2.1 搜寻理论与市场摩擦

搜寻理论是针对市场信息的不对称、交易存在摩擦,在一定的行为假定条件之下,描述企业与个人如何采用理性的准则进行决策,进而推理合乎理性逻辑的最优选择的一种理论分析框架,其对市场的分析和解释更符合人们对实际的认识。Phelps(1970)提出工作搜寻理论,并引入摩擦分析,认为在信息不完备的条件下,求职者通过搜寻活动来逐渐了解工资分布,通过比较工作搜寻的边际成本和可能获得的边际收益来决定是否继续搜寻。之所以要搜寻,是因为市场存在摩擦。摩擦是工人与雇主出于自身利益的考虑不断搜寻以实现较好的求职者与工作职位的匹配(worker-job match)而所付出的所有时间和努力(Mortensen,2011)。劳动力市场摩擦增加了双方的市场搜寻和匹配成本,在允许存在不可观测的异质性与测量误差下,Gautier 和 Teulings(2006)研究发现市场摩擦导致工人的保留工资下降 25%。在现实劳动力市场中,工人需要考虑怎样搜寻一个好的匹配,企业也要考虑如何招聘一个不错的匹配(Pissarides,2011)。在不考虑搜寻摩擦的情况下,任何具有转移效用的匹配市场中,均可实现竞争性均衡,即相应的匹配,但条件是在未来生产过程中能够获得补偿(Becker,1973)。但考虑到代理人的异质性,摩擦真实存在于市场之中,搜寻者不可能不花费任何成本就搜寻到与其相匹配的代理人,Atakan(2006)考察具有显性搜寻成本的实体经济,发现只要联合生产函数具有补偿效用,代理人同样可以实现相应的匹配,即找到其合适的匹配者。Pries 和 Rogerson(2009)在突出搜寻摩擦与求职者决策相互作用的同时扩展了搜寻模型,并强调参与决策动态因素的重要性,研究表明工人愿意接受较长的搜寻期以获得更高的工资。

4.2.2　理性行为人与搜寻策略

劳动力市场上的搜寻者不仅关心工资率,而且重视预期就业时长,在其他情况都相同时,如就业时间越长,那么该份工作机会越珍贵(McCall,1970)。搜寻成本决定着搜寻过程,这是因为任何给定的成本误差都是一系列个体因素以及由此产生的一系列各不相同的搜寻行为所产生的直接结果(Demski,1970)。当期搜寻成本与未来收益的不确定性将直接影响求职者的搜寻行为。Blau(1992)对就业的或未就业的求职者的搜寻行为研究发现,不论是失业搜寻者还是已就业搜寻者,在接受一份工作前,为了追求更高的收益,他们都会拒绝至少一次工作机会而不惜投入更多的搜寻成本。同时也有研究指出,搜寻时间越长,工作转换的概率越低(Gross & Schoening,1984)。因市场交易成本和信息不完全,劳动者需要时间来搜寻其最适合的工作,或者先暂时找到一份工作,并在职搜寻更好的工作,而寻找工作的持续时间取决于行为主体的偏好及他们所处的环境的全部特征(乐君杰,2011)。石莹(2010)认为,农民工在企业与城市之间搜寻实际上是一种"用脚投票"的理性行为,目的是寻找下一个合适的工作机会实现人力资本水平的提升以提高其工资水平。宋月萍(2010)研究了农村流动人口在流入地城市找工作所花费时间的影响因素,发现在给定时间内,女性流动人口在流入地找到工作所花费时间要比男性短,但女性找到高收入工作的概率要低于男性。李永捷等(2007)引入蚁群理论来解释和分析劳动力在劳动市场中如何实现其就业搜寻过程,以及在搜寻过程中就业服务机构如何通过控制就业成本、调整网络信息等来实现对整个劳动力市场的控制和优化,分析结果表明劳动力就业搜寻通过劳动服务机构的调节,缩短了成功就业的搜寻时间。林善浪、张丽华(2010)以福建省农村地区的调查数据为依据,采用 Logistic 回归模型定量分析了影响农民工就业搜寻时间的各种因素。结果表明,年龄、非农技术培训以及未成年子女数等指标是具有重要影响的人力资本变量。影响搜寻主体快速获取市场信息的因素除了自身的搜寻时间以外,搜寻强度也同样发挥显著性作用,Stigler(1961)认为,最佳搜寻次数是边际成本等于预期边际收益时的搜寻次数。搜寻成本使得搜寻次数存在一个合理区间,低于区间下限的搜寻为搜寻不足,市场存在效率改进的空间;超过区间的上限为搜寻过度,将带来市场效率损失(苏治等,2011)。无论搜寻当事人搜寻过度还是不足,都会导致经济不能达到最优状态(李宝良、郭其友,2010)。谢康(1994)假设价格呈均匀分布,模型推导结果表明,搜寻收益随着搜寻次数的增加而递减,并且在达到一定时间节点后递减速度十分缓慢。Patacchini 和 Zenou(2006)研究认为,最优的搜寻强度是因较高的搜寻成本造成的短期损失与较高的寻职机会带来的长期收益之间权衡的结果,并且运用英格兰分区域数据验证,发现在控制未观测到的区域异质性和其他内生性问题的情况下,当地生活成本和当地劳动力市场紧密度对失业平均搜寻强度都有积极而且显著的影响。影响搜寻时间和强度的另一个重要因素是搜寻样本的选择。Stigler(1961)首先提出固定样本模型用于消费者对最低产品价格的需求搜寻。其缺点是求职者必须找完所有 n 家雇主经过比较后,才能找出劳动报酬最高的那家单位。对于大多数搜寻者来说,当他开始搜寻时,他并不知道自己将会搜寻多少次。

McCall(1965)提出了连续搜寻模型,该模型假定消费者不事先选定销售商个数,而是连续不断搜寻直到找到可以接受的价格为止。其理论的前提假设是每多搜寻一个工作的成本是固定的,且寻找的工作若不接受,则继续搜寻,尤其是求职者对当前市场的工资分配是已知的。在这样的原则下,搜寻次数不是事先确定下来的,而是取决于搜寻者保留工资的高低。

4.2.3　搜寻均衡及其数理逻辑

工作搜寻并不是寻找一份不错的工资,而是去寻找一个不错的匹配。因搜寻需要成本,并且成本发生在当期而收益产生在未来,同时未来又充满不确定性,搜寻者有必要制定一个合理的搜寻策略。因为没有哪个理性经济行为人在搜寻的过程中只注重搜寻的过程而不考虑搜寻的结果。因此,搜寻者面临的选择就是"搜寻"或"停止搜寻":如果决定"停止搜寻",即意味他将在已有的机会集中选择一项行动,搜寻过程结束;如果决定"搜寻",即表明他继续搜寻新的选择对象(黄文平,2000)。考虑到未来收益的不确定性,预期收益的评估依赖信息的预期,需要制定一个制止连续搜寻的规则(Mortensen,2011)。Burdett(1978)指出,失业工人选择的策略是最大化其自己的终生收入的折现值,市场提供的职位被设想为随机的,而且是一个已知的工资分布。且已证明,在这样的市场里最好的策略是工人在收到聘约之前报价为保留工资。然后,当且仅当聘约工资至少为其保留工资时,工人才接受其工作。如果要约被接受,工人被假定为在公司工作直到退休,因为寻找更好工作的成本太高。研究结果表明,相较于失业成本,如果在职寻找工作的成本较高,这是最好的策略;如果相对成本比较低,那么另一种策略(即在职搜寻)产生更大的预期回报。Burdett 和 Mortensen(1998)则基于均衡搜寻模型,在放松了无限序列搜寻的基本假设条件下,将工作搜寻者分为失业求职者与在职求职者,获得了保留工资、工资报价等变量有关的工资分布内在均衡解。研究认为,政府失业保险福利并不会对失业率产生任何影响,聘约收到率是平均失业持续时间的唯一决定因素。Pissarides(2000)研究发现,失业保险福利和劳动者讨价还价水平的提高,以及劳动市场匹配效率和劳动者生产率的提高对工资的增长具有正效应;而职位破坏率和利率的上升对工资的增长具有负效应。最值得一提的是 Molho(2001)对影响求职者搜寻策略及其均衡的因素作出的总结：(1)边际成本与边际收益的估计；(2)时间与空间的权衡；(3)转移再搜寻与搜寻再转移的区别；(4)保留工资。

如何实现搜寻市场均衡(search market equilibrium)？本研究将从搜寻者视角推导实现搜寻均衡的数理过程。两个基本假设：一是任何工作搜寻都需要时间与资源；二是搜寻收益具有不确定性。假定搜寻时间为 h，该单位时间内若选做其他行为的时间价值，即机会成本为 b，折现因素为 $\beta(h)$。为解释工作搜寻过程中的工作可获得性与不确定性，设聘约数量的概率分布为 $q(n,h)$，工资聘约的分布为 $F(w)$，并假设聘约获得具有随机分布特性。那么最好的聘约工资为：

$$w = \max[w_1, w_2, \cdots, w_n] \tag{4.1}$$

其中，w_i 分布服从 $F(\cdot)$（$i = 1, 2, \cdots, n$），如果没有工资聘约，那么 $n = 0$。

假设聘约概率分布为 $q(n,h)$，并服从波松分布，则有 $q(n,h) = e^{-\lambda h}(\lambda h)^n/n!$，其中 λ 表示聘约到达率。

设接受最佳的聘约工资，并停止搜寻的折现价值为 $W(w)$。$V(\Omega)$ 代表给定工人信息时下一阶段的搜寻价值。为了实现财富最大化，当工人失业时获得最佳工资聘约依然继续搜寻的条件是，当且仅当

$$V(\Omega) > W(w) \tag{4.2}$$

其中，$V(\Omega) = (b-c)h + \beta(h)E\{\max[V(\Omega(t+h)), W(x)] \mid \Omega(t) = \Omega\}$

$$\tag{4.3}$$

其中，x 表示搜寻期内最佳聘约，$\Omega(t+h)$ 代表下一阶段工人信息。

如果下一阶段工人没有获得任何信息，那么有 $\Omega(t) = \Omega(t+h)$，进而则有：

$$V = (b-c)h + \beta(h)$$
$$\left\{ \sum_{1}^{\infty} q(n,h) \int_{0}^{\infty} \max[V, W(x)] dG(x,n) + q(0,h)V \right\} \tag{4.4}$$

其中，$G(x,n)$ 表示当 $n \geqslant 1$ 时，最佳聘约小于或等于 x 的概率。

最终，工人的最优搜寻策略满足其保留工资等于其折现搜寻价值，即：

$$W(w^*) = V \tag{4.5}$$

其中，w^* 为工人保留工资。该式表明，在任意搜寻期间，只要当最高聘约工资等于或超过其保留工资时，工人接受就业(停止搜寻)就能获得预期财富的最大化。

4.2.4　搜寻研究述评

搜寻理论的研究首先归功于 Stigler(1961)提出的"搜寻"概念,尽管引入时只应用到商品价格市场,而并未涉及劳动力市场,但是它为劳动力市场搜寻研究奠定了重要的理论基础。其次归功于由菲尔普斯(Phelps,1970)牵头在美国宾夕法尼亚大学举办的学术会议,该会议集结出版了众所周知的《菲尔普斯论文集》,该文集所表达的基本信息是人们能够而且应该将宏观就业和通货膨胀的双重问题视为个人代理在市场环境不确定和信息不完全的情况下最大化自己利益时的市场行为结果。该会议在搜寻摩擦研究史上有着深远的里程碑意义,不仅系统阐述并总结了搜寻理论的相关研究,而且拓展了前期研究假设,引入摩擦分析,使得理论研究与现实情境之间又近一步,扩展和提高了搜寻理论分析和解决实际经济问题的能力,并进一步扩大了信息经济学分析的适用范围。总体而言,搜寻理论的研究进展主要体现在以下三个方面。

(1)摩擦的引入拓展了搜寻理论研究视野。早期工作搜寻标准模型大多假定工资出价外生并且离散,失业者具有异质性、无在职搜寻行为、闲暇无效用等,将工作搜寻问题纳入一般均衡的分析范畴,并且在 20 世纪 70 年代以前的完全竞争市场模型中,所有关于市场摩擦的复杂性特征都被忽略。在完全竞争模型中,产品或服务的交易是标准化了的,而且买者和卖者都知道市场的所有属性。然而,现实市场是"摩擦市场",交易双方都只能获取不完备且不对称的信息,交易成本和政府管制行为都对交易双方产生不同程度的影响。摩擦把劳动经济学研究边界与现实之间的距离又拉近一步,如何减少摩擦使得交易双方最小成本下实现最大效用的交易这一课题将搜寻理论研究的重要性凸显出来,同时市场摩擦成为其重要的理论基础。

(2)搜寻均衡开辟了搜寻理论研究新视角。早期的劳动力搜寻理论主要研究在职位供给分布已知的假定下劳动力供给方——劳动者对职位的搜寻行为,如搜寻密度等,它忽视了劳动力需求方——企业的雇佣行为对劳动者职位搜寻行为的影响。针对这个缺陷,Pissarides(1986)设计的工作匹配模型很大程度上弥补了传统的劳动力再配置模型的缺陷,从宏观的角度为发达国家劳动力市场运行机制所固有缺陷导致的失业与职位空缺并存的现象提供了理论解释,并为政府采取财政或货币政策以缓解因需求不足引起的周期性失业,以及进一步提高劳动力市场运行效率以缓解结构性失业提供了理论依据。均衡搜寻理论把作为劳动力需求方的企业行为内生化,从而为分析企业行为对劳动者的职位搜寻行为的影响,进而为深入审视整个劳动力市场的运行效率提供了新的思路(黄亮、彭璧玉,2005)。搜寻均衡规范了搜寻理论对劳动力市场经济学研究的范式,与新古典经济学的市场研究框架,即马歇尔式均衡,保持一致。因此,苏治等(2011)研究认为,作为新古典宏观经济学在劳动力市场分析方面的基石,搜寻理论维护了新古典经济学的声誉。

(3)研究方法的改进增强了搜寻理论研究的适用性。由单边搜寻到双边搜寻的过渡不仅实现了理论研究的飞跃,而且相匹配的研究方法等也都更接近现实。值得提出的是,由 Diamond 倡导的搜寻均衡的研究方法仍然非常有效。特别是,它已经被劳动经济学家加以拓展用以理解不同企业间的工资差别和个人在工作变动中的工资增长。然而,在大多数文献中所采用的工资确定的模型是基于双方谈判理论,而不是垄断理论。在确定过程中,既不是工人也不是雇主有权确定工资水平,相反,工资是工人和雇主之间讨价还价且必须是双方同意的结果。

当然,工资议价必须是在双方相遇之后。这一事实引出下一问题:起于双方讨价还价的匹配租金的分配能否提供正确的激励,从而使交易双方参与到搜寻匹配的过程之中? 虽然明显的答案是否定的,但是问题的规范性又引发了一系列新的有关市场均衡属性解决方案的研究,以充分阐述搜寻模型,并纳入工人和雇主的搜寻匹配行为之中。因此,如何匹配以实现市场经济剩余的分配是接踵而至的重要研究课题。

4.3 匹配:市场剩余分配的实现机制

相比较劳动力市场前期搜寻行为研究,更有意义的研究当是搜寻主体面临多个聘约时如何匹配以实现就业的决策问题。

4.3.1 匹配理论及其数理模型

求职者与职位的匹配视时间为信息与事实之间相互摩擦的一个结果,即没有一个工人知道所有工作的地点与条款,同时没有一个雇主知道去哪里在众多可选择的工人中选择他们所想要的工人。现实市场"竞争市场出清"的传统意识是不存在的。因为一个满意的雇佣关系就是工人与雇主在搜寻与匹配过程中时间与货币投资的一个调节的过程(Mortensen,2011)。一旦一个可选择的匹配既持久又昂贵,那么对于工人或者雇主来说,一个工作机会就确定了。尤其是 Leijonhufvud(1968)认为,只有成功确定了一个双方都能接受的工作匹配之后,求职者才能确定他的有效物品需求。

为了更清晰地表达匹配的数理逻辑,研究者引入了匹配函数的概念,该函数是一个明确的市场等级关系,刻画了代理人相遇并匹配的结果。Pissarides(1979)用匹配函数最早分析了市场均衡问题,Diamond 和Maskin(1979)结合工资决定的议价方法,用其分析了搜寻和违约下的市场均衡。尤其是 Pissarides 在 1979 年发表的《国家就业机构的工作匹配和随机搜寻》一文中,使用匹配函数作为一种研究失业均衡的工具发展出"流量方法"(flows approach),开辟了劳动力市场宏观经济研究的新领域。同时,匹配函数揭示了失业工人数量、职位空缺数量以及工人搜寻和雇主招聘强度之间的数量关系。尤其在不增加过多复杂性的情况下,匹配函数可以直接嵌入失业模型之中。如 Pissarides(1985)使用匹配函数解释了失业率和动态工资中需求的周期性波动效应。Silva 和 Toledo(2008)运用扩展的匹配函数证明离职成本的大小不会引起劳动力市场的波动。此外,匹配函数抓住了劳动力市场中许多并不明晰的摩擦特征。它抓住了一个好的匹配(good match)的核心特征:找到一个很好的匹配需要时间,而花费的时间长度随着工人不可预知的搜寻方式而不同,如果有更多的合适的职位空缺,平均而言,工人会更快地找到一份很好的匹配。匹配函数对于工人和企业而言是对称的(Pissarides,2011),即没有一个工人知道所有工作的地点与条款,同时没有一个雇主知道去哪里在众多可选择的工人中选择他们所想要的工人。更重要的是,因为匹配函数与经济学模型中使用的其他总函数相似,它已经能够构建劳动力市场中小的均衡模型,并且把握摩擦的特征。它也能够用真实世界数据去估计这些模型。如 Pissarides(1986)估计匹配函数用的是英国数据,而Blanchard 和 Diamond(1989)估计匹配函数用的是美国数据,都获得了令人满意的结果,即真实数据很好地拟合了匹配理论模型。

然而,因单边搜寻模型并没有提供就业和工资决定可用于动态和政策分析的一个完整的理论体系(Mortensen,2011),而且它只考虑到市场交易双方的某一方,搜寻均衡只反映市场部分效率而不能最大限度体现市场交易双方的共同意愿。Pissarides(2011)认为,无论是微观经济理论基础还是对失业事实的解释,双边匹配都具有更大的成功可能性。它允许所研究的均衡模型包含真实世界的特征,如工人与工作的差异、劳动力市场结构的制度差异等。在双边搜寻模型中,Mortensen(2011)为匹配函数考虑了两种特殊但又貌似合理的函数形式,即线性和二次函数形式。两种形式都可以用来描述简单的采样方案,有时也被称为"球瓮"模型("ball and urn" models)。线性匹配函数可以试想为市场中任意没有匹配的一方代理人随机地接触到另一方没有匹配的代理人,但接触代价高昂。当然,相同的代理人也可能与市场中与之互补的一方相遇。因此,工作与工人总的瞬时匹配率是市场中搜寻双方代理人数量的线性函数。言外之意是,一个工人预期的相遇频次可以视为一个泊松随机变量,其值为在给定的随机搜寻情况下,总的匹配率除以失业工人的数量。"二次"匹配函数是一种简单设定模型的扩展,在这种简单的设定中,总的匹配率与两种类型的搜寻代理人的数量成正比。事实上,这种匹配函数可以被看作市场中的一方的每个个人与另一方相接触,但不知道对方即潜在的合作伙伴是否匹配。因此,相对类型的未匹配代理人的有效匹配率是两种类型代理人数量的一个产出。在劳动力市场中,线性匹配函数表示为 $M(u,v) = a_1 v + a_2 u$,其中,u 和 v 分别代表失业工人数量和空缺职位数量,a_1 和 a_2 分别是反映接触频率的常数。同样,二次匹配函数可以表示为 $M(u,v) = (a_1 + a_2)uv$。

线性形式的匹配函数虽然能够较好地解释微观个体间的匹配产出,但难以刻画劳动力市场的宏观运行效率。Bowden(1980)认为,失业与职位空缺并存是劳动力市场运行不完善的结果,并采用 Cobb-Douglas 匹配函数计算劳动市场匹配效率,该函数因能够识别和诊断劳动力市场的结构性变化而受到研究者的广泛欢迎(Pissarides,1985;Shimer,2005;Hall,2005;Sedlacek,2014)。标准的匹配函数形式为:$M_t = \omega_t m(u_t, v_t)$,其中 M_t 是 t 时期内实现匹配的数量,即失业者中找到工作的人数。ω_t 是 t 时期内的匹配效率,u_t 是 t 时期内的失业人数,v_t 是 t 时期的职位空缺量。

4.3.2 匹配剩余与市场分成机制

匹配剩余(match surplus)是指未来匹配产出的预期现值与失业搜寻

成本之间的差额。搜寻和匹配摩擦意味着可互容的双方存在剩余（Mortensen，2011）。在以往所有的研究中，剩余的分配从某种意义来说是合理的，因为假设不存在使得双方福利都变好的情况。一般而言，分配剩余在双方议价的任何问题中许多都是联合高效的，它假定任意一个被选中的工人都享有一定的租金份额，该份额的多少取决于"工人的议价能力"（workers' bargaining power）。

一般地，工人要么失业要么就业，流入量是离职率（separation rate，记为 s ）和就业工人数量的结果，流出量是求职率（job-finding rate，记为 f ）和失业工人数量的结果①。失业率 u 即是两种流的数量平衡，其解为：

$$\frac{u}{1-u} = \frac{s}{f} \tag{4.6}$$

假定保留工资（reservation wage，记为 R ）、求职率是聘约到达率（offer arrival rate，记为 λ ）的产出以及接受概率 $(1-F(R))$ ，则有 $f = \lambda(1-F(R))$ ，其中 $F(R)$ 为工资聘约累积分布函数。

如果工人接受一份工作，那么他就没有动机去离开该稳定的环境。因此，失业水平的简单理论可以用方程(4.6)中的存量来概括：

$$u = \frac{s}{s + \lambda(1-F(R))} \tag{4.7}$$

其中，离职率 s 视为外生变量。该公式表明，在保留工资不变的情况下，如果当工人失业的时候获得工作的机会变少，或者解雇冲击发生的过多，那么失业率都将升高。当然，等于就业收益或失业收益的保留工资也取决于这些相同的因素。

假设在不存在工作搜寻的情况下，保留工资等于一个工人因接受工作而放弃的收入，即失业收益，可以表示为：

$$R = b + \lambda \int_R^\infty (W(w) - U) \mathrm{d}F(w) \tag{4.8}$$

在该式中，第一项 b 表示失业收益，第二项是继续搜寻而获得的预期收益，其中 $W(w)$ 表示以现在的工资水平 w 所获得的未来收益。总之，

---

①　流入量（inflow）和流出量（outflow）是 2010 年三位诺贝尔经济学奖获得者在解决失业问题时突破了传统"需求供给"框架而发展出来的新的理论视角，即流量方法（flows approach）中所提出的新变量，它们均是相对失业而言，因而流入即进入失业状态，而流出即退出失业状态，实现就业。

它表示一名工人将来找到一份高于其保留工资的工作的概率,以及与此相关的未来工资水平下所获得的预期收益。杜凤莲、鲍煜虹(2006)通过对享受失业救济金者和不享受者失业救济金者的再就业概率分析发现,与享受失业救济金者相比,人力资本特征、家庭特征和宏观经济环境对不享受失业救济金者的再就业概率有显著正向影响。给定匹配规范,每位失业工人的预期会合率可以表示为:

$$\lambda = \frac{M(u,v)}{u} = M(1,\theta) \equiv m(\theta) \tag{4.9}$$

其中,$m(\theta)$ 表示空缺职位与失业工人的比率的递增的凹函数,$\theta = \dfrac{v}{u}$ 在文献中称为"劳动力市场的紧密度"。因此,失业将趋向于稳定值:

$$u = \frac{s}{s + m(\theta)} \tag{4.10}$$

在匹配、产出都相同的情形下,方程(4.6)中寻职率就等于在没有外界冲击情况下的会合率。换句话说,随着相对于搜寻工作的失业工人数量的空缺职位数量的增加,相对稳定的失业率将下降。

假定工人获得的匹配剩余份额是 β,则雇主获得另外的份额 $(1-\beta)$。记未来工资的预期现值为 W,则有:

$$W = R + \beta S(R) \tag{4.11}$$

其中,R 代表失业成本或工人的保留工资,$S(R)$ 表示实际工作的剩余价值被表达成工人保留工资的函数。

假定填补一个空缺职位需要一定的时间,合适的需求条件需要公布一个空缺职位的预期成本、保持一个空缺职位的成本流的产出,记为 K,和预期所需要的填补时间,即 $\dfrac{\theta}{m(\theta)}$,其值必等于雇主在工人与工作匹配中所获得的未来利润的现值。因此,在一个简单而稳定的环境中,自由进入市场的条件是:

$$\frac{k\theta}{m(\theta)} = (1-\beta)S(R) \tag{4.12}$$

上式左边是填补一份空缺职位的预期成本,右边是企业在工作匹配的剩余价值中获得的份额。对于任何匹配的剩余价值,该模型是完整的。然而,Mortensen(2011)认为,论及精确 $S(R)$ 范式则该模型是有问题的,因为它仅仅存在于包含在匹配之中的雇主和雇员的头脑中,甚至不需要他们的同意。从形式上看,对于雇主或者雇员来说,如果他们确实同意如何预期他们的未来收入,那么如果继续接受匹配则将获得未来收入的预期流的当前值或现值,如果继续搜寻则将获得少于收入的预期现值。

4.3.3 劳资失配与市场反应

在相互充满摩擦的调节过程中,匹配双方因各自匹配的预期不同而存在达不到心理匹配预期的情况,即会出现失配(dismatch)。Mcquaid (2006)考察了失业人员的就业能力(employability)与工作搜寻成功(job search success)之间的关系,研究表明,在一系列影响就业的因素中,技能不匹配和空间不匹配是两个解释工作搜寻成功非常重要的因素。"技能"或"空间"在当地的劳动力市场不匹配的程度因当地的经济特点、雇主、求职者和工作的情况而异。此时,失配对不同的搜寻主体意味着不同的调节结果,对求职者而言,这意味着求职的失败,要么继续搜寻,要么被迫失业;从企业角度而言,这意味着招聘工作的失败,企业或者增加成本继续招聘,或者工作破坏结束招聘,也可以创造新的工作职位重新招聘;政府作为市场的监管者可能会采取应对失业的相应措施。总之,失业与职位空缺、工作创造(job creation)与工作破坏(job destruction)以及政府干预解决失业问题是劳动力市场匹配失败研究的重要课题。

(1)失业与职位空缺。国际劳工组织(International Labour Organization,ILD)和经济合作与发展组织(Organization for Economic Co-operation and Develop,OECD)广泛使用的失业定义是:如果一个工人没有工作,并正在寻找之中,而且能够胜任一份工作,那么他就处于失业状态。这正是搜寻理论中失业的确切定义。在早期理论中,新古典主义和凯恩斯主义认为,失业是什么都没有做的一种状态。他们可能正享受临时的空闲或正悠闲地等待一份为之开放的工作,但他们并不是在寻找工作。然而,McCall(1970)认为,工人在一个固定分布工资中寻找一份工资聘约,如果他是失业的,那是因为他没有找到一份足够高的工资聘约。这似乎与我们的直觉,即什么让一个人失业这么长时间,或与劳动经济学家和官方统计局的失业观点并不一致,而且至少当时它与搜寻摩擦市场均衡也不一致(Pissarides,2011)。

Stigler(1961)强调,劳动力市场最大的特点是那些关注当前工资率的工人的市场就业信息的严重不完全性,因此,存在一定量"失业搜寻"

(search unemployment)是正常的。张智勇(2005)通过对 Phelps 的职业搜寻理论进行数学逻辑推导后认为,一定时间段内的失业是值得的,因为在这段失业时间内进行搜寻,搜寻的结果是递增的。因此,失业对劳动者来讲就成为一种必要的"投资"。Mortensen(2011)认为,失业是劳动力市场参与的一种状态,即一名工人在相当短的一段时间内占有岗位,同时他还在寻找另一份可接受的工作作为补偿的状态。不同的个体在任何一段时间内有人进入有人离开,由于流出量大致与存量水平成比例,因而失业率总是趋向于两种流平衡时的存量水平。而Alchian(1969)则认为,在合理性假设上,失业搜寻的质量和就业水平将会随着总需求的变化而变化。总需求增加会降低失业搜寻质量,导致搜寻者将普遍上涨的货币工资率误认为是一个可接受的相对较高的货币工资报价(Phelps,1969)。

劳动力市场失业的研究以失业均衡为中心而往往与职位空缺紧密联系。从职位空缺与失业率的均衡模型到失业均衡模型的过渡是通过贝弗里奇曲线(Beveridge curve)完成的。贝弗里奇曲线体现的是职位空缺与失业的组合,两者与失业的进入和退出的平等性是一致的。这就意味着,在贝弗里奇曲线上,失业是不会改变的,除非因为一个外生冲击导致进入流或退出流的变化。如果正如假设,即进入失业是就业中恒定不变的一部分,那么贝弗里奇曲线的形状和属性则完全由总匹配函数决定。职位空缺率越高,失业工人与职位空缺之间的匹配就越多。Shimer(2005)研究发现,当失业和职位空缺率受到一个合理幅度冲击时,搜寻与匹配模型并不能反映商业周期波动。在美国,空缺失业率的标准偏差是平均劳动生产率的标准差的近 20 倍,而搜寻模型预测这两个变量应该有几乎相同的波动。一个改变平均劳动生产率的冲击主要是改变工资的现值且失业空缺比沿着一条向下倾斜的贝弗里奇曲线只产生一个小的运动。而对离职率(separation rate)的冲击却导致失业与职位空缺比发生反事实的正相关变动。

企业行为是考察劳动力市场失业的重要因素。Pissarides(1979)构建了分析劳动力市场工人和企业行为的均衡模型,该模型假定失业工人和职位空缺双方以随机或在就业机构注册的方式互相搜寻着,从而发展了总职位空缺和失业可选的搜寻方法。最重要的结论是模型参数的变化使得随机搜寻因降低失业率而成为增加就业整体配对率的可行方法。但同时参数的变化降低了就业机构成本且对工作匹配率的影响具有不确定性,其原因是参数变化产生一个阻碍私人搜寻活动的负外部性。Burdett和 Mortensen(1998)研究了工资差异、就业规模和失业之间的关系,结果表明工资差异是工人在职搜寻或失业搜寻的一个显著产出,而且产出越多,雇主提供的工资越高,企业招到的劳动力越多,赚取的利润也越多,并且工人维持的就业时间比产出较少的企业更长。因此,生产率差异和匹配摩擦的存在为公司和行业之间工资和利润的差异提供了一个很好的解释。

(2)工作创造与工作破坏。Mortensen(1982)所研究的问题是固定数量的工人与固定数量的工作之间的相互作用。然而,当审视真正的劳动力市场随着时间的推移而运行时,人们看到的最显著的特征是就业与职位空缺如何波动,换句话说,就业总人数如何随着时间的变化而变化,这取决于经济条件。为了使理论适用于商业周期,需要工作创造和工作破坏的理论支撑。Pissarides(1986)用英国数据做的实证研究中,发现进入失业状态几乎是就业中一个不变的部分。因此,可以借助工作创造理论去关注进入失业状态的潜在因素。

工作作为企业所有的一种资产:如果它是空缺的,它就有一定的价值,因为它可以预期招募一名工人,并在未来产生一定的利润;如果它没有空缺出来,就可以生产利润。空缺职位就像是新兴的投资项目,只不过还没有开始获得回报。如果企业的净价值为正,企业可以创造盈利,如果是负的,企业将损失掉他们的钱,则有理由关闭企业。因此,工作的均衡数量产生的条件是一个新的工作空缺的价值必须为零。新的职位空缺零利润条件是向下倾斜的,因为较低的工资率,工作更有利可图,更多的职位空缺被创造出来;工资方程是向上倾斜的,因为市场紧密度(market tightness)①越大,工人越容易找到一个替代的工作机会,同时如果工资议价失败,企业越不可能找到一个可替代的工人,所以工资讨价还价的优势掌握在工人手中(Davis & Haltiwanger,1990)。

由 Davis 和 Haltiwanger(1990),以及其他在产业组织(industrial organization)工作的人员建立并发表于 20 世纪 80 年代末和 90 年代初的数据表明,工作的破坏率在不同的商业周期中差异很大。出现工作破坏的主要原因与特殊的冲击有关,但在商业周期内有足够的波动来弥补不可

---

① 职位空缺与失业人数的比,称之为市场紧密度。

信服的假设,即工人进入失业的速率是恒定的。虽然工作破坏率决定了工作流而非工人进入失业的速率,但这两者是紧密相关的。无论如何,后续工作结果显示,失业流是周期性的,虽然这并不像就业是有周期的(Fujita & Ramey,2009)。

在对工作破坏的分析(Pissarides,1990;Mortensen,1992;Mortensen & Pissarides,1994;Mortensen & Pissarides,1999)中,学者们假设一旦工作被创造出来,就不能很容易地适应新技术。在最简单的模型中,甚至根本就不能适应,所以只要它仍然是有利可图的,公司就一直保留它。当冲击使一个工作无利可图时,它就被破坏了,工人失业,一些新的工作在其他地方被创造以取代其位置。正如在第一代搜寻模型中的接受工作决定一样,工作破坏的决定取决于保留生产率。公司与劳动者基于他们联合实际收益来共同决定破坏哪一项工作。事实上,大多数处于稳态中的工作破坏是由于受到未识别的特殊冲击。但在经济周期中,当破坏首次出现时,通常伴随有一个突然的上涨停止,工作破坏率在经济衰退期上升,并在复苏阶段下降。

(3)政府作为与就业保护立法。为确保更持久的就业,就业保护立法对劳动力市场的影响成为政策研究的一个重要领域(Pissarides,2011)。虽然所有发达国家行使着某种形式的就业保护,但在实施过程中因各种限制而产生差异,在不同国家其严重程度也有很大差异(Skedinger,2010)。在过于简单化的风险环境下,经济合作与发展组织研究表明,欧洲南部国家比北部国家有更严格的就业保护立法,尤其是比美国和英国。解雇税减少了工作的离职率,一些过去在征税之前也会遭到破坏的低生产率工作将不再被破坏,因为公司将降低其保留生产率以减少可能交税的机会。因此,就业保护立法的一个作用是,通过对市场不平等交易的约束,保证失业规模处于一个较低的水平。就业保护立法的另一个重要作用是对工作创造的影响。当企业创造工作时,如果它不得不解雇工人,它就预计将来的某一天要交税,因此,企业工作创造率下降,这就像进入失业一样,考虑到失业率,退出失业率也下降。

4.3.4 匹配研究述评

匹配作为搜寻主体在劳动力市场上经过一系列搜寻活动的积累之后而为实现自己最大收益的一个选择不仅关乎搜寻主体的利益,而且关乎整个劳动力市场经济剩余的分配。研究主要考察了匹配理论及其数理逻辑、搜寻双方在匹配中对市场经济剩余的分成机制及其数理逻辑,以及劳资失配情形下,政府作为市场经济的第三方的行为表现。其研究成果与研究不足主要有两个方面。

其一,在考察匹配理论的数理逻辑时,匹配函数的引入起着重要而独特的作用,它不仅成功地抓住了影响搜寻摩擦的关键因素,而且为构建双边摩擦搜寻模型提供了一个特别强大的工具,这种搜寻摩擦起源于潜在交易伙伴之间的信息不完备性。不同的学者为匹配函数设定了不同形式的数学具体模型,并用现实数据检验匹配模型的质量,均获得不同程度的满意结果。匹配及匹配函数的分析隐含地将匹配行为建立在大样本的基础之上,认为最终会趋向一个稳定的特征,并可以用函数形式表示(钟春平,2010)。值得提及的是,尽管这些匹配模型在解释现实问题时体现出更加严密的数理逻辑,并且在一定程度上很好地拟合了数据结果,但并不是所有的问题都能得到较好的解释。例如在讨论市场经济剩余分成机制时,企业与个人之间匹配剩余的分成关系中那个特别的份额 β 一直悬而未清,只知道它的大小反映了工人的"议价能力",但在理论上却没有明确地构建出来。

其二,现实劳动力市场中,有些求职者不停地转换工作,甚至有些求职者已经拥有一份工作仍在不断地搜寻新的更为合适的工作,他们为什么会作出如此选择? 因早期的搜寻匹配理论假设不存在在职搜寻,且一旦求职者被雇佣将不再寻找另一份工作,针对劳动力市场中在职搜寻和工作转换的情况,搜寻理论对于现实的解释乏力。因此,研究不能仅止于搜寻均衡到匹配均衡的实现,有理由进一步探讨工作转换行为,以及如何实现稳定匹配,以保证劳动力市场健康稳定地发展。

4.4　转换:摩擦和利益冲突下的抉择

匹配决定了市场经济剩余的分配,劳动力市场资源配置的效率取决于匹配过程中劳动者与企业讨价还价的能力。从失业与职位空缺的分析来看,尽管失业可看成搜寻主体为获得更高收益的必要投资,职位空缺可看成还未获得回报的新兴投资,但终归造成社会效益的不经济。从搜寻均衡到匹配均衡,匹配稳定是确保摩擦的劳动力市场效率的前提。考虑到匹配稳定研究存在一定的操作性困难,大多数研究转而研究其对立面,即工作转换,以求找到突破口。

4.4.1 工作转换理论发展脉络

劳动力参与市场活动条件为保留工资至少与休闲价值相等,当且仅当搜寻收益等于搜寻成本(Mortensen,1986)。但当失业工人一段时间内并不能顺利找到工作时,面临与日俱增的搜寻成本,其保留工资会随搜寻时间延长而下调(Kasper,1967),这意味着工人工资可能低于其最初保留工资,一定程度上为其日后工作转换以期获得更高工资埋下伏笔。然而,经典的匹配决策存在一个严格的基本假设,即一旦匹配,工人将工作直到退休而无工作转换行为(Burdett,1978)。Tobin(1972)指出,当且仅当失业时工作搜寻是显著有效率的,此限制才是合理的。但以往的工作搜寻研究假设工人一旦被雇佣将不再寻找另一份工作,这依然与劳动力市场许多实际情况不相吻合(Hall,1972)。据 Mattila(1974)估计,60%的自愿转换工作的美国工人并未遭受临时性失业。因为这只有当已经就业的工人在退出前获得新的工作时才会发生,并且工人在职搜寻也似乎更符合实际经验。为此,后续研究放松了这一苛刻的研究假设,如果新工作的工资高于当前工资水平,那么工人就有动机主动放弃目前正在从事的工作而实现工作转换(Berg & Ridder,1998)或者在职搜寻(Pissarides,1994;Christensen,2005)。这一研究假设条件的放松有着非常重要的理论意义,因为它拓宽了许多现代以就业和通货膨胀为研究中心的工作搜寻模型(Burdett,1978)。

4.4.2 转换原因及其实现机制

为什么个人在职业生涯中要变换不同的职业? Sjaastad(1962)最先将利益最大化的经济人假设应用于劳动者工作转换行为研究。求职者总是努力寻求能给予最大劳动报酬的厂商,并根据未来预期实际收益的净现值与当前工作实际收益差值决定是否要进行工作转换。一旦雇主雇佣的劳动力的边际生产率低于所获得的工资水平,雇主主动提出解雇的概率会增加,此时劳动力将面临被动的工作转换。Burdett(1978)认为,员工希望获得更高的报酬、公司希望找寻更高效率的员工时,职业流动就将发生。针对此,Jovanovic(1979)提出职业匹配理论,用信息不对称来解释职业流动,个人与机构工作之间的匹配被认为是一个经验性商品,即个人和机构的特征起初相互未知,随着时间的推移,员工的工作效率和机构的特征信息逐渐显现,而当相互之间不匹配时,职业流动就将发生,雇员更换新的工作以寻求收入快速增加,而雇主也会辞掉员工以追求效率的提升。考虑到劳动力市场信息不完全及工资离散分布的特点,劳动者一旦获取关于当前工作不匹配或有机会获取更加匹配工作的信息时,会导致工作转换(Jovanovic,1979)。由于厂商每雇佣新的劳动者会消耗一定的雇佣和培训成本,厂商为了降低固定成本投资而相应降低解雇的概率(Parsons,1973)。随着初始雇佣关系的建立,劳动者与雇佣者则进入了一个互相了解的过程,一旦发现对方并不是自己的最佳匹配对象则停止雇佣关系,劳动者的工作任期与工作转换之间存在着反向关系(Bartel & Borjas,1977)。无论求职者主动提出或是雇佣者提出终止雇佣关系,只要求职者或雇佣者继续在劳动力市场寻求最佳的工作匹配,必然导致工作转换或职业流动。提高工作匹配质量的唯一途径就是经历这份工作,而工作转换则是在获取更多市场信息后再匹配的结果(Nelson,1970)。

考虑到失业搜寻的成本逐渐增加的事实,尽管失业搜寻长期来看可能是一种“理性投资”,但劳动力市场中具有“短视”行为的求职者并不愿意这样去做,而是采取一个折中的方式,即“在职搜寻”,来实现自身利益的最大化。在职搜寻最早被 Burdett(1978)讨论:一个失业工人的保留工资在古典的参与模型中可简单地定义为“闲暇”的价值。特别是,当搜寻成本在就业或失业相同时,工人接受补偿过去闲暇价值的第一份工作,然后一般继续搜寻更高的工资支付。不少实证研究检验了在职搜寻的收益及其决定因素,Banerjee 和 Bucci(1995)考察了印度城市劳动力市场的在职搜寻情况,研究发现印度城市劳动力市场在职搜寻情况与美英等发达国家情况相似,即非公共部门的、高学历的、年轻的工人如果当前的工资水平不高于其替代岗位的工资,他们都倾向于在职搜寻。在现实劳动力市场中,在职搜寻强调匹配质量,如果匹配质量没有达到工人搜寻工作的心理预期,包括工资因素和非工资因素,那么在职搜寻抑或工作转换发生的概率大大增加。Van den Berg 和 Ridder(1998)对在职工作搜寻模型进行了估计,研究发现在职搜寻的概率对均衡工资和收益分布具有特殊的作用,这是因为聘约到达率远大于解雇率,工人在工资阶梯上攀升很快,结果导致一些特殊部门的工资都集中靠近边际收益产品。在职搜寻概念拓展了工作搜寻模型,而且对劳动力的自愿流动作出了合理的解释。如果新工作的工资不低于没有必要进一步搜寻时的最低工资水平(高于可接受的最低工资水平),那么工人就会接受,从而放弃目前正在从事的工作。Holzer(1987)分析 1981 年美国长期跟踪调查(National Longitudinal Surveys,NLS)青年组的数据后发现,与在职青年工作搜寻者相比,失业青年工作搜寻者会作出更大的搜寻努力(搜寻努力程度用所采用的搜寻方法数以及每种搜寻方法所用的时间来测度),并接受更低的保留工资(与工资出价相比)。这些差异至少部分解释了失业搜寻者明显更可能找到工作但工资较低的原因。失业工作搜寻者之所以愿意作出更大的努力,是因为他们的搜寻成本比在职搜寻者高。

4.4.3 经济环境与转换行为

20 世纪七八十年代,随着我国户籍制度的放开,农村劳动力流动逐渐成为可能,以劳动力转移为主旋律的职业流动研究一时成为热点。在传统经济体制下,就业通常都具有非常强的稳定性,工作单位通常不会解雇职工,职工在不同就业单位之间的流动性通常也非常低,单位无法以解雇为手段迫使工人提高效率,而职工也不倾向于"以脚投票"来获得更高的回报,与这种劳动力市场特征相伴随的是经济的低效率。为改变这种状态,增强劳动力市场的灵活性成为经济改革的主要内容。特别是从 20 世纪 90 年代中后期开始,与对国有经济部门的激进式改革相伴随,大量的失业下岗人员被排除在传统的就业稳定形式之外(罗楚亮,2008)。老一代农民工职业流动或工作转换主要是工资待遇低,工作环境差导致其就业稳定性较低,不停地转换工作;而新生代农民工除了对工作环境和工资待遇的要求外,还增加了对社会保险、对改革开放经济发展成果共享的要求。改革开放以来,农村劳动力大规模向城市流动就业已经历了近 40 年。与此同时,农村外出劳动力(农民工)在进入城市后其就业经历着较频繁的转换工作单位的过程,这已经成为农民工市场的普遍表现和重要特征。显然,理解农民工工作转换现象是分析农民工市场乃至城市劳动力市场的重要方面。工作转换是理性劳动者进行成本和收益权衡后的一种对其既有利也有弊的劳动力市场行为(李乾,2010)。

我国劳动力从农村向城市的大规模流动是促进我国城市化和经济发展的重要动力。马瑞等(2011)基于山东等四省 619 户农户的实地调研数据,定量分析了农村进城就业人员的职业流动和城市变换、家属随同状况及其主要影响因素。研究结果表明,受城市就业机会与自身人力资本的制约,农村进城就业人员从事的职业和就业的城市比较稳定,农村进城就业人员的配偶随同情况比 21 世纪初有所改善,但小孩随同情况改善很小,配偶和小孩逐步随同已成为我国城市化进程中农村劳动力"举家迁移"的过渡模式。在经济转型期间,人力资本因素并不能完全解释我国职业流动的性别差异,而家庭特征、社会资本以及劳动力市场结构变动都对职业流动性别差异产生显著影响(宋月萍,2007)。吴晓刚(2007)研究当代我国家庭背景对职业流动的作用,并对城乡间的制度分割给予特别的关注。研究发现,农民的代际流动率相当高,城市中的社会流动也具有相当的"开放"性,而这种模式是由我国独特的户籍制度造成的。吴愈晓(2011)使用"中国大城市社会网络与求职调查"(JSNET 2009)中广州、上海、厦门、济南和西安 5 城市的子数据,检验了经济体制改革以后影响中国城市劳动者职业流动模式以及经济地位获得的因素。研究结果表明,高学历劳动者与低学历劳动者群体处于两个分割的劳动力市场中,他们的经济地位获得路径完全不同。对于低学历劳动者,职业流动是提升他们收入水平的最重要因素,而人力资本因素(受教育年限和工作经验)对他们的收入没有影响。高学历劳动者的情况则刚好相反,职业流动对收入获得没有任何作用,影响他们收入分层的最重要因素是人力资本。而翁杰等(2008)的研究表明,追求就业率单一目标的就业政策可能会导致大学毕业生首份工作的"误配",频繁的工作转换可以认为是纠正"误配"和自我价值再发现的过程。

流动次数的多寡对劳动者的职业生涯有不同的意涵。一方面,已有研究证明职业流动是个人收入获得的重要决定因素,因而换工作的次数应该与经济收入成正比。另一方面,职业流动会中断在特定职业岗位中特殊工作经验的积累,从而损害收入回报;而且过于频繁的职业流动可能意味着劳动者的工作很不稳定,对收入有负面影响。由此看来,职业流动次数与收入之间的关系在一定程度上是一个经验问题(吴愈晓,2011)。罗楚亮(2008)以"中国居民收入分配课题组"1995 年和 2002 年城镇住户调查数据为基础,讨论了就业稳定性与职工工资收入差距之间的联系形式。文章的基本结论是,就业稳定人群与就业不稳定人群之间的工资收入差距在扩大,并且基于劳动力市场分割的歧视性因素所起的作用越来越大。但在不同收入组中，就业稳定性对工资收入的影响存在差异性，低收入人群的工资收入差距中，就业稳定性所起的作用更大，而在高收入人群中这种差异则并不重要。李长安(2010)运用 BOC 模型的因素分解法展开研究，结果表明，除了个人特征外，在农民工与城镇职工流动率全部差异中有高达 86.63% 的部分不可由个人特征解释，表明歧视性因素是导致农民工职业流动频繁的重要因素。研究还发现，职业流动对农民工的收入具有正效应。尽管农民的流动人数很多，但都集中在声望值较低的职业之间，流动后的社会地位依然不高(林坚、葛晓巍,2007)。李乾(2010)利用城市农民工调查数据，实证分析了行业内和行业间工作转换对农民工收入增长的影响。研究结果表明，低人力资本、低就业层次和低收入是农民工转换工作的重要原因。年轻的、未婚的、进城年限短的、受教育程度低和未培训的、低收入的农民工倾向于行业内工作转换；高收入的、自己找到工作的农民工更有可能进行行业间工作转换。行业内工作转换对低收入农民工的收入增长均有显著的正向影响，而对高收入农民工的收入增长有显著的负向影响；行业间工作转换对所有收入层次的农民工的收入增长有显著的负向影响。行业内工作转换对收入增长产生正向影响的内在原因在于，企业年资的累积效应不明显，而在行业内持续从事性质一样的工作，由此累积的资历在农民工市场中对个人收入具有显著的提高效应。

4.4.4　转换研究述评

国外关乎工作转换的研究遵循着劳动经济学的经典模式，从强假设开始，到假设逐一被突破，再到补充与完善，为我们理解其劳动力转换工作提供了非常规范的研究指导。然而，实现稳定匹配是解决劳动力市场就业问题，避免劳动力资源效率损失的重要基础。由于潜在交易伙伴之间的信息不完备的双边摩擦，以及匹配的双方有着各自的目标约束，能否实现最优匹配取决于两者约束的重叠区间的大小。面临在职搜寻与工作转换等就业不稳定因素，稳定匹配的机制设计成为劳动力摩擦市场研究的重要课题。劳动力市场稳定匹配研究面临诸多困难：稳定匹配到底如何衡量？选用哪些指标？指标是否具有代表性和适用性？现实中，搜寻者对工作匹配质量的满意程度具有动态性，而且影响工作转换意愿的因素也在不断变化，也就是说，稳定匹配只是暂时的，只有变化才是永恒的。

另外,除市场交易双方存在不稳定因素,市场本身也存在一定的局限性,尤其是市场机制问题,不仅因其惯性大、改变难度大,而且设计并实施新的市场机制更是艰难的选择。

国内工作转换的相关研究为厘清目前国内复杂的劳动力市场就业问题作出的诸多有益探索,为进一步规范劳动力市场就业秩序,增强农民工、大学毕业生以及下岗职工等的就业稳定性提供了重要的理论参考资料。然而如何构建良好的就业市场秩序,指导农民工、下岗职工就业稳定,进而促进国内经济释放更大的潜能,尚未给出令人信服的方案。此外,就业质量涉及就业者与就业岗位的适配性,而是否匹配,在过去,往往没有受到足够的重视。低质量就业是社会转型的最大障碍。越来越多的大学毕业生,包括农民工都已经开始认识到就业质量的问题,"用脚投票"已经成为劳动力市场上的新现象。就业质量低下,往往导致工伤事故频发,劳动纠纷不断,跳槽频繁,就业稳定性差。就业质量不高,正是当前我国就业领域最为突出的问题和矛盾所在。正因此,一些地方就业率虽高,光鲜的数字表面"好看",但就业问题压力仍大。就业质量已成制约劳动力就业一个很重要的因素,比如常被提及的农民工短缺问题,一个很重要的原因就是,就业质量太差而致使农民工不愿意干。此外,农民工工作转换的原因大多局限在工资层面,非工资因素的相关考察较为缺乏,而事实上,农民工就业流动的大部分原因在于工作条件艰苦、劳动强度过大、工作补贴微薄甚至没有等福利供给缺乏。

4.5　文献总结与启示

4.5.1　文献总结

搜寻匹配理论因其对劳动力市场资源配置富有成果性的分析而成为劳动经济学的核心范畴。工作搜寻与匹配质量是贯穿劳动力就业市场的两个最重要的命题,考察其研究进展不仅为阻碍劳动力市场良性发展的失业问题带来诸多破解思路,而且为如何提高劳动力市场就业质量提供了丰富的理论支撑。同时,国内劳动力市场理论研究的缺陷与复杂的就业格局为国外经典的搜寻匹配理论及其劳动力市场研究范式重新审视中国转型时期劳动力市场的运行机理,减少摩擦性失业和实现资源优化配置提供了重要的理论参考与实践检验。本研究以劳动力摩擦市场为研究背景,以搜寻匹配为研究路线,粗略整理了自 20 世纪 60 年代以来以搜寻为研究切入点,以摩擦为核心假设的劳动力市场资源配置研究成果。国外工作搜寻理论研究本质上是在放松经典经济学研究假设的基础上,着重探究国内失业问题及其治理方案选择。总体而言,还处在一个理论研究与拓展阶段,大多数具有很强说服力的理论尚未得到宏观数据的充分检验。从研究的技术路线来看,主要考察了失业工人的搜寻能力、与雇主讨价还价的匹配过程和失配再搜寻或在职搜寻三个部分。尽管三个部分在工人就业过程中一脉相连,但研究几乎没有关注到彼此之间的交互作用,即多次搜寻有可能会提高工人的匹配质量,而且以往的工作经历也有可能提升工作再次搜寻的能力。同时,限于搜寻理论自身研究假设,即假设无在职搜寻和一旦匹配不再搜寻,搜寻理论对匹配质量的研究还比较肤浅,缺乏比较深入的探讨,如何提高匹配质量促进工人就业稳定不仅关乎劳动力就业市场效率,而且关乎社会和谐稳定发展。

4.5.2 基于国情的四点启示

国外经典的劳动力市场研究框架,以及新的理论视角不仅对研究中国劳动力市场具有重要的参考价值[1],而且有助于我们重新认识和评价劳动力市场服务机构以及各种工作搜寻方法的有效性,并理解真实劳动力市场的运作机制。这对于指导我国劳动力市场的发展、减少摩擦性失业,应对严峻的就业和失业问题具有较大的现实意义(何亦名、张炳申,2006)。中国是一个人口大国,然而中国的市场经济自 20 世纪 90 年代才逐渐孕育、萌芽和发展,相对而言,劳动力市场发育滞后而且缓慢,基于搜寻理论及其经验的相关研究依然比较匮乏,尤其是城乡劳动力市场的分割与制度性阻碍提高了农民工流动成本,微观行为对于基准搜寻模型的偏离更大。因此,有必要基于搜寻理论对劳动力市场微观主体行为展开

[1] Pissarides 是 2010 年诺贝尔经济学奖得主之一,他因在劳动力市场和宏观经济间的搜寻与匹配理论的研究而闻名于世,同时,他也是匹配函数进行经验估算方面的先驱之一,为劳动经济学的发展作出巨大贡献。2011 年 5 月 14 日,他在上海交通大学作题为"经济发展中的就业动态"演讲时坦言:像中国这样一个快速发展的大国,我们很多理论也是可以被中国所用的,因为我们整个经济活动的领域是非常广泛的。现在一个比较明显的现象就是农民工进城,农业劳动力转移到工业和服务业,促进了工业服务发展。

更加细致的研究(谷彬,2014)。具体而言,可以但并不限于以下几个方面对中国劳动力摩擦市场的微观主体(如农民工)的城市就业行为加以研究。这也正是本研究基于我国当前劳动力市场农民工城市就业基本状况及其存在问题拟重点研究的几个组成部分。

1. 搜寻渠道的选择及其性别差异

由于正规就业渠道的缺失,以及农民工在劳动力市场上所处地位的弱势性,社会资本也是农民工获得就业或流动的不可或缺的途径(宗成峰,2012)。作为非正式制度的社会资本,具有正式制度中工会的作用,能够增强农民工的"集体用脚投票权",进而提升其劳动力市场的博弈能力(张智勇,2007)。不过也有研究表明,虽然社会资本有助于农民工实现就业,但并不会为其带来较高的工资水平(谢勇,2009)。就目前而言,考察在搜寻成本与人力资本约束条件下,农民工到底选择哪种渠道搜寻工作,又为什么选择该渠道,是理解农民工城市就业工作搜寻的重要前提。此外,随着城乡人口迁移规模不断扩大,农民工家庭化迁移趋势开始出现并显著强化,其直接结果是女性农民工比例增加(李强,2012)。作为家庭劳动的主要承担者,女性劳动参与率的增加是否改变农民工的搜寻渠道,或者说搜寻渠道的选择是否存在性别差异,甚至直接影响农民工的渠道选择,是值得深入研究的问题。

2. 就业决策的调整及其内在逻辑

获取收入一直农民工城市就业的重要目标,然而越来越多的研究发现,农民工外出务工并不仅仅只考虑收入因素,而是对工作的体面性赋予更多的含义。值得深思的问题是,当前农民工就业决策的内在机制是什么？选择一份城市就业岗位对于农民工究竟意味着什么,生存抑或发展？不同时期的农民工是否存在代际差异？这些问题的解决有利于进一步分析其工作转换的内在原因与转换机制,为最终稳定农民工城市就业设计政策方案提供理论支撑。

3. 工作转换动机及其收入效应

转型期的中国劳动力市场就业复杂多变,农民工工作转换频繁,这一行为不仅增加其搜寻成本、降低其直接收益,并且严重影响到劳动力资源的有效配置。在上升通道受阻的约束条件下,农民工工作转换的动机是什么？转换行为能否真正实现其提高收入水平或改善工作待遇的预期？

如果能，那么工作转换作用于收入效应的传导机制又是什么？这些都是值得深入探讨的关乎农民工城市就业的重要问题，这些问题的清晰化对我们透视整个复杂的城市劳动力市场就业模式与运行规律具有重要的启示作用与现实意义。

4. 福利缺失视角下的就业稳定

在现实劳动力市场上，工作搜寻往往并不仅仅考虑工资因素，拓展型工作搜寻模型探讨了搜寻者效用函数中的非工资因素，如工作质量、工作保障、养老计划和作业环境等。刘士杰（2011）利用 2008 年在北京、上海、天津和广州四个城市进行的问卷调查资料，使用分位数回归和普通最小二乘法（OLS）两种方法对农民工工资的影响因素进行计量分析，研究发现，农民工工作流动是为了改善工作环境，而非单一地为了提高工资水平。以工资为逻辑主线的就业及其影响机理研究因只考虑工资而并未足够重视福利因素对农民工城市就业影响的研究框架在解释劳动力市场就业稳定问题时并不能给出令人信服的解释。相比较城市职工除获得货币工资外还享有许多物质福利，而农民工一直被排斥在福利之外（杜书云、张广宇，2004），削弱了其就业竞争力。伴随国家综合经济水平和人们物质生活水平的逐步提升和显著提高，劳动力就业决策显现微妙变化，即工作收入回报的逐步弱化和工作福利期许的日渐增强是近年来劳动力市场外出务工者就业行为的重要表现。这种转变对农民工而言是一个理性的渐变过程，而不是一蹴而就的，把握这个转变节点前期的酝酿、行为发生的质变原因，以及转变节点后的状况是理解并掌握农民工城市就业历史进程的重要前提，同时以该进程为指南可以为后续农民工城市就业，甚至市民化提供诸多有效而显著的政策建议。值得欣慰的是，社会学中生命历程理论为这一问题的回答提供了可靠的理论依据与经验检验。

第 5 章
工作搜寻:渠道选择与性别差异

5.1 两个问题

随着我国工业化、城市化的发展,农村剩余劳动力转移就业不仅有利于缩小城乡收入差距,促进区域经济协调发展,而且有利于劳动力资源优化配置,以及社会经济效率提高(郭力等,2011)。据《2013 年全国农民工监测调查报告》抽样调查结果推算,2013 年全国农民工总量达到 2.69 亿人,其中外出农民工 1.66 亿人,举家外出农民工 3525 万人,比上年增加 150 万人,增长 4.44%。中国流动人口自 20 世纪 90 年代国家人口流动性限制政策上放松以来已然表现出由个体探路再到家庭化转移的阶段特征,且个体转移特征、家庭化趋势均已被诸多研究所分析或证实(周皓,2004;陈卫、刘金菊,2012;李强,2012;杨菊华、陈传波,2013;盛亦男,2013)。家庭化趋势已成为当前农村劳动力转移与城市就业的重要特征,进而有两个重要的问题值得深思:其一,家庭化迁移是否遵循以往个体迁移的就业渠道的选择模式? 如果不同,存在哪些约束,其原因又是什么? 其二,家庭化迁移必然伴随女性市场劳动参与率上升,考虑到城市劳动力市场发育的不健全与性别歧视的客观存在,那么农民工从农村转移到城市就业是否存在工作搜寻维度上的性别差异? 近年来进城务工女性农民工增幅高于男性,农村女性正告别祖辈习惯性的生活方式和传统就业方式,逐步融入城市(肖云,2005)。她们更多地为经济独立而工作,更加理性地在家庭和劳动力市场之间分配时间(罗芳,2011)。农村女性外出务工不仅可以增加家庭收入,而且更重要的是其独立意识、生活习惯等的转变(Zhang et al.,2004)。考虑到在户籍和社会性别双重制度隔离的劳动力市场环境下,女性流动人口在融入当地市场及社会过程中与男性存在何种差异,国内还鲜有研究对此进行实证检验(宋月萍,2010),同时许多理论或实证研究虽已将工作搜寻模型化,但却趋于将搜寻努力视为非正式行为而致工作搜寻行为研究未得到足够的重视(Addison & Portugal,2002)。基于此,农民工工作搜寻的渠道选择及其性别差异是本章拟回答的两个现实而具体的问题。

5.2 文献考察:工作搜寻、渠道选择与性别差异

工作搜寻是指农民工为了追求个人或家庭效用最大化而在劳动力市场寻找就业机会的行为(Bretz & Boudreau,1994)。搜寻行为作为农民工城市就业的初始阶段直接关系到农民工未来的工作属性,如工作环境、福利待遇和收入等。

首先,与工作搜寻行为密切相关的是农民工的个人特征,如人力资本。以受教育程度为例,从找到工作概率来看,受教育程度倾向于提高此概率(赵耀辉,1997),其原因主要是文化程度高者具有获取就业信息的优势,同时雇主把受教育程度作为选择高能力者的识别方法。即受教育程度越高,工作搜寻行为将变得越容易。此外,年龄、性别、婚姻状况、进城时间、培训、传统观念、职业技能等也是影响农民工工作搜寻行为的重要因素(李强,1999;黄乾,2010;许传新,2010)。

其次,选择什么样的搜寻渠道是直接影响农民工搜寻效果的因素。Holzer(1987)研究认为,搜寻方式的选择取决于搜寻成本、预期效率与非工资收入。国外一般将搜寻方式划分为五类,即亲戚朋友、报纸广告、州就业机构、直接的雇员招用和其他方式(Addison & Portugal,2002)。而国内比较主流的渠道分类法是计划渠道、市场渠道和网络渠道(边燕杰、张文宏,2001;张文宏、刘琳,2013)。其中,以亲属和朋友为重要组成成分的网络渠道是农民工工作搜寻的主要形式(钟甫宁等,2001;李培林,2001;曹子玮,2003;阳娟、张建武,2011)。进一步分析表明,社会网络对农民工工作搜寻的作用形式是以提供人情为主,以传递信息为辅(边燕杰、张文宏,2001)。此外,在有社会网络资源可用的情境下,搜寻者个体

的期望工资水平会有显著的提高,同时个体在劳动力市场上的停留时间会显著缩短(黄占奎、黄登仕,2013)。

再次,家庭化转移趋势下,工作搜寻存在怎样的性别差异是劳动力市场深入发展、引导就业和设计更加完善的市场就业保障制度所需考虑的重要问题。农民工家庭迁移是中国城市化发展的必然步骤与要求(李强,2012),但受城市就业机会与自身人力资本制约,农村进城务工劳动力就业缺乏稳定性(马瑞等,2011),同时中国转型期二元经济结构导致劳动力市场分隔和性别分化,并损害了农村女性的社会地位(Fan,2003)。家庭化迁移会减少女性居家就业和外出就业概率,降低女性就业水平,但女性在职业发展上与男性的差距在很大程度上归因于家庭时间配置、劳动力市场政策以及劳动力市场结构转型等因素(韩洪云等,2013)。劳动力市场产出的性别差异解释大多数研究归咎于人力资本,或歧视,或心理属性及偏好(Altonji & Blank,1999;Bertrand,2011)。然而,作为就业主要环节之一的工作搜寻行为的性别差异及其解释并没有得到足够的关注(Eriksson & Lagrstrom,2012)。虽然,某些研究涉及劳动力市场参与行为的性别差异研究(钟甫宁等,2001;钱文荣、卢海阳,2012;张文宏、刘琳,2013;吕晓兰、姚先国,2013),但大多数研究并未考虑到工作搜寻行为的性别差异,仅有的关注工作搜寻行为的实证研究也仅得出女性搜寻时间少于男性的粗略结论(Parsons,1991;van Opheim,1991;Keith & McWilliams,1999;王国猛、徐诗佳,2013)。

综上所述,农民工工作搜寻的渠道选择是其能否顺利实现就业的重要影响因素,选择什么样的就业渠道以及为什么选择该渠道及其约束条件值得深入分析。同时,考虑到性别差异,如果女性农民工搜寻渠道受限,这势必影响其个人的家庭化迁移进程。因此,考察农民工工作搜寻渠道及其性别是否具有差异性是研究农民工城市就业的重要内容,如果存在差异,这将影响整个劳动力市场就业政策导向以及市场产出的变动。

5.3 理论分析与研究假设

本章节研究的重点在于农民工城市就业工作搜寻的渠道选择及其性别差异,不同性别情境下搜寻渠道的选择对工作搜寻效果具有差别化影响。这样的研究主要基于女性农民工市场劳动参与率上升和社会网络因素重要性增强的客观现实,研究目的在于厘清农民工工作搜寻的机理,制定更具针对性的政策以支持劳动力就业市场的稳定性或减少劳动力搜寻匹配的波动性。在控制了个人特征和工作特征之后,研究不同性别群体中不同求职渠道的工作搜寻的作用力和影响范围,最终形成如图5.1所示的工作搜寻研究框架。

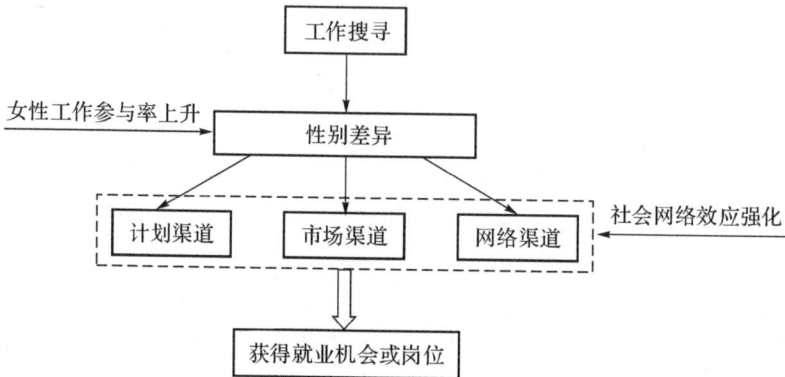

图5.1 工作搜寻研究框架

从渠道选择角度来考察农民工工作搜寻的性别差异,可以从以往的研究中归纳出两个核心问题,即渠道选择如何对工作搜寻行为产生作用?渠道选择偏好差异性及其性别差异有何经济学解释? 本章试图对这两个问题展开深入分析,为工作搜寻渠道选择偏好给出合理的经济学解释,这样的研究较好地吻合了农民工城市就业搜寻渠道的选择与性别差异的现实情境。

事实上,在劳动力市场中,工作搜寻的性别差异问题显著,主要表现为性别歧视。如女性预期可能受到性别歧视而缩小她们的搜寻范围,并致使其搜寻收益降低(Eriksson & Lagerstrom,2012)。农村女性劳动力承担着过多的家务劳动,并缺乏社会资源以支持其职业发展而比男性更早退出劳动力市场(宋月萍,2007)。此外,女性尤其是已婚女性搜寻工作的家庭机会成本高于男性,导致女性的就业需求降低。这将使得女性流动人口参与工作搜寻的概率低于男性,劳动力市场工作经验也不如男性丰富,因此同一工作,女性搜寻时间要较男性长。此外,由于劳动力市场存在摩擦,通过市场渠道获得就业信息需要花费较大的搜寻时间和成本,而网络渠道先天具有就业信息的比较优势,无论是男性农民工还是女性

农民工在搜寻渠道选择时,往往存在社会网络渠道搜寻时间短于市场渠道的优势。为此,本研究特提出以下两条假设:

假设 5.1:不同的渠道选择具有搜寻时间维度上的差异性。

不同的搜寻渠道意味着农民工城市就业的不同路径,不同的路径必然存在不同的交易成本,农民工依据自己所掌握的劳动力市场信息及其个人禀赋约束,选择不同的搜寻渠道实现城市就业。

假设 5.2:渠道选择偏好及其搜寻时间均存在性别差异。

该假设具有强烈的现实背景,即家庭化迁移在国内有不断上升的趋势。考虑到女性特殊的家庭角色,女性劳动参与率的提升不仅是和谐社会性别平等的具体体现,而且预示着我国劳动力市场在转型成长中逐渐趋于平稳、健康和优化。

5.4 研究设计

量化具体的研究论点与假设并执行是实证研究的关键,而变量的合理选择在其间扮演着重要的角色,也同时决定着整个研究的合理性与科学性。

5.4.1 数据来源

本章所使用的数据包含两个部分。第一部分为笔者 2012 年 12 月至 2013 年 2 月和 2013 年 7 月至 8 月分别在甘肃省玉门市、河南省信阳市和浙江省杭州市的抽样调查数据,调查对象为城市务工的农民工。两次大规模调研均在取样点采用随机抽样方式,总计获得有效问卷 328 份。样本的地区与性别分布情况如表 5.1 所示。三个取样点分别获取有效样本情况如下:甘肃 116 个,占比 35.37%;河南 137 个,占比 41.77%;浙江 75 个,占比 22.86%。总体而言,女性 142 人,占比 43.29%;男性 186 人,占比 56.71%。就搜寻渠道而言,选择计划渠道的有 51 人(占比 15.55%),其中男性 14 人,女性 37 人;选择市场渠道的有 135 人(占比 41.16%),其中男性 85 人,女性 50 人;选择网络渠道的有 142 人(占比 43.29%),其中男性 87 人,女性 55 人。

表 5.1 工作搜寻样本分布

样本分布	甘肃省玉门市		河南省信阳市		浙江省杭州市	
	男性	女性	男性	女性	男性	女性
样本数(个)	81	35	60	77	45	32
百分比(%)	69.83	30.17	43.79	56.21	58.44	41.56
小计 1	116(35.37%)		137(41.77%)		75(22.86%)	
性别	渠 道 选 择					
	计划渠道		市场渠道		网络渠道	
男性(人)	14		85		87	
女性(人)	37		50		55	
小计 2	51(15.55%)		135(41.16%)		142(43.29%)	

因个人调研能力有限,为了弥补实地调研数据存在的不足和提高验证实证研究结果的可靠性,本章还选取了第二部分数据作为辅助,即由中国收入分配研究院课题组公布的全国层面的流动人口数据RUMiC 2008。该数据涵盖我国 9 省 15 个具有代表性的城市,包括东部地区:上海;广东的广州、深圳和东莞;江苏的南京和无锡;浙江的杭州和宁波。中部地区:湖北的武汉;安徽的合肥和蚌埠;河南的郑州和洛阳。西部地区:重庆;四川的成都。调查样本包括 5000 个流动人口家庭,涉及8287 个农民工,其中男性农民工为 4701 人,比重为 56.73%;女性农民工为 3586 人,占比为 43.27%。该数据涉及调研对象的个人特征、工作特征、收入与消费、社会关系等丰富信息,尤其是农民工进城第一份工作的详细情况。由此,笔者获得了进城农民工第一份工作的工作搜寻的客观而准确的第一手资料。考虑到数据存在某些指标的极端值或异常值,以及遗漏等不足,笔者按照计量要求对数据进行了诸如剔除等处理,最后获得有效样本 7058 个,其中男性农民工 4138 人,女性农民工为 2920 人。该大型微观调研数据为进一步佐证笔者调研数据的实证结论提供了重要支撑。

5.4.2 概念界定与量化

为了更好地解释农民工工作搜寻的渠道选择及其性别差异,笔者拟采用实证手段加以检验,并将对计量模型的因变量、自变量和控制变量的选取展开较为详尽的说明。

1. 因变量

拟采用工作搜寻持续时间,即求职者从开始准备寻找工作直到成功获得第一份工作所花费的时间,作为农民工工作搜寻能力或效果的代理变量,记为 ST。一般而言,工作搜寻持续时间越短,表明该农民工搜寻能力越强或搜寻效果越好。在实证过程中,为了与 CHIP 数据口径保持一致,将工作搜寻持续时间单位由月换算到天来计算。

2. 核心自变量

搜寻渠道是本研究考察农民工工作搜寻的核心自变量。研究拟采用张文宏、刘琳(2012)的分类方法将农民工求职渠道分为计划渠道、市场渠道和网络渠道。其中计划渠道是指求职者通过单位或组织安排实现就业的方式,包括国家分配、组织调动、顶替、单位内招等形式;市场渠道是指求职者依靠自身人力资本,在劳动力市场依照个人意愿自由选择职业,表现为个人直接申请、参加招聘会、使用互联网或职业介绍机构推荐;网络渠道则是指求职者在求职过程中使用社会关系网络获取信息或实质性帮助,如经人介绍推荐等。本研究在实际操作中将政府安排界定为计划渠道(记为 $planchannel$);将政府职介、社区就业服务站、商业职介(包括人才交流会)和直接申请等界定为市场渠道(记为 $marketchannel$);将家人介绍、亲戚介绍、朋友介绍和一般熟人介绍等界定为网络渠道(记为 $netchannel$),并将计划渠道设置为对照组。

3. 控制变量

年龄:作为个人特征中比较重要的影响因素,年龄一直是流动人口研究的重点。在本研究中,考虑到不同年龄段工作搜寻能力存在一定的差异,为此,特引入年龄的二次项以期探讨年龄与工作搜寻时间之间是否存在倒 U 形关系,即处于年龄段中间的青壮年农民工往往为了追求搜寻收益最大化而愿意投入更大的搜寻成本,如花费更多的搜寻时间。

婚姻:主要考察已婚与未婚在工作搜寻上的差异性,其中男性赋值为1,女性赋值为 0。

户口:因调研对象都为农民工,这里的户口状况是指本地农民工或外地农民工,其中本地农民工赋值为 0,外地农民工赋值为 1。

非农工作经历:外出务工前是否服过兵役、担任村干部或其他非农工作经历,这显然对农民工首次外出务工搜寻时间产生影响。如果有,赋值为 1,否则赋值为 0。

受教育年限:这里拟采用受教育年限,而未使用受教育程度,其原因是受教育年限为 6 年或 7 年可能并不存在受教育问题的显著性差异,而若采用受教育程度,则 6 年为小学阶段,7 年则为初中阶段,这种人为的分类可能导致受教育年限对工作搜寻时间的影响产生偏误。需要说明的是,受调研数据中受教育程度分类限制(小学及以下、初中、高中和大专及以上四类,并且分别赋值为 1、2、3 和 4),实证过程中直接将其作为受教育年限的代理量纳入模型中。值得说明的是,回归系数只具有受教育年限对农民工搜寻持续时间作用方向上的意义,并不存在作用大小上的意义。

合同:作为工作特征的重要变量,合同是农民工是否接受该份工作的重要影响因素。事实上,一份有合同的工作比一份没有合同的工作搜寻时间要少。如果签订合同,赋值为 1,否则赋值为 0。

收入:作为农民工工作搜寻最为关心的问题,首份工作的收入是解释工作搜寻时必须考虑的控制变量。

各变量的描述性统计分析如表 5.2 所示。由表 5.2 可知,不管是笔者的实地调研数据还是中国收入分配研究院的大型微观数据 RUMiC 2008,均得到农民工外出务工的诸多齐整性特征:(1)搜寻时间一般集中分布在半个月左右;(2)男性农民工较女性农民工要多;(3)选择网络渠道的要比选择市场渠道的农民工多;(4)年龄集中在 30 岁左右(正值青壮年时期);(5)已婚与未婚的农民工比重相当;(6)受教育程度集中在高中阶段;(7)收入水平与当年国家确定的最低平均工资水平相当。

表 5.2 变量界定及其描述性统计分析

变量	界定	实地调研数据		RUMiC 2008	
		均值	标准差	均值	标准差
搜寻持续时间	单位:天	11.29	26.06	17.83	44.20
性别	男=1;女=0	0.57	0.50	0.59	0.49
求职渠道	市场渠道	0.46	0.50	0.25	0.43
	网络渠道	0.48	0.50	0.52	0.50
年龄	单位:周岁	27.98	7.54	31.45	10.23

变量	界定	实地调研数据		RUMiC 2008	
		均值	标准差	均值	标准差
婚姻	已婚=1;未婚=0	0.41	0.49	0.63	0.48
户口	本地=1;外地=0	—	—	0.81	0.39
非农工作经历	有=1;无=0	—	—	0.09	0.28
受教育年限	年(扣除留级等)	3.05	0.81	9.06	2.44
合同	有=1;无=0	0.72	0.46	0.22	0.41
收入	单位:元	2493.76	1303.40	606.78	458.54

注:受教育年限(实地调研数据)是将调研对象按小学及以下、初中、高中和大专及以上四类,并且分别赋值为 1、2、3 和 4。

5.4.3　模型构建

为了更好地检验农民工工作搜寻的渠道选择及其性别差异,本研究拟采用张文宏、刘琳(2012)研究农民工职业流动性别差异的研究方法,即针对男性和女性农民工构建多元回归模型,并分别检验。具体模型如下:

$$ST_{male/famale} = \alpha_0 + \alpha_1 netchannel + \alpha_2 marketchannel + \alpha_3 X + \mu$$

其中,ST 为工作搜寻持续时间,$netchannel$ 和 $marketchannel$ 分别为网络和市场求职渠道;X 为控制变量,包括年龄、婚姻、户口、非农工作经历和受教育程度等个人特征,以及合同和收入等工作特征;$\alpha_i(i=0,1,2,3)$ 为待估参数,μ 为随机扰动项。

5.5　搜寻行为的性别差异与渠道选择检验

本节就工作搜寻的性别差异进行分析,以渠道选择的分析视角,重点关注求职渠道对于男性和女性农民工工作搜寻的影响,对比各因素在两个群体中的作用范围和作用力大小,以探讨其中的差异性,为工作搜寻的性别差异寻找求职渠道角度的合理解释。

5.5.1　性别差异与渠道选择的计量发现

以计划渠道为对照组的实证检验结果(见表 5.3)显示,网络渠道在

1%显著水平负向影响工作搜寻持续时间,而市场渠道虽负向影响工作搜寻持续时间,但统计结果并不显著。这表明相比计划渠道,网络渠道和市场渠道均能缩短农民工劳动力市场工作搜寻时间,更确切地说,网络渠道平均比计划渠道约缩短 20 天(实地调研数据)或 5.6 天(RUMiC 2008);而市场渠道平均要比计划渠道节省 1.4 天(实地调研数据)或 2.1 天(RUMiC 2008),同时网络渠道要比市场渠道更具有时间上的优势,即运用网络渠道搜寻工作的农民工要比选择市场渠道的农民工平均节省 18.6 天(实地调研数据)或 3.5 天(RUMiC 2008)。实证结果支持了假设 5.1,即不同的渠道选择具有搜寻时间维度上的差异性。

研究还表明,男性农民工运用网络渠道可以显著减少其工作搜寻时间,而对女性农民工而言,网络渠道对工作搜寻时间的影响并不存在统计上的显著性。而市场渠道的求职方式对工作搜寻时间的影响虽无性别差异上的显著性,但因子载荷存在统计上的较小差异。实证结果不仅表明求职渠道对工作搜寻时间存在性别上的显著差异,而且同一渠道情境下也存在工作搜寻时间上的性别差异。如同样选择网络渠道搜寻工作,男性农民工要比女性农民工更具有时间上的优势。具体而言,相比于计划渠道,选择网络渠道的男性农民工工作搜寻时间平均节省 24.5 天(实地调研数据)或 6.9 天(RUMiC 2008),而女性农民工工作搜寻时间平均节省 14.3 天(实地调研数据)或 4.3 天(RUMiC 2008),也就是说,男性农民工工作搜寻时间要比女性农民工平均节省 10.2 天(实地调研数据)或 2.6 天(RUMiC 2008)。若选择市场渠道,则男性农民工比女性农民工工作搜寻时间要增加 0.13 天(实地调研数据)或减少 1.54 天(RUMiC 2008)。同一渠道情境下男性农民工较女性农民工工作搜寻时间要短已经获得实证结果的支持。同样的逻辑思路,若性别相同时,是否不同的求职渠道之间对工作搜寻时间的影响也存在差异? 实证结果表明,相比于计划渠道,男性农民工运用网络渠道和市场渠道的工作搜寻时间分别减少 24.53 天和 0.10 天(实地调研数据),或 6.85 天和 2.82 天(RUMiC 2008),而女性农民工运用网络渠道和市场渠道的工作搜寻时间分别减少 14.29 天和 0.23 天(实地调研数据),或 4.26 天和 1.28 天(RUMiC 2008),即男性农民工运用网络渠道要比市场渠道节省 24.43 天(实地调研数据)或 4.03 天(RUMiC 2008),女性农民工运用网络渠道要比市场渠道节省 14.06 天(实地调研数据)或 2.98 天(RUMiC 2008)。综上所述,假设 5.2 获得实证检验的支撑,即渠道选择及其搜寻时间的长短均存在性别差异。值得说明的是,大多数研究几乎一致认为,女性因其特殊的家庭分工,更多的时候需要照顾家庭里的依存人口,如儿童与老人,并致其在劳动力市场上就业无法像男性那样投入而遭受一定程度的歧视。事实上,许多女性虽然进入劳动力市场,但很多是"迁而不工"的,只是尽一份家庭主妇的责任与义务,照料丈夫及其他家人的生活起居,她们没有"工人"的典型特征。这样一个特殊的群体并不包括在我们研究意义中的"女性农民工"群体之中。

表 5.3　以计划渠道为对照组工作搜寻实证结果

变量		总体回归		男性回归		女性回归	
		实地调研	RUMiC 2008	实地调研	RUMiC 2008	实地调研	RUMiC 2008
求职渠道	网络渠道	-19.99^{***} (7.21)	-5.79^{***} (1.97)	-24.53^{*} (14.38)	-6.85^{***} (2.52)	-14.29 (8.79)	-4.26 (3.17)
	市场渠道	-1.42 (7.06)	-2.14 (2.23)	-0.10 (14.22)	-2.82 (2.86)	-0.23 (8.58)	-1.28 (3.60)
年龄		4.41^{**} (1.93)	1.71^{***} (0.59)	3.82 (2.35)	1.19^{*} (0.71)	12.03^{*} (6.72)	3.33^{***} (1.19)
年龄平方		-0.057^{**} (0.027)	-0.025^{***} (0.008)	-0.048 (0.033)	-0.017^{*} (0.0094)	-0.18 (0.12)	-0.049^{***} (0.017)
婚姻		3.71 (4.67)	7.58^{***} (2.25)	4.75 (5.93)	7.45^{***} (2.84)	-0.51 (8.06)	7.42^{**} (3.83)
户口		—	6.19^{***} (1.98)	—	6.08^{**} (2.50)	—	6.29^{**} (3.25)
非农工作经历		—	0.44 (2.70)	—	-1.49 (3.02)	—	8.15 (5.99)
受教育年限		-4.62^{*} (2.46)	-0.24 (0.34)	-2.25 (3.37)	-0.23 (0.43)	-10.56^{*} (4.01)	-1.36 (0.57)
合同		4.93 (3.92)	-2.55 (1.59)	5.82 (5.22)	-1.91 (2.01)	0.31 (6.59)	-3.69 (2.61)
收入		-0.00087^{*} (0.0014)	-0.0037^{**} (0.0017)	-0.00022^{*} (0.0019)	-0.0052^{**} (0.0023)	-0.0017 (0.0020)	-0.0016 (0.0027)
常数项		-59.15^{*} (31.53)	-9.46 (10.24)	-63.79 (40.10)	0.87 (12.60)	-137.22 (92.38)	-37.39^{**} (19.28)
样本量		230	3695	139	2285	91	1410

续 表

变量	总体回归		男性回归		女性回归	
	实地调研	RUMiC 2008	实地调研	RUMiC 2008	实地调研	RUMiC 2008
调整后 R^2	0.2390	0.0196	0.2229	0.0164	0.2382	0.0223
F 值	9.99	8.40	5.95	4.80	4.52	4.21

注:(1)*** 、** 、* 分别表示在 1%、5% 和 10% 水平上显著;(2)括号内数字为标准误。

5.5.2 性别差异的 Chow 检验分析

上述农民工工作搜寻的性别差异分析表明,男性群体与女性群体从回归的结果来看确实存在一定的差异,然而这种差异只是依据不同的样本直接回归的结果,参数的 t 检验只是检验了某参数是否对农民工工作搜寻时间具有显著性影响,因此上述直观结果存在的性别差异并不具有统计检验成分。考虑至此,本研究拟采用著名的结构变化检验工具 Chow 检验加以识别。检验结果如表 5.4 所示。

表 5.4 Chow 检验结果

	实地调研				RUMiC 2008			
	obs	ll(null)	ll(model)	AIC	obs	ll(null)	ll(model)	AIC
总体	230	−1100.00	−1064.50	2147.00	3695	−19452.23	−19410.58	38843.15
男性样本	139	−667.07	−645.39	1308.79	2285	−11992.96	−11969.11	23960.22
女性样本	91	−432.67	−416.06	850.11	1410	−7457.77	−7436.88	14895.76
检验结果	LR chi2(9)=6.09, Prob>chi2=0.7304				LR chi2(11)=9.17, Prob>chi2=0.6064			

检验结果表明,我国农民工工作搜寻时间并不存在性别差异,即对于工作搜寻而言,男女农民工具有同质性。该检验结果与一般观点,即传统家庭分工在一定程度上影响了女性农民参与劳动的比例,存在一定的不同。这表明伴随着改革开放的逐步深入,家庭性别不平等状况得到较大程度的改善。越来越多的女性开始走出家门,积极参与市场劳动之中,尽管市场上存在局部的务工性别歧视,但总体而言,男女农民工工作搜寻时间并不存在显著的性别差异。

5.5.3　网络渠道选择偏好的进一步分析

综合以上分析,选择网络渠道或市场渠道搜寻工作更具节时优势,男性搜寻工作比女性更有节时优势。进一步地,网络渠道比市场渠道更有节时优势。农民工在复杂多变的劳动力市场搜寻工作时呈现这样的规律性特征的内在原因,是本研究更想破解的问题。表 5.5 是调研数据关于农民工城市就业工作搜寻若干特征的描述统计分析结果,表明农民工城市就业工作搜寻具有以下三个鲜明特征:一是选择网络渠道搜寻工作的农民工,受教育程度最低,每天搜寻时间最长,但找到第一份工作持续的时间最短,同时实际成本较高,但预期收益与保留工资也最高。二是选择市场渠道的农民工,受教育程度一般明显较高,每天搜寻时间较选择网络渠道的农民工要短,直到找到工作的持续时间也较长,此外其预期收益也较高,而保留工资却较低。三是就性别而言,女性偏向于计划渠道,而男性偏向于网络或市场渠道。以上三个特征似乎为解释农民工城市就业渠道选择及其性别差异提供了一定的统计基础。首先,受教育程度较低的农民工因自身人力资本约束,投入陌生的城市就业,选择知根知底的邻里关系作为务工渠道是其节约成本的最优理性选择。虽然这一选择仍然需要花费较高的成本,如日均较多的搜寻时间和较高的实际成本,但却具有明显的搜寻收益,即找到工作的持续时间最短。这表明,社会网络突破了农民工人力资本的约束,为其搜寻收益最大化发挥重要作用。其次,受教育程度较高的农民工往往选择市场渠道。正如赵耀辉(1997)研究指出的,受教育程度较高的求职者往往具有更高的就业信息获得优势,因此他们愿意在市场中多花些时间来搜寻自己最满意的工作,虽然每天的搜寻时间并不是最多的,但找到自己满意的工作的持续时间却一般较长。这表明,较高的人力资本虽然具有较高的就业信息获取优势,但因搜寻需要花费较多的时间而致使市场择业持续时间较长,即高存量的人力资本往往具有较高的沉淀成本。最后,选择计划渠道的农民工一般为女性或受教育程度最高的农民工。通过计划渠道搜寻的农民工往往可以进入正规就业单位,而不是那些脏乱差的非正规就业单位。这也可以解释为什么网络渠道的农民工的保留工资要高于计划渠道的农民工,其原因在于正规就业单位往往比非正规就业单位具有更好的福利待遇,这也正是当前城市农民工比较渴望的就业待遇。因此,遇到福利待遇较好的单位,农民工往往愿意降低其保留工资。

表 5.5　渠道选择及其搜寻特征

搜寻渠道	性别	受教育程度	搜寻时间	持续时间	实际成本	预期收益	保留工资
网络渠道	0.61	2.73	3.71	1.64	837.00	2907.50	2687.44
市场渠道	0.63	3.34	3.27	1.91	685.94	3186.61	2057.52
计划渠道	0.33	3.39	3.64	2.60	840.00	3000.00	2218.18
均值	0.60	3.05	3.39	1.89	731.46	3105.52	2230.30

注:(1)性别:男=1,女=0。(2)受教育程度:小学及以下=1,初中=2,高中=3,大专及以上=4。(3)搜寻时间单位:时/天。(4)持续时间单位:月。(5)实际成本、预期收益与保留工资单位均为元。

数据来源:经调研数据整理而成。

5.5.4　其他影响因素的计量结果分析

工作搜寻除了存在求职渠道和性别上的差异外,还受其他控制变量的影响。如年龄与工作搜寻时间存在计量上显著的倒 U 形关系:就样本总体而言,年龄为 38.7 岁(实地调研数据)或 34.2 岁(RUMiC 2008)的农民工花费的搜寻时间更长;而对于男性农民工而言,当其年龄为 39.8 岁(实地调研数据)或 35 岁(RUMiC 2008)时投入的搜寻成本最大;对于女性农民工而言,当其年龄为 33.4 岁(实地调研数据)或 33.9 岁(RUMiC 2008)时愿意花费更长的搜寻时间来获取自己认为满意的工作。婚姻对工作搜寻时间具有正向影响,这表明相比于未婚农民工,已婚农民工工作搜寻时间更长。就户口而言,外地农民工平均要比本地农民工工作搜寻时间增加 6.19 天(RUMiC 2008),其中外地男性农民工要比本地男性农民工增加 6.08 天,外地女性农民工要比本地女性农民工增加 6.29 天。非农工作经历对农民工工作搜寻时间虽不存在统计上的显著性,但存在性别上差异,如有非农工作经历的男性农民工比没有非农工作经历的男性农民工工作搜寻时间要缩短 1.49 天。但有非农工作经历的女性农民工却比没有非农工作经历的女性农民工的工作搜寻时间反而增加 8.15天,其可能的解释是男性农民工与女性农民工工作搜寻时存在主动与被动的区别,男性农民工大多选择主动搜寻,而女性农民工大多是被动搜寻。如 Roberts(2002)考察来上海务工的女性农民工转移决策时发现,将近 1/3 的农村女性是跟随丈夫一起"社会转移"(social migration)。因此,当男性农民工在劳动力市场上搜寻工作时,以往的非农工作经历理应降低其工作搜寻时长,而女性农民工越是没有非农工作经历越倾向于被动搜寻。而拥有某种(或某些)非农工作经历时,其被动搜寻的概率将有所降低。因此,该结论进一步论证了求职渠道差异对工作搜寻时间的影响,没有非农工作经历的女性农民工往往会依靠其社会关系直接寻找到工作从而节约其工作搜寻时间,而有非农工作经历的女性农民工往往思想上还存在自己努力搜寻的想法反而延长了其工作搜寻时间,这与成语"笨鸟先飞"之意如出一辙。而受教育年限对工作搜寻时间具有显著性负向影响,即受教育程度越高的农民工其工作搜寻时间越短,同时结果表明女性农民工要比男性农民工的影响显著,且作用力更强。虽然是否签订合同对农民工的工作搜寻时间没有统计上的显著性,但笔者实地调研数据却与 RUMiC 2008 数据实证结果完全相反:笔者实地调研数据表明与没有签订合同的农民工相比,签订合同的农民工的工作搜寻时间平均延长 4.93 天,而 RUMiC 2008 数据表明签订合同的农民工的工作搜寻时间平均缩短 2.55 天。就实际调研情况而言,笔者认为实地调研数据实证结果可信度更高一些,其原因是现实劳动力市场上,凡是签订合同的工作单位相对比较正规,具有一定的劳动保障,而这类用人单位相对于那些不需要签订劳动合同的用工单位要少,因此若要进入一家需要签订劳动合同的单位就业,搜寻时间理应更长。而至于 RUMiC 2008 数据,因其调研时间为 2008 年年初,与笔者调研时间 2012 年至 2013 年存在一定的时间差,考虑到我国劳动力市场发育速度之快,一些规范劳动力市场的政策频频出台对劳动力市场的约束与规范也取得实质性的成果,相比于当前较为规范的劳动力市场,RUMiC 2008 调研时劳动力市场合同规范可能不完善,因此其估计结果也存在一定的合理性。收入对工作搜寻时间呈显著的微弱负影响。一般而言,寻找到一份收入更高的工作,工作搜寻时间应越长。而对于劳动力市场上的农民工而言,他们往往人力资本存量较低而不具备竞争高工资岗位的技能,大多数只能无奈地选择从事一些脏乱差的低工资工作。因此,收入对其工作搜寻时间影响微弱尽在情理之中。至于负向效应,因收入本身对工作搜寻时间影响微弱,影响的正负已无实质性差别。

5.6 结论与启示

根据上述实证分析结果,本章得到以下三个主要结论。

首先,选择不同的求职渠道对农民工工作搜寻时间具有显著而不同的影响。相比于计划渠道,选择市场渠道,尤其是网络渠道更加有利于缩短农民工在劳动力市场上的搜寻时间,并且在同样的求职渠道情境下,男性农民工比女性农民工工作搜寻用时更少。这个结论的启示是,若要解决劳动力市场工作搜寻的性别不平等问题,最重要的途径是重视女性农民工社会资本投资。女性农民工选择网络渠道虽然可以缩短其工作搜寻时间,然而与男性农民工(选择网络渠道)相对,其工作搜寻时间改变量存在较大的差距。因此,重视女性的作为非制度因素的社会资本投资可以有效提高其工作搜寻效率,且比投资男性的边际效应更高。

其次,工作搜寻渠道存在显著的性别差异,即同一渠道下,男性农民工较女性农民工的搜寻时间更短。但受教育年限对工作搜寻时间的影响结果表明,受教育年限对女性农民工工作搜寻时间的影响在 10% 水平上显著,且作用力比男性农民工更强。这个结论的启示是,若要解决劳动力市场工作搜寻的性别不平等问题,另一个重要的途径是强化女性农民工以受教育程度为代表的人力资本,尤其是要针对在正规教育等方面处于相对弱势的女性群体。

再次,年龄对工作搜寻时间的影响存在显著的倒 U 形关系。实证结果表明,处于 35 岁左右的青壮年农民工往往具有工作搜寻上的优势,并愿意投入最高的搜寻成本以最大化其未来收益。这个结论的启示是,为了减少劳动力市场上就业的波动性,政策制定应当适当向年龄较小者(如 16~25 岁年龄段)或较大者(如 50~60 岁年龄段)倾斜,以均摊因年龄差异而给劳动力市场就业带来的波动风险。

综上所述,本章着重考察了农民工城市就业过程中的工作搜寻的渠道选择及其性别差异。在实际研究过程中,尽管笔者试图最大限度地控制研究过程中出现的不确定性,但仍有以下问题值得深入讨论:网络渠道作为农民工社会资本的重要组成部分,因数据缺陷,本章并未能深入探讨农民工社会资本的其他两个组成部分(网络规模和网络资源)在农民工工作搜寻过程中的作用及其性别差异。然而,实地调研发现,在农民工工作转换过程中,社会资本得到不断积累,网络规模呈指数级增长,并且在每个农民工所拥有的网络资源中的每个节点所具有的网络资源各不相同,而具体到实际的工作搜寻过程中,有些只使用了信息资源,有些只使用了人情资源,或者混合使用了信息和人情资源。遗憾的是这些重要而关键的细节问题在本章研究中无法得到有效的应用,但在当前以社会网络为主要标志的劳动力就业市场,这些问题显然值得深入研究。

5.7 本章小结

本章着重考察了农民工就业的初始阶段,即工作搜寻,选择什么渠道以及搜寻的性别差异。通过实证研究证实了笔者最初的两个假设,即不同的渠道选择具有搜寻时间维度上的差异性、渠道选择偏好及其搜寻持续时间均存在性别差异。进一步论证了出现这种现象的深层次原因,首先,社会网络突破了农民工人力资本的约束而为其搜寻收益最大化发挥重要作用。其次,较高的人力资本虽然具有较高的就业信息获取优势,但因搜寻需要花费较多的时间而致使市场择业持续时间较长,即高存量的人力资本往往具有较高的沉淀成本。最后,选择计划渠道的农民工一般为女性或受教育程度最高的农民工,他们往往可以进入正规就业单位,而不是那些脏乱差的非正规就业单位。这些单位也往往具有更好的福利待遇。

搜寻作为就业的第一个重要环节,关系到农民工能否顺利实现城市就业。当农民工利用自己所偏好的搜寻渠道经历一段时间的搜寻之后,一般可以获得若干个就业机会,然而面对这若干个就业机会的选择性问题是一个考验农民工理性思维的过程,到底是以生存为主(即以追求月工资为判断标准),还是以发展为主(即以寻找一份将来能够在城市发展的工作为接受原则),是考察农民工城市就业决策的重要问题。该问题的研究具有深刻的现实意义:一方面,可以清晰刻画农民工城市就业选择机制;另一方面,也可厘清农民工城市就业流动频繁的内在原因。

第6章
工作匹配:决策机制与路径识别

6.1 农民工工作匹配:生存与发展的权衡

考虑到农民工初始禀赋约束,其城市就业并没有竞争优势,然而每年依然有大量农民工进城务工。这让笔者思考这样一个问题:城市就业对农民工究竟意味着什么?《中国流动人口发展报告(2013)》显示,流动人口城市就业由生存型向发展型转变:其进入城市不仅仅是为了挣钱,而是对未来发展有更多新期待。改革开放初期农村劳动力流动的目标是得到收入更高的就业机会(周其仁,1997),因对工作性质和自身能力认识不足(白南生、李靖,2008),一般而言,只要预期收益高于其保留工资,他们就接受该工作。然而,随着国家经济水平日益提升,当温饱已经不再是生存的主要障碍时,越来越多的外出务工者对工作有了新的要求或期待。然而问题是,当面临多个工作机会,且每份工作预期工资均高于其保留工资时,农民工又将如何取舍?一个权衡当下生存与未来发展的决策约束给笔者以重新思考农民工城市就业匹配机制问题,此时,一个经典的且影响深刻的"保留工资"决策原则并不能给出令人信服的解释,同时国内当前就业决策理论研究依然停留在西方经典假设基础上,即理性经济人在一定的自然环境、技术条件与制度环境约束下追求自身利益最大化的行为,缺乏更为深入的讨论和拓展。对农民工以就业谋发展的探讨存在论述不清或论证不明的缺陷,虽一些调研报告有过相关提法,但其研究结论的可靠性尚存在较大的讨论空间,明确地指向该研究问题的实证分析尚鲜见于各研究。因此,如何从实证角度引入匹配双因素(收入与福利)有力地论证农民工工作匹配决策机制,不仅能较好地弥补当前此类研究的缺陷而具有重要的理论意义,而且为政府制定相关就业政策,保障外出务工者合法利益,并促进社会公正与稳定提供强有力的理论支撑而具有深刻的现实意义。

6.2 匹配机制文献梳理

经典的劳动力市场搜寻匹配研究主要是以工资为核心的讨论和拓展。劳动力参与市场活动条件为保留工资至少与休闲价值相等,当且仅当搜寻收益等于搜寻成本(Mortensen,1986),但当失业工人一段时间内并不能顺利找到工作时,面临与日俱增的搜寻成本其保留工资会随搜寻时间延长而下调(Kasper,1967)。这意味着工人工资可能低于其最初保留工资,一定程度上为其日后工作转换以期获得更高工资埋下伏笔。然而,经典的匹配决策存在一个严格的基本假设,即一旦匹配,工人将工作直到退休而无工作转换行为(Burdett,1978)。这一点显然与现实劳动力市场情况不符。为此,后续研究放松了"一旦匹配直到退休"的严格假设而拓展了劳动力市场匹配理论研究范畴。如果新工作的工资高于当前工资水平,那么工人就有动机主动放弃目前正在从事的工作而实现工作转换(Berg & Ridder,1998)或者在职搜寻(Pissarides,1994;Christensen,2005)。视线回到我国当前劳动力市场就业形势,已有研究综合认为,农村推力与城市拉力是农民劳动力转移的重要原因(李强,2003;程名望等,2006),其中推拉因素主要包括两个方面,一方面是城乡收入差距,进城务工能够获得更高收入的就业机会;另一方面是城乡生活环境差异,城市具有更加方便和舒适的生存环境。农民工城市就业流动频繁已是不争的事实(白南生、李靖,2008;田明,2013),其中一个很重要的原因是农村收入低(万向东等,2006;黄乾,2009,2010)。目前农村流动人口呈现的利益诉求上的深化、空间分布上的多元化以及融入意愿上的强化等新特点(国务院发展研究中心课题组,2011)正强烈冲击着他们城市就业影响因素的单一性。已有研究表明,工资收入、工作福利、社会保障等均对农民工城市就业产生显著影响(方福前、吕文慧,2009;程名望等,2012,2013)。即除工资外,工作福利状况亦是农民工城市就业的显著性影响因素,尤其是当收入达到一定水平之后,福利待遇是其就业稳定的重要考量因素(梁海兵、卢海阳,2014)。然而在缺乏城镇户籍的情况下,多数进城农民工难以享受到完全的社会保障和公共服务,进而导致他们就业并不稳定(蔡昉,2013)。同时,中国劳动力市场上就业岗位、福利待遇、工作条件、劳动合同、工会参与等劳资关系中存在的诸多城乡群体差异是一个必须引起重视的经济与社会问题(姚先国、赖普清,2004)。因此,考虑到我国特殊的城乡二元结构,以及正规就业渠道的缺失和农民工在劳动力市场上所处地位的弱势性(宗成峰,2012),国外经典的以工资为逻辑主线的就业及其影响机理研究因只考虑工资而并未足够重视福利因素对农民工城市就业影响的研究框架,在解释劳动力市场就业问题时并不能给出令人信服的解释。总之,国外关乎搜寻匹配的研究主要围绕工资理论来展开和拓展,并没有考虑除工资因素外,如工作福利因素等对工作匹配产生的重要影响。而考虑我国实际情形,城市职工除获得货币工资外,还享有许多物质福利,但农民工一直被排斥在福利之外而削弱了其就业竞争力(杜书云、张广宇,2004),更甚者是中国农民福利是个长期缺乏社会福利理论视角的边缘化议题(刘继同,2002)。因此,这种只考虑工资而未考虑福利因素的研究框架,恰在解释我国当前经济社会转型时期劳动力就业市场——工作搜寻与匹配问题——时存在一定的缺陷。改革开放初期最早外出务工的劳动力就业决策以收入为核心参考因素(李强,2012),然则,随着国家综合经济水平的逐步提升、人们物质生活水平的显著提高,劳动力就业决策显现局部变化,务工人员对工作的收入回报逐渐弱化和对工作福利的期许明显增强是近年来劳动力市场外出务工者行为的重要表现,因此出现两种就业决策差异明显的匹配机制:一种以收入为就业最重要的参照标准;另一种以福利待遇作为工作匹配的直接依据,或将通过福利待遇渠道间接提升收入水平作为工作匹配的依据。其内在机理如图 6.1所示。

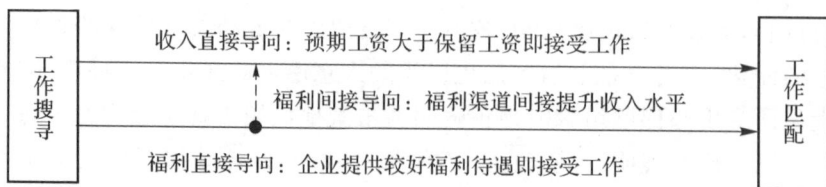

图 6.1 工作匹配决策机制

6.3　研究方法与模型构建

针对一般单方程多元回归分析模型只能解决解释变量对被解释变量作用方向与作用力度问题的局限,本研究特引入联立方程模型与 Acemo-glu 识别法考察农民工就业决策双因素目标选择策略,其中联立方程模型有效克服了单方程多目标比对研究方面的缺陷,而 Acemoglu 识别法在单方程中引入相关代理变量,较好地规避了单方程无法比较同级别变量重要程度的不足。两种识别方法具体的检验原理如下文所述。

6.3.1　识别方法

考察农民工在接受可选工作时存在生存和发展两种可能决策依据,本研究拟以收入和福利分别对应作为生存和发展的代理变量展开分析。为有效区分到底是哪一种导向在农民工工作匹配行为中起主导作用,需要运用机制识别法。目前,业界比较认可的机制识别法主要有联立方程法和 Acemoglu 识别法。

(1)联立方程法,即采用联立方程的模式将各种渠道同时置于同一个系统中,通过有效的系统估计法来确定到底哪一种渠道更为重要。如 Mobarak(2005)探讨波动(volatility)与民主(democracy)对经济增长的影响哪一种更为显著便是采用联立方程模型法。

(2)Acemoglu 识别法,即将要考察的各种渠道(一般为两种)以及交互项置于同一模型之中回归并分析其显著性,再寻找某一种渠道的代理变量引入原模型中重新回归并分析其渠道变量与代理显著性及其变化,并运用预先的判断规则断定哪一种渠道更为重要。如于蔚等(2012)研究政治关联融资约束的信息效应与资源效应,方红生、张军(2013)考察"攫取之手"、"援助之手"与中国税收超 GDP 增长即采用该方法。

6.3.2　模型构建

本研究拟采用以上两种方法分别检验农民工工作匹配决策行为,其中联立方程模型包括两个单方程:

$$JT = \alpha_0 + \alpha_1 income + \alpha_2 jtype + \alpha_3 X_1 + \varepsilon \tag{6.1}$$

$$income = \beta_0 + \beta_1 jtype + \beta_2 X_2 + \varepsilon \tag{6.2}$$

其中,JT 表示工作匹配效果,拟采用首份工作任期来表征。$income$ 代表工作收入,拟用月工资来代表,$jtype$ 表示工作福利,拟选用单位所有制类型来表征(选用理由见变量界定分析)。X 为控制变量集。α_0、β_0 均为常数项,$\alpha_i (i = 1,2,3)$、$\beta_j (j = 1,2)$ 分别为方程(6.1)和方程(6.2)中解释变量或控制变量的相应系数,ε 为随机扰动项。

而 Acemoglu 识别法需要首先构建方程(6.3),即引入两种渠道及其交互项:

$$JT = \alpha_0 + \alpha_1 income + \alpha_2 jtype + \alpha_3 income \times jtype + \alpha_4 X_3 + \varepsilon \quad (6.3)$$

然后,该识别法需要为农民工工作匹配生存与发展两种决策机制分别选取一代理变量($ivjtype$),以进一步考察两种渠道中哪一种起主导作用,特构建方程 6.4,即在方程 6.3 基础上引入代理变量:

$$JT = \alpha_0 + \alpha_1 income + \alpha_2 jtype + \alpha_3 income \times jtype + \alpha_4 ivjtype \\ + \alpha_5 X_4 + \varepsilon \quad (6.4)$$

进而借用以下判断规则来衡量哪一种渠道更为重要:

(1)如果核心变量(如 $income$、$jtype$ 和 $income \times jtype$)系数与显著性均发生显著性变化,而代理变量(如 $ivjtype$)统计显著,则表明代理变量替代的渠道更为重要;

(2)如果核心变量(如 $income$、$jtype$ 和 $income \times jtype$)系数与显著性均未发生显著性变化,而代理变量(如 $ivjtype$)也统计显著,则表明核心变量替代的渠道更为重要;

(3)如果核心变量(如 $income$、$jtype$ 和 $income \times jtype$)系数与显著性均未发生显著性变化,而代理变量(如 $ivjtype$)统计并不显著,则表明核心变量替代的渠道更为重要。

6.4 变量界定与数据来源

6.4.1 变量界定

1.被解释变量

对于联立方程而言,被解释变量包括两个:方程(6.1)为工作任期;方程(6.2)为收入。而对于 Acemoglu 识别方法而言,被解释变量只有工作任期。

方程(6.1)考察的是农民工工作匹配决策机制。事实上,衡量农民工就业决策到底是收入导向还是福利导向是一个比较复杂而艰难的过程,原因是:(1)决策结果单一且瞬间完成。当面临一个工作机会时,农民工要么就业要么放弃。(2)决策过程却是一个复杂而综合的心理过程。农民工既要考虑到个人效应,同时也要考虑到家庭效应,是一个综合效应最大化的决策结果。考虑以上因素,本研究在考察农民工工作匹配决策时拟以其选择结果及其持续性来加以检验,即以农民工工作任期来表征其工作匹配决策。不论农民工工作匹配是收入导向还福利导向,工作任期都是一个不错的代理变量(Bowlus,1995):工作任期较长,表明工作匹配效果较好,或匹配质量较高;反之,工作匹配效果较差,或匹配质量较低。方程(6.2)是收入与福利两因素的一个区分方程。当用一个代理变量去替代福利变量时,观察收入方程的变化即可判定农民工工作匹配的决策机制,即重在考虑收入因素,还是工作的福利因素。

2. 解释变量

本研究的核心解释变量即为收入与福利。值得说明的是福利变量的选取,福利是员工的间接报酬,一般包括健康保险、带薪假期、过节礼物或退休金等形式。福利作为发展的代理变量,从一定程度上反映了农民工对其未来发展的期待,即除工资因素外,工作福利因素为农民工未来发展提供的服务是其就业决策的重要考量因素。如李亚青等(2012)研究认为,社会保险福利有助于降低农民工的流动意愿。本研究拟为工作福利选择的代理变量是工作单位所有制类型,分事业单位和非事业单位。

同时,本研究认为农民工的人力资本(如受教育年限)或社会资本是影响其工作匹配与收入的重要因素,也是本研究考察的重要变量。因工作匹配是求职者个人就业决策问题,相比较而言,受教育水平等人力资本是农民工就业的重要影响因素(王文信、徐云,2008;黄乾,2009),而社会资本更多地影响农民工收入水平(谢勇,2009)。此外,某些工作特征,如日工作时间、是否签订合同也是影响农民工工作匹配质量的因素;性别、年龄和婚姻状况是农民工收入的重要影响因素。综合而言,变量选择与界定具体如表 6.1 所示。

表 6.1 变量选择与界定

变量		界定
被解释变量	工作任期	单位:月(不满1个月按1个月算)
	收入(方程(6.2))	单位:元/月
核心解释变量	收入(方程(6.1)、方程(6.3)、方程(6.4))	单位:元/月
	福利	单位所有制类型:事业单位=1;非事业单位=0
	其他解释变量	
人力资本	受教育年限	单位:年(扣除跳级和留级的影响)
	非农工作经历	有非农工作经历=1;否=0
社会资本	工作渠道	亲戚朋友等社会关系搜寻=1;自己搜寻或其他=0
工作特征	合同签订	合同工=1;其他=0
	工作时间	单位:小时/周
个人特征	性别	男=1;女=0
	年龄	单位:周岁
	婚姻状况	已婚=1;未婚=0
代理变量	留城预期	留城=1;否=0
	留乡预期收入	单位:元/月
工具变量	单位是否购买失业保险	有=1;无=0
	是否参加过高考	是=1;否=0

6.4.2 数据来源

考虑到笔者调研数据的局限性,难以满足实证方法的需要,研究拟采用 RUMiC 2008 数据。剔除遗失数据、不符合变量要求数据,共计得到 3389 个样本。其中流动人口部分数据还包括有首份工作、目前工作、个体经营等具体分类,而本研究最终选用的是首份工作相关数据。选择首份工作作为工作匹配研究切入点的原因是,在没有工作经历的背景下,农民工首份工作的选择更加体现了其工作初衷到底是收入导向还是福利导向。同时,一方面,农民工首次外出的初次搜寻体验是其职业生涯过程中有意识地认真寻找工作的重要环节,首次行为决策与选择及其结果往往在其整个就业周期中具有重要的启示作用。另一方面,考虑到农民工职业流动的频繁性及其选择性记忆,首份工作情景记忆深刻,较为客观真实,研究价值较高。因此,本研究以农民工首份工作匹配情况作为研究对象。数据描述性统计与预期效应如表 6.2 所示。

表 6.2 数据描述性统计与预期效应

变量	均值(标准差)	预期效应	
		工作任期	收入
工作任期	19.39(28.50)		
收入	785.52(773.47)		+
福利	0.026(0.15)		+
受教育年限	9.04(2.37)		+
工作渠道	0.71(0.45)		+
合同签订	0.40(0.49)		+
工作时间	62.28(19.55)		−
性别	0.61(0.48)	+/−	
年龄	31.30(9.10)		−
婚姻状况	0.68(0.46)	+/−	
留城预期	0.74(.43)		+
留乡预期收入	691.83(452.67)		−
非农工作经历	0.086(0.28)		
是否参加过高考	0.11(0.31)		
单位是否购买失业保险	0.092(0.28)		

结果显示,首份工作的平均工作任期约为 1 年半(19.39 个月),平均收入仅为 785.52 元。将近 97% 的农民工首份工作都是非事业单位,71% 的农民工依靠亲戚朋友等社会关系获得就业(均值为 0.71)。只有不到一半的农民工首份工作与雇主签订有劳动合同(均值为 0.40)。大部分农民工为男性(均值为 0.61),年龄平均为 31.3 岁,受教育程度平均水平为初中以下(平均受教育年限为 9.04 年),已婚者居多(均值为 0.68)。以上信息综合表明,外出务工的农民工具有较为齐整的特征:一

般为受教育程度较低的已婚农村青壮年劳动力，依靠社会资本搜寻就业是他们进入劳动力市场的重要途径，然而工作单位给农民工购买失业保险的不足 10%，这在一定程度上反映了农民工就业福利的缺失。劳动合同签订率较低（占比 40%），同时平均收入较低（约 786 元）可能是农民工首份工作任期短、发生转换的重要原因。

留城预期均值为 0.74，表明大部分农民工希望将来能够留在城市，这在一定程度上反映他们进城务工已经不仅仅是追求收入的积累，而是期盼有留在城市发展的机会。同时，相比较在城市务工，他们预期留乡收入均值为 691.83 元，这种城乡收入预期差距可能正是他们外出务工的主要原因。

6.5 匹配机制的识别分析

研究分别运用上文提及的联立方程法和 Acemoglu 识别法检验了我国农民工工作匹配决策机制。实证结果如表 6.3 所示。

表6.3 机制识别估计结果

变量	联立方程方法 OLS估计 工作任期①	OLS估计 收入②	3SLS估计 福利(not instrumented) 工作任期③	3SLS估计 收入④	3SLS估计 福利(instrumented) 工作任期⑤	3SLS估计 收入(instrumented)⑥	Acemoglu识别法 模型III⑦	模型IV⑧	模型V⑨
收入	0.003251*** (0.0006)	—	0.03962*** (0.01515)	—	0.03192** (0.01634)	—	0.004640** (0.002355)	0.004713** (0.002398)	0.004519* (0.002328)
福利	−5.1502 (4.7337)	220.0287*** (82.8227)	6.2547 (15.5685)	224.7209*** (82.7164)	221.6498 (162.3686)	984.6938*** (110.0975)	94.2371 (150.3667)	99.9681 (153.6919)	90.5223 (149.1266)
收入×福利	0.001028 (0.003501)	—	−0.01221 (0.01635)	—	−0.1392 (0.0881)	—	−0.05501 (0.08484)	−0.05785 (0.08653)	−0.05296 (0.08414)
留城预期	—	—	—	—	—	—	—	4.9132* (2.5844)	—
留乡预期收入	—	—	—	—	—	—	—	—	0.0008098 (0.001191)
受教育年限	−1.0299*** (0.2121)	−14.1278*** (2.4272)	—	−13.9630*** (2.4234)	—	−0.8479* (0.4656)	−0.9070* (0.4768)	−0.8604* (0.4671)	—
工作渠道	—	−148.7135*** (29.3939)	—	−129.0818*** (28.2737)	—	−120.275* (29.1352)	—	—	—
合同签订	3.3023*** (1.0276)	—	9.8819*** (1.6258)	—	8.8096*** (1.7601)	—	2.6174* (1.3834)	2.5302* (1.4137)	2.6300* (1.3766)

续　表

变量	联立方程方法						Acemoglu 识别法		
	OLS 估计		3SLS 估计						
			福利 (not instrumented)		福利 (instrumented)				
	工作任期①	收入②	工作任期③	收入④	工作任期⑤	收入⑥	模型 III⑦	模型 IV⑧	模型 V⑨
工作任期	0.04750* (0.02581)	—	-0.1293*** (0.04191)	—	-0.1412*** (0.04529)	—	0.04825* (0.02843)	0.04966* (0.02845)	0.04919* (0.02827)
性别	—	94.0869*** (27.6708)	—	106.6687*** (25.3004)	—	113.8983*** (26.8339)	—	—	—
年龄	—	-6.1550*** (1.9276)	—	-5.8721*** (1.8015)	—	-6.3581*** (1.8797)	—	—	—
婚姻状况	—	-67.8877* (37.003)	—	-65.8670** (33.0608)	—	-49.7646 (35.1292)	—	—	—
常数项	21.9531*** (4.9382)	1068.801*** (2.7334)	120.1473*** (55.6507)	1036.905*** (13.8204)	123.6945*** (52.8056)	1010.227*** (13.9512)	18.3447*** (54.6558)	15.0155*** (4.9703)	17.9689*** (5.7204)

注:(1)***、**、*分别表示在 1%、5%和 10%水平上显著;(2)列 1—4 括号内数字为标准误;(3)列 5—6 括号内数字为稳健的标准差。

6.5.1 联立方程法估计分析

列①和列②为联立方程 OLS 估计结果。收入在 1‰ 显著水平上的载荷为 0.0033，表明收入对工作任期具有正向显著的微弱影响；而福利对工作任期影响为负且不显著（载荷为 −5.15），反映福利待遇降低了农民工的工作任期，与预期效应不符；同时，福利对收入具有正向显著性影响（载荷为 220.03），但两者的交互效应不显著。该结论反映出农民工工作匹配具有直接的收入导向，且福利因对收入具有正向显著性影响而产生对工作任期的间接性效应，但其对工作任期的影响效果并不显著。考虑到 OLS 估计法是单一方程估计而忽略了各方程之间的关系（包括各方程振动项之间的联系），将联立方程中所有单方程作为一个整体进行估计（即系统估计法）更有效率。最常见的系统估计法为三阶段最小二乘法（即 3SLS），但考虑到联立方程可能存在的变量内生性问题，系统估计法（3SLS）对核心变量之一的"福利"变量分别采用工具变量法和普通法估计以便更加明晰农民工工作匹配决策识别机制（具体见本节第四部分的变量内生性讨论）。

列③和列④为联立方程 3SLS 在没有控制福利变量为内生变量条件下的估计结果。收入与福利均对工作任期具有正向影响（载荷分别为 0.040 和 6.25），与预期效应相符，然而，福利对工作任期影响并不显著（如列③所示），而对收入作用呈正向显著性（如列④所示），但两者交互效应并不显著。这说明农民工工作匹配决策过程中福利对匹配决策存在两种效应：直接效应（福利对工作任期的正向显著性影响）与间接效应（福利对收入产生正向显著性影响，收入再对匹配产生正向显著性影响）。当控制收入决策机制之后，福利对工作任期具有直接的正向影响，其间接影响为正且显著，两者的净效应为正但并不显著。由此，研究结果可确定为农民工工作匹配机制为收入导向（或生存型导向），还没有上升到福利层面（或发展型导向）。

列⑤和列⑥为联立方程 3SLS 把福利变量控制为内生变量条件下的估计结果。估计结果与列③和列④结果除系数发生发化以外，各变量显著性没有发生变化，估计结果依然表明农民工工作匹配机制为收入导向（或生存型导向），还没有上升到福利层面（或发展型导向）。研究结论同时表明福利与收入之间的显著性要远超过福利对匹配决策的影响，当农民工搜寻到的工作单位为事业单位时并不能有效延长其工作任期，或者说提高其工作匹配质量，但其收入效应表现显著，相对于非事业单位，事业单位的农民工平均月收入约提高 985 元（依据列⑥福利载荷）；收入对工作任期的直接效应（依据列⑤收入载荷）表明雇主工资每提高 1 元，农民工工作任期约增加 0.96 天（0.032×30 天＝0.96 天，工作任期单位为月）。经过换算后，福利对工作任期的直接效应（依据列⑤福利载荷）约为 18.47 年（221.65÷12 个月＝18.47 年），间接效应（参考方程（6.1）和方程（6.2），并依据列⑤收入与福利载荷和列⑥福利载荷）约为 2.63 年（984.69×0.032÷12 个月＝2.63 年），这虽然从数量上反映出农民工择业时工作单位的福利待遇确实是其考量的重要因素，同时也与《中国流动人口发展报告（2013）》调研结果相一致，但统计结果并不显著。而收入虽然对工作任期影响较小，但统计结果显著。据此，从计量角度而言，本研究更倾向于收入导向是农民工工作匹配的决策依据。

6.5.2　Acemoglu 识别法检验分析

列⑦至列⑨为 Acemoglu 识别法估计结果。在运用 Acemoglu 识别法构建模型时，一方面，为收入和福利分别选取留乡预期收入和留城预期作为代理变量；另一方面，考虑到福利与受教育年限的内生性问题，特为其挑选的工具变量分别为失业保险和是否参加过高考。其中列⑦为未引入代理变量的基础模型的估计结果，而列⑧和列⑨为分别为基础模型引入福利变量的代理变量（留城预期）和收入变量的代理变量（留乡预期收入）的估计结果。列⑦估计结果表明核心解释变量中只有收入为正向显著，福利及其与收入的交互项并不显著。当把福利代理变量（留城预期）引入模型中（如列⑧所示），核心解释变量（收入、福利及其两者交互项）的系数与显著性并未发生显著性变化，且代理变量系数为正并在 10% 水平上显著。而当把收入代理变量（留乡预期收入）引入模型中（如列⑨所示），核心解释变量（收入、福利及其两者交互项）的系数与显著性也未发生显著性变化，且代理变量系数并不显著。按照事先约定的判断规则，两种估计结果均表明收入是影响农民工首份工作之任期的显著性因素，即反映农民工工作匹配决策机制为收入导向而非福利导向。之所以选择留城预期作为福利的代理变量是因为是否愿意留在城市发展能够很好地反映农民工外出务工的发展诉求。《中国流动人口发展报告（2013）》显示，流动人口到城市来不仅仅是为了打工挣钱,他们在城市谋求发展,更希望融入这个城市。留城可能是农民工人生发展规划之中所追求的最大的福利。同时选择留乡预期收入作为收入的代理变量是因为留乡预期收入是农民工假设并未外出务工在农村每月获得的收入,能与城市每月收入形成鲜明对比,是其外出务工的重要考量依据。

综上分析,我国农民工现阶段工作匹配决策机制为收入导向,或者说外出务工为生存依赖型,还未上升到发展层面。这与彭安明等(2014)研究结论相近。研究结果(如列⑤、列⑥所示,即以联立方程 3SLS 估计结果为准)同时表明,是否签订合同、周工作时间等工作特征是影响农民工工作匹配的重要因素。签订合同有利于延长农民工工作任期,签订劳动合同农民工的工作任期较没有签订劳动合同的平均要长近 9 个月(合同签订载荷为 8.81);而周工作时间延长则会减少农民工工作任期,且周工作时间每延长 1 小时,工作任期将减少 4.2 天(载荷 -0.14×1 月 $= -4.2$ 天)。受教育年限对工作任期具有负向显著性影响,表明较高受教育程度的农民工往往工作任期较短,即工作流动性相对更加频繁。社会资本(工作渠道)虽然有利于农民工更加便捷地寻找到工作,但对其收入却呈负向显著性影响,即通过亲戚朋友等社会关系找到工作的农民工收入水平相对那些自己搜寻而获得工作的农民工每月低约 120 元(载荷为 -120.28)。男性较女性收入平均每月约偏高 114 元(载荷为 113.90),同时年龄较长者收入水平相对较低,已婚农民工较未婚农民工收入平均每月低约 50 元。

6.5.3 农民工边界的进一步讨论

为什么在对数据处理时没有把农民工进一步区分为老一代农民工和新生代农民工以免农民工因代际择业差异而致匹配机制识别出现偏差?以往关于农民工的研究大多集中在老一代农民工范畴内,老一代农民工在寻找工作时确实存在以收入为唯一择业标杆的可能。然而随着国家经济水平的逐渐提升,当物质生活不再成为农民工外出就业的唯一追求时,新生代农民工借助务工对自身发展的追求便应运而生。本研究之所以未将农民工细分为老一代农民工与新生代农民工,是因为老一代农民工伴随外出务工经历的丰富,个人人力资本与社会资本都得到一定程度的积累,他们务工的目标也会随之发生改变,即当生存问题得到有效的稳定的缓解之后，他们也会对未来人生发展充满更多期待，而不是一成不变的。王春超、吴佩勋（2011）的研究结论也从侧面印证了这一点，即城市中的农民工群体在面对政府的战略调整和政策环境调整时，他们理性地认识到政府与企业利益导向的差异以及其与自身利益的一致性。因此，本研究采用发展的眼光看待农民工择业问题，而在讨论农民工工作匹配机制时并未对之加以细分，而是从总体角度对农民工总体工作匹配决策机制加以识别。

6.5.4 变量内生性讨论

采用联立方程估计时，解释变量内生性是必定要考虑的重要问题，因为若某个（些）解释变量存在内生性问题不仅严重影响估计结果的显著性甚至估计错误，而且整个模型的解释度也将受到质疑。如以 OLS 和 2SLS 估计结果核心解释变量福利为例，福利变量的系数出现显著性变化，而之前分析的福利变量预期对工作匹配（工作任期）产生的正向效果存在严重反差，明显地，2SLS 估计结果更加符合实际与预期情况，这也同时直接反映 OLS 估计结果可能没有考虑到某些变量的内生性问题而存在严重缺陷。如何实证检验解释变量内生性问题？豪斯曼（Hausman,1978）建议直接比较 OLS 与 2SLS 估计值，判断其差异是否存在统计显著。毕竟，如果所有变量都是外生的，则 OLS 和 2SLS 估计结果都是一致的，而反之则说明变量存在内生性。从本研究数据联立方程直观结果（见表 6.4）可知，除工作任期与收入外，福利与受教育年限也可能存在内生性问题。

表 6.4 OLS 与 2SLS 估计结果比较

变量	OLS 估计		2SLS 估计	
	工作任期①	收入②	工作任期③	收入④
收入	0.003316*** (0.0006)	—	−0.07426*** (0.01688)	—
福利	−3.9913 (3.0663)	201.3277** (82.5161)	10.6557 (7.8055)	201.3277** (82.5161)
受教育年限	−1.0273*** (0.2121)	32.7691*** (5.8557)	1.9351** (0.8096)	32.7691*** (5.8557)
工作渠道	0.6612 (1.0911)	−137.8696*** (29.3251)	−9.6498*** (3.3811)	−137.8696*** (29.3251)

续　表

变量	OLS 估计		2SLS 估计	
	工作任期①	收入②	工作任期③	收入④
合同签订	3.3469*** (1.0286)	—	7.0204*** (2.5212)	—
工作任期	0.04666* (0.02582)	—	−0.03665 (0.06271)	—
性别	—	81.3148*** (27.6401)	—	81.3148*** (27.6401)
年龄	—	−4.2206** (1.9497)	—	−4.2206** (1.9497)
婚姻状况	—	−53.5321 (36.9249)	—	−53.5321 (36.9249)
常数项	21.4406*** (2.8646)	703.0058*** (85.6853)	66.4838*** (11.8184)	703.0058*** (85.6853)

注:(1)***、**、*分别表示在1%、5%和10%水平上显著;(2)括号内数字为标准误。

　　考虑到传统的豪斯曼检验不适用于异方差情形,因而拟采用"杜宾—吴—豪斯曼检验"(Durbin-Wu-Hausman Test,简记为 DWH),该检验方法在异方差的情况下也适用且更为稳健。同时考虑到研究使用的是联立方程模型,且 2SLS 估计理论要求所有工具变量都必须用作全部第一阶段回归的回归元,故 2SLS 估计会自动将两单方程中所有外生变量全部纳为福利和受教育年限的工具变量。研究运用 DWH 法对解释变量作了内生性检验,结果如表 6.5 所示,检验结果表明福利和受教育年限均在1%显著性水平存在内生性可能。因而在实际 3SLS 估计过程中,列③与列④的估计结果只对受教育年限作了内生处理而福利并未处理,列⑤与列⑥的估计结果则是对福利和受教育程度均作了内生性处理,经过比较两者虽然在变量显著性上并未发生显著性变化,但系数却明显不同。列⑦至列⑨均是引入工具变量后采用工具变量法在稳健标准差条件下的估计结果。

表 6.5　变量内生性检验

原假设	所有变量均为外生
被解释变量	工作任期
Durbin(score)chi2(2)	169.957（$p=0.0000$）
Wu-Hausman F(2,3328)	89.2972（$p=0.0000$）

6.5.5　决策机制的群体差异检验

我国农民工转移自 20 世纪 80 年代后期开始,至今已有三十余年的历史,同时伴随着新生代农民工的加入,以及家庭化迁移趋势的愈演愈烈,农民工群体已经出现不同程度的分化。黄祖辉和刘雅萍(2008)研究发现,两代农民工在务工月工资收入、兼业性、工作经验、流动动机与目的、就业渠道方面存在显著性差异。许新传(2010)研究认为,第一代农民工进城主要追求经济利益,而新生代农民工则主要追求个人发展,并且新生代农民工就业层次较第一代农民工高。本研究在论证农民工群体目前外出务工决策总体基于生存需要,还未上升到发展层面,但这不能表明,农民工群体之间没有存在某种特征的分化,结合已有研究,同时考虑到联立方程方法复杂性与对数据要求的严格性,本研究拟将运用 Acemoglu方法分别对农民工代际差异、性别差异和婚姻差异展开就业决策的群体分化检验。检验结果如表 6.6 所示。由表 6.6 可知:(1)老一代农民工收入对其工作任期影响显著,同时新生代农民工福利的代理变量对工作任期影响显著,这表明农民工城市就业确实存在代际差异,老一代农民工比较注重生存需要,而新生代农民工比较注重发展需求。(2)男性农民工的福利代理变量与收入代理变量对其工作任期影响显著,而女性农民工相关核心指标(如收入、福利及其代理指标)均不显著影响其工作任期。这表明男性农民工城市就业比较关注其城市发展,而女性则无明显的生存或发展倾向,处于一种随从状态。(3)已婚农民工收入对其工作任期影响显著,而其收入或福利的代理变量却并不显著,未婚农民工相关核心指标(如收入、福利及其代理指标)均不显著影响其工作任期。这表明,婚姻状况并不显著影响他们城市就业的生存或发展决策。相比较而言,男性更加关注其收入状况。综上所述,农民工群体就业决策存在显著的代际与性别差异,而无关婚姻。

表 6.6　决策机制的群体差异检验

变量	代际差异			性别差异			婚姻差异		
	模型①	模型②	模型③	模型④	模型⑤	模型⑥	模型⑦	模型⑧	模型⑨
收入	0.007304 (0.004585)	0.003535* (0.001940)	0.003260* (0.001875)	0.004028** (0.002023)	0.003997** (0.002001)	0.003779** (0.001870)	0.003739** (0.001629)	0.003832** (0.001681)	0.003571** (0.001621)
福利	107.5735 (214.2589)	−5.3150 (163.7737)	−19.7639 (155.6097)	252.1350 (331.8640)	249.2513 (328.904)	246.2973 (325.6887)	−2.8273 (123.524)	7.4629 (130.0231)	−6.1968 (123.2909)
收入×福利	−0.08960 (0.1798)	−0.0004361 (0.07334)	0.005678 (0.06983)	−0.1907 (0.2526)	−0.1876 (0.2499)	−0.1866 (0.2481)	−0.002554 (0.05720)	−0.007174 (0.06012)	−0.001156 (0.05710)
留城预期	3.3197* (1.7363)	3.4673 (3.3168)	—	—	5.5179* (2.8652)	—	—	3.1509 (2.5932)	—
留乡预期收入	—	—	0.002344 (0.001752)	—	—	0.003271 (0.002689)	—	—	0.002056 (0.001585)
受教育年限	−0.5601 (0.4313)	−0.8241 (0.7123)	−0.7739 (0.6897)	−0.3562 (0.7111)	−0.4445 (0.7036)	−0.3846 (0.7036)	−0.5522 (0.6269)	−0.6276 (0.6421)	−0.5862 (0.6325)
工作渠道	—	—	—	—	—	—	—	—	—
合同签订	2.5617** (1.0426)	3.0167 (2.1998)	3.1515 (2.1326)	0.8566 (1.7370)	0.6904 (1.7281)	0.7856 (1.7239)	3.7175** (1.4137)	3.5839** (1.6563)	3.7095** (1.6166)
工作时间	0.05392* (0.03054)	0.05804 (0.04328)	0.06044 (0.04332)	0.04840 (0.05053)	0.04753 (0.05009)	0.05174 (0.05124)	0.03936 (0.03565)	0.04029 (0.03565)	0.04136 (0.03561)

续　表

变量	代际差异			性别差异			婚姻差异		
	模型①	模型②	模型③	模型④	模型⑤	模型⑥	模型⑦	模型⑧	模型⑨
性别	—	—	—	男	男	男	—	—	—
年龄	<28（新生代）	≥28（老一代）	≥28（老一代）	—	—	—	—	—	—
婚姻状况	—	—	—	—	—	—	已婚	已婚	已婚
常数项	4.7782 (8.2073)	20.9256*** (6.7195)	21.7088*** (6.4705)	14.5052 (9.7993)	11.3290 (10.6050)	12.3933 (10.6451)	21.1334*** (6.2887)	19.1635*** (6.5751)	20.0832*** (6.1561)

注：(1)***、**、*分别表示在1%、5%和10%水平上显著；(2)括号内数字为稳健的标准差；(3)限于篇幅，每一群体只将收入或福利显著的模型展示出来。

6.6 结论与启示

在转型经济背景下,农民工工作匹配决策机制呈现多元化,除了以往的收入导向外,工作单位提供的福利待遇可能也成为其寻找工作的重要参考因素。本研究采用联立方程法和 Acemoglu 识别法两种方法分别对我国农民工工作匹配决策机制,即生存或发展,展开定量检验。联立方程法检验结论是,收入对工作任期具有正向的显著性影响,且直接效应为雇主工资每提高 1 元,农民工工作任期约增加 0.96 天。而福利对工作任期影响虽为正但并不显著,并通过收入渠道间接影响工作任期但效果也并不显著,其直接效应约为 18.47 年,间接效应约为 2.62 年。这表明我国农民工现阶段工作匹配决策机制仍为生存导向型,还未上升到发展层面。同时福利待遇对工作任期具有较大的正载荷表明工作福利待遇已成为农民工稳定工作的重要考量因素。该实证结果与笔者实地调研结果相吻合。调研数据统计(见表 6.7)显示,59.76% 的农民工是为了增加收入而选择外出务工,而首份工作接受的原因中却只有 12.50% 的农民工因工资待遇而接受工作,23.17% 的农民工是因为工作环境原因而选择了首份工作。这表明增加收入虽为农民工外出务工的初衷,然而进入劳动力市场实际寻找工作时,工作环境成为农民工工作匹配的重要因素之一。

表 6.7 农民工外出务工原因分析

外出务工原因	样本量	占比(%)	首份工作接受原因	样本量	占比(%)
增加收入	196	59.76	工资待遇	41	12.50
学习技术与知识	78	23.78	工作环境	76	23.17
增加生活阅历	73	22.26	搜寻成本被迫停止	36	10.98
寻找城市生活机会	57	17.38	心理压力被迫停止	25	7.62

注:因问卷设计时,外出务工原因和首份工作接受原因为不定项选择题,且实际调研时存在多选或缺失等现象,故相关统计指标的百分比不一定满足 100% 的要求。

此外,是否签订合同和周工作时间也是影响农民工工作任期的重要因素。研究表明,签订劳动合同的农民工的工作任期较没有签订劳动合同的平均要长近 9 个月,而周工作时间每延长 1 小时,工作任期将减少 0.14 天。值得说明的是,因每周时长固定且工人周工作时间不可超越最大时长(即 168 小时),故周工作时间对工作任期的边际效应更多地反映其直接负效应,而非真正意义上的边际递减效应。Acemoglu 识别法检验结论进一步支撑了联立方程的检验结论,即收入的代理变量影响显著,且其他变量系数与显著性并未发生显著变化,同时福利的代理变量影响并不显著,且其他变量系数与显著性亦未发生显著变化。依据渠道重要性判断原则,该两点共同表明,当前农民工工作匹配决策机制仍以生存导向为主,还未过渡到发展层面。此外,外出务工的农民工具有较为齐整的特征:一般为受教育程度较低的已婚农村青壮年劳动力,然而工作单位大多分布在非正规就业单位,依靠社会资本搜寻就业是他们进入劳动力市场的重要途径,享受失业保险的农民工不足 10%,劳动合同签订率低,同时收入较低可能是农民工首份工作任期短发生转换的重要原因。74%的农民工希望将来能够留在城市,一定程度上反映他们进城务工已经不仅仅是追求收入的积累,而是期盼有留在城市发展的机会。

针对以上研究结论,其直接政策启示为:(1)现阶段应当继续实行以促进农民工增收的政策为主,同时提高其工作福利待遇的政策为辅的并行政策。增加收入几乎是所有外出务工的农民工转移就业的根本目标,因此想方设法提高农民工收入,保障农民工合法收入应是政策关注的重点。除了最低工资以外,提高 8 小时工作时间外加班单位时间的工资水平不仅可以提高雇主用工成本,有效遏制企业对农民工用工时间的剥夺,从而缓解农民工生活工作压力,而且可以借助工作时间外自愿选择或兼业或加班有效提高农民工日收入水平。(2)尽管福利对工作任期的影响并不显著,但其检验结果启示我们,提供农民工福利待遇是有效降低农民工工作转换的重要途径。农民工因其高度流动性而无法成为稳定的产业工人和真正的城市人口,这将阻碍我国城镇化的进程。提高农民工的城市就业稳定性,使得他们在城市就业稳定、定居甚至融入城市,进而提高劳动力市场资源配置效率,是推进城镇化进程和缩小城乡收入差距的内在要求。毋庸置疑,提高农民工工作福利水平,如生活困难补贴、托儿所、体育活动场所、节假日慰问等,是有效提高其工作稳定性的一个政策可选项。就其本质而言,提高农民工城市就业福利待遇是劳动法"同工同酬"的具体体现,是抵制户籍歧视的有效措施。

6.7　本章小结

　　"民工荒"与剩余劳动力并存背景下农民工就业是劳动力市场研究的核心问题之一，其就业决策机制是政府未来就业政策走向的重要依据。本研究采用联立方程法和 Acemoglu 识别法分别对农民工工作匹配决策机制加以识别，联立方程法检验结果表明收入正向且显著性影响工作任期，直接效应为月工资每提高 1 元，工作任期约增加 0.96 天。而福利虽正向影响并通过收入渠道间接影响工作任期但效果并不显著，直接效应约为 18.47 年，间接效应约为 2.62 年。Acemoglu 识别法检验结果进一步支持了联立方程法检验结论。

　　与已有研究相比，本研究从实证角度有力地论证农民工工作匹配决策机制，即农民工工作匹配决策机制为生存导向型，还未上升到发展层面，同时福利待遇已成为农民工就业稳定的重要考量因素。该结论直接启示为增加农民工收入仍是政策持续关注重点，同时提高农民工工作福利待遇是降低其工作流动性的有效途径。这样的研究不仅较好地弥补了当前此类研究的缺陷而具有重要的理论意义，而且为政府制定相关就业政策，保障外出务工者合法利益、促进社会公正与稳定提供强有力的理论支撑而具有深刻的现实意义。然而，福利变量的度量一直是比较难以量化的问题，也是值得后续研究重点突破的地方。

　　本章重点探讨了农民工工作匹配的决策依据及其内在机制。由于劳动力市场存在摩擦，虽然农民工经历搜寻、就业选择等外在准备与心理判断获得一份工作，但是有可能存在一定程度的误配，即匹配效果欠佳，匹配质量不高，这主要表现为实际工资与预期工资差距较大，这将大大提高农民工城市就业后期的转换概率。由此而言，农民工转换工作的内在机理是什么？又能否实现其增收的心理预期？这些问题将在下一章给予回答。

第 7 章
工作转换:资本积累与收入效应

随着改革开放进程的不断推进,农村居民农业负担逐渐减轻,越来越多的农村劳动力涌入城市寻求更高的收入和更舒适的生活。然而,近年来农民工工作转换频繁已成为城市劳动力市场突出表现和重要特征。就其转换原因,对收入的不满往往是农民工工作转换的直接原因(许传新,2010);白南生、李靖(2008)也认为,收入低是农民工工作转换的最主要原因,但转换原因日益多元化。较低的人力资本,或较低的就业层次也是其转换工作的重要原因(黄乾,2010)。一般而言,工作转换是劳动者进行成本与收益权衡之后的理性行为,大多数研究业已证明,农民工城市就业上升通道受阻。究其原因是理解农民工工作转换并分析城市劳动力市场的重要突破口,特别是转换之后是否对其收入增长产生正能量,是一个具有重要现实意义的研究命题。但遗憾的是,大多数研究仅仅是直接比较转换前后的收入状况及其影响因素,然后给出增长或未增长的结论,而转换作用与收入的内在机理却始终未给出令人信服的解释。基于此,本研究拟考察以下两个相互关联的问题:一是工作转换是否会增加农民工的人力资本或社会资本?二是工作转换诱致的资本积累是否会增加农民工的收入,从而实现其择业的目标?这种研究逻辑的学术贡献在于,为工作转换是否提高收入提出了一种内在作用机制,即资本积累关联。这种将工作转换与资本积累置于同一作用系统的互动式考察视角为厘清农民工试图通过工作转换实现职业晋升的作用机制提供了一种可能。

7.1　工作转换、资本积累与收入效应：文献脉络

工作转换一直是经济学关注的热门话题。工作转换或多或少与工资或者说收入存在一定的或必然的联系，与此相关的研究俯拾皆是。任何一个工人都有动机去寻找一份更高工资的工作，而工作转换是达此目的的重要途径(Christensen et al. ,2005)。一般而言，在一些低效率工作岗位上的没有工作技能的工人往往具有更高的工作转换概率(Pellizzari, 2004)。黄乾(2010)研究认为，工作转换对农民工收入增长的影响取决于是行业内转换还是行业间转换。除了行业内外差别，农民工工资水平与其更换就业城市的次数之间也存在显著的正相关关系，与其在本地更换工作单位的次数之间存在显著的负相关关系，而与本单位工作时间的长短之间存在显著的正相关关系(谢勇,2009)。李树茁等(2007)研究认为，流动经历和工作转换经历这类经验性因素对农民工社会支持网络的数量特征具有影响，而农民工个体的个人属性、人力资本状况和后天的学习适应能力对其社会支持网络的质量特征也产生重要影响。这表明，农民工在工作转换过程中，不仅涉及人力资本的变动，还包括社会资本的重组。姚俊(2010)研究发现，随着农民工就业流动性增强，其月工资水平也不断上升，并且在流动过程中人力资本因素的敏感度最强。更加直接而肯定的观点是，人力资本在竞争中几乎是最重要的，在决定工资上是近乎唯一的变量(刘林平、张春泥,2007)。

人力资本理论强调人能够对自身进行投资，并产生经济回报。该理论将工资影响因素的研究从较为宏观的社会经济层面带入较为微观的个人投资与劳动力市场结果的层面。影响工资的因素主要是微观层面上教育、培训、劳动经验和职业流动(Mincer,1989)。在人力资本理论即新古典主义视角中，劳资双方在确定工资的问题上都试图最大化他们行动的结果，并根据工人的特殊素质和人力资本形式在劳动力市场中的价值，反复多次协商来达成合同工资的数目。个人的人力资本积累是其劳动力市场收益的重要决定因素(Mincer,1958;Becker,1962)，具有较高人力资本的农民往往会获得更多的非农就业机会，从而带来社会财富和个人收入的增长(Schultz,1961)。受教育程度高的人在获取就业信息方面占有优势，因此，在农村人力资本投资中，教育投资对迁移投资收益的实现具有

积极的重要作用(钱雪亚、张小蒂,2000)。大量的研究成果表明,人力资本必然与工资存在某种确定性关系。人力资本中的受教育年限、培训、工龄等变量对劳动力工资有显著的正向影响(刘林平、张春泥,2007)。Gregory 和 Xin(1995)运用人力资本理论探讨中国乡镇企业的工资决定,认为教育虽然不影响那些分配的工作的工资,但影响到工人的职业素养。教育、技能等人力资本水平越高,保留工资就越高(田永坡,2010)。刘林平等(2007)通过对珠江三角洲劳动力问卷调查资料回归分析,构建了一个决定劳动力工资水平的模型,研究发现,人力资本中的受教育年限、培训、工龄等变量对劳动力工资有显著的正向影响。同样结论也被严善平(2007)所证实,Mincer 工资函数模拟结果中,表示人力资本数量的教育年数与工资之间存有正的相关关系,总的倾向是学校教育的年数越多,工资的相对水平也就越高。通过对 2008 年在北京、上海、天津和广州四个城市进行的问卷调查资料,使用分位数回归和 OLS 回归两种方法对劳动力工资的影响因素进行计量分析,刘士杰(2011)研究发现,一般人力资本和企业特殊人力资本都对工资收入水平有正向影响。

然而,在考察个人求职和就业过程时,不应只将注意力放在人力资本上,社会资本所起的作用同样不可忽略(赵延东,2002)。人力资本作为求职者参与就业市场活动的先天禀赋只是在求职者获得就业机会时才表现出其收入效应,如果缺乏基本的就业通道,试想再多的人力资本存量也只能枉然。当前劳动力市场正处于激烈转型期,企业竞争激烈,就业岗位趋减,农民工就业难与“民工荒”反复冲击整个就业市场。同时基于计划渠道的逐渐退出、市场渠道的成本日渐提升,越来越多的农民工开始选择网络渠道的方式择业(边燕杰、张文宏,2001)。因此,社会资本在工作转换与收入增长之间的连接作用愈加重要并成为研究的焦点。根据已有研究的结论,基本可以分为两类:其一是积极效应,即社会资本有利于收入增长。周晔馨(2012,2013)研究结果表明,社会资本对农户的总收入有直接的正向影响,且不同维度对农户的不同收入来源有不同的直接作用。邵兴全、林艳(2011)采用贫困家庭的调查数据研究发现,对贫困家庭而言,社会资本的补偿效应很大。而叶静怡、周晔馨(2010)基于北京市农民工的调查数据研究发现,农民工原始社会资本的多少对其增加城市收入没有显著影响,新获得的异质性社会资本对收入有正向的影响。其二是消极效应,即社会资本与收入增长并无显著性相关关系,甚至是负向关系。

明娟、张建武(2011)研究结果表明,人力资本能够显著提升农民工在城市劳动力市场上的工资水平,而社会关系网络及政府、市场中介的搜寻行为都无助于提升农民工的工资水平。郝君富、文学(2013)基于中国 2010 年 22 个省(市)的农民工数据研究了经济转型过程中社会网络对农民工就业机会以及工资的作用,结果发现,市场化程度上升 1 个单位,社会网络的收入效应将下降 0.3 个百分点。

综上所述,直观的结果是农民工工作转换与其收入增长之间存在某种联系,不同的研究从不同层次或角度给出了不同结果。然而工作转换影响收入增长的内在机理已有研究似乎并未重点加以考究。张顺、程诚(2012)的研究提示了社会网络是如何影响行为人的经济收入的作用机制,即社会网络通过调动社会资源,使行为人获得更好的职业地位或商业机会,从而影响行为人的收入回报。这种结论给本研究以丰富的启发,即农民工工作转换过程不仅仅是一种简单的工作地点或内容变动,或是行业转换,而是携带有一定的"资本存量",如人力资本或社会资本。在多次工作转换之后,"资本存量"得到一定程度的积累,而这个积累起来的"资本存量"可能正是其收入增长的真正的潜在原因。本研究正是在这种思路下,拟对农民工工作转换过程中人力资本与社会资本变动情况及其之间的相互作用,并对收入效应之间的关系展开细致的讨论,以厘清农民工工作转换的收入效应的内在机理,进而为劳动力市场就业稳定,降低工作转换频繁而提出具有针对性与可行性的政策建议。

7.2　工作转换与收入效应:理论逻辑与模型

本节主要考察工作转换与资本积累之间的交互关系,这里的资本积累系指人力资本的提升或社会网络规模的扩大。资本积累作为工作转换的结果是增加收入的有效通道,也是贯穿工作转换与收入增长的内在机理。

7.2.1　传导机制

以往的工资决定研究大多关注的是从工作转换的现象,再到收入增长的结果,进而直接求解两者之间的因果联系(如黄乾,2009)。这样的研究虽较好地分析了事物现象与结果之间的关系,但忽略了中间的作用机理或连接渠道而显得逻辑并不严密,往往并不能给出令人信服的解释,因为工作转换的收入效应在不同层面或视角下可能会出现完全相左的两种观点(如谢勇,2009)。学习效应为工资决定的解释提供了较好的理论解释。许多证据显示,个体直接掌握的大部分市场技能并非获得于正式的学校教育,而来自工作经验(Mincer,1971)。受教育并不一定非得在学校,同时学习也不会在毕业之后随即结束,而转向市场继续获得知识或技能,尤其是某些与工作密切相关的学习之后,获得的知识与工作经验甚至比学校中获得的更加具有应用价值(Rosen,1972)。劳动力市场为求职者提供学习的环境场所,而企业则为求职者提供不同形式的工作及其技能的学习机会,Rosen(1972)将知识或技能视为一种具有市场租金价值的资本,而学习则代表知识或资本的转化效率,并假设个体可以通过他们的工作经验获取这些知识,运用理论模型推导了市场在知识或技能获得与传递过程中扮演的角色,以及职业流动(occupational mobility)的作用。就我国转型经济而论,从农村转移出来的农民工,一般受教育水平为初高中毕业,甚至更低。个人受教育程度成为他们在城市就业的弱项,并因此甚至受到歧视。同时,市场为他们获得职业技能并在城市就业提供必要环境,而城市大多数非正规就业单位则为其最终获得知识或职业技能提供实战机会,农民工都是带着各自的工作预期选择某一具体工作岗位,当实际情形与其工作预期存在负向较大落差时,他们会"用脚投票"选择离职。这种短暂的工作经历虽然可能并不能产生可观的经济效益,但是对农民工职业生涯而言具有十分重要的作用。一方面,在这些并不正规的就业过程中,农民工至少获得了一个短暂的自我学习的机会,认识或掌握了一定的职业技能等;另一方面,他们的交际圈子较其就业前获得快速而较大的扩充,往往就是这些曾经的工友为其工作转换提供宝贵的就业机会或就业信息。每一次工作转换几乎都能或多或少增加自己的人力资本(如职业技能)和扩充自己的社会资本(如交际圈子)。

从微观个体角度而言,工作转换增加了农民工城市就业的交易成本,但同时也为其增加收入提供了可能,体现了经济学理性经济人的基本假设;而从市场宏观层面来看,农民工"用脚投票"体现了人力资源在劳动力市场中总是流向效率更高地方的基本规律。总而言之,农民工个体的人力资本与社会资本在其间发挥重要作用。但这一基本相互作用体系如何对劳动力市场形成作用力,尤其作用方向与力度如何,还有待实证进一步探析。为此,形成如图 7.1 所示的研究框架,以及本章较前期研究的创新点。这样的研究在充分肯定农民工就业流动积极性的基础上,着重解析其流动的合理性:应不应该这样流动? 如果证否,政策如何引导农民工合理流动是值得思考的重要问题。立足基本国情,积极稳妥推进,优先解决存量,有序引导增量,合理引导农业转移人口落户城镇的预期和选择。这是解决农民工市民化问题的基本要求。

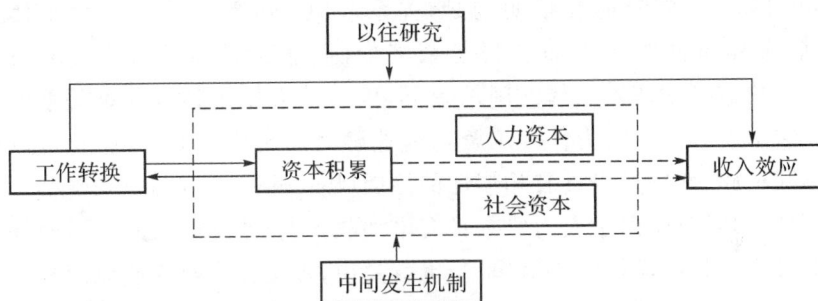

图 7.1　工作转换研究框架

7.2.2　研究假设

为了有效厘清农民工城市就业工作转换机制,本研究从资本积累视角对工作转换与资本积累、资本积累与收入效应之间的作用关系展开理论分析,并提出如下两条研究假设。

假设 7.1:工作转换可以有效促进农民工资本积累,包括人力资本提升与社会网络扩张。

人力资本可以通过“干中学”获得积累(李尚骜等,2011),而工作转换为人力资本的进一步积累提供可能条件。由于工作的异质性,不同工作间通过学习效应或培训,人力资本均可得到有效提升,同时工作圈子的重新组合,个人的社会网络也会随之扩张。

假设 7.2:资本积累可以增加农民工收入水平,但资本作用分工不同:人力资本是收入增加的自致性因素,社会资本是收入增加的渠道因素。

自致性因素,即自己通过学习而获得的能力,如人力资本,是影响就业获得的主要因素(张文宏、刘琳,2013)。而社会资本也是工作获得的重要因素,不管工作单位是否正规部门,求职者可以通过那些具有转换经验的亲戚朋友提高自己的搜寻效率进而获得更高的工资(Aguilera & Massey,2003)。农民工进入城市，乡土社会关系的断裂导致其社会关系出现结构性紧张与失衡，工作过程中形成的新的社会关系成为其交际依赖。若求职者拥有较多的社会关系，就业机会也会相应增加，他们可从中挑选工资待遇更高的岗位，利用这种"信息效应"实现收入增加（郝君富、文学，2013）。但也有研究认为，信息效应（information effect）只对有转移经历的工人具有向上再转移的作用，尤其是蓝领工人（Herzog & Schlott-mann,1983）。同时需要指明的是，关系效应（contact effects）因个体差异、雇主异质性等原因而变得复杂多变，而非正式网络（informal net-works）决定了求职者个体之间的差异，以及他们使用各自邻里关系的特点。它不仅可以解释为什么工资与就业随时间变化而变化，而且可以解释不同种族、性别产出具有相似性的原因（Ioannides & Loury,2004）。综合而论，本研究倾向于人力资本具有增加收入的"预期收入效应"，而社会资本只充当收入增长的通道作用，也就是说，真正提高收入的原因是人力资本的积累而非社会资本的积累。

7.2.3 模型构建

研究为工作转换与收入效应之间架起一桥梁，即资本积累。为此，从工作转换到收入效应可划分为两阶段分别研究，最后再统一到一起综合论证工作转换与收入效应之间的关系。

1.工作转换与资本积累联立模型

为了克服以往研究忽略连接工作转换与收入增长的"桥梁因素"的缺陷，本研究拟首先寻找连接工作转换与收入增长的"桥梁因素"，即资本积累。其次采用联立方程法，将工作转换与资本积累纳入同一研究系统之中。这种研究方法的优点在于：一是工作转换与资本积累存在事实上的交互作用，即工作转换有利于促进农民工的资本积累，尤其是社会网络的扩大，同时资本积累也反作用于农民工工作转换，提高其工作流动的频率。二是联立方程因考虑到系统内部各个方程之间内在的联系而比一般单方程回归具有明显的优势。

根据以上理论分析，本研究拟决定构建包括工作转换与资本积累相互作用两个组成部分的联立方程，其中资本积累包括人力资本提升和社会资本扩增，人力资本拟用"培训"（记为 *train*）来表征。之所以选择"培训"，是因为在人力资本诸多代理变量中，受教育程度一般不会在农民工工作转换过程中发生实质性改变，而工作经历一般采用工作时间长度来度量，但这里有一潜在假定，即不存在失业。如果农民工外出务工三年，失业期长达两年，仍用三年以表征其工作经历显然不符合客观事实。但"培训"不同，农民工在工作转换过程中，如果经历培训，那么显然人力资本肯定得到积累，因此本研究采用"培训"来表征农民工人力资本变动状况。社会资本拟用"亲戚朋友等熟人关系"（记为 $socialcapital$）来代理。值得一提的是，这里的社会资本主要是指异质性社会资本（叶静怡、周晔馨，2010），即新增加的社会网络，并没有考虑社会资本的其他选项，如网络资源、关系强弱等。因此，联立方程组共包括以下三个单方程：

$$transfer = \alpha_0 + \alpha_1 train + \alpha_2 socilcapital + \alpha_3 X_1 + \mu_1 \qquad (7.1)$$

$$train = \beta_0 + \beta_1 transfer + \beta_2 X_2 + \mu_2 \qquad (7.2)$$

$$socialcapital = \phi_0 + \phi_1 transfer + \phi_2 X_3 + \mu_3 \qquad (7.3)$$

其中，$transfer$ 表示工作是否转换，如果转换，赋值为 1，否则为 0。$X_i(i = 1, 2, 3)$ 和 $\mu_i(i = 1, 2, 3)$ 分别为对应单方程的控制变量和随机振动项。$\alpha_i(i = 0, 1, 2, 3, 4)$ 与 $\beta_i, \phi_i(i = 0, 1, 2)$ 均为待估参数。

2. 工作转换的收入效应与 Heckman 两阶段模型

农民工作为一名理性经济人，在劳动力市场求职时，通过不断地变换工作来逐步实现自己外出务工的目的。而据假设 7.1，农民工工作转换过程中人力资本和社会资本均得到一定的积累，进而为自己的收入增长提供了必要的前提和渠道。资本积累的收入效应到底如何，即是本节所要解决的问题。考虑到在实际就业市场之中，存在劳动力虽进入市场但有可能而且事实也印证存在仅仅停留在市场"迁而不工"（李强，2012）的现象，因此，已有研究因未考虑到样本选择性偏差而存在一定的不足。为此，本研究拟采用 Heckman 两阶段模型对农民工人力资本和社会资本通过工作转换渠道获得积累的收入回报进行分析。农民工工作转换的收入效应内在机理及其 Heckman 两阶段模型具体评估方法表述如下。

当对农民工工作转换收入效应估计时，最直接的方法即为 OLS，设：

$$Y_i = \beta X_i + \varepsilon_i$$

其中，Y_i 为观测到的农民工收入，X_i 为解释变量，如人力资本、社会资本等。然而所观测到的收入增加的农民工并非样本总体的随机选择，Heckman 为解决 OLS 估计可能存在的系数偏差问题而提出了两阶段模型。具体操作方法如下：

首先，以"是否发生工作转换"作为第一阶段估计的被解释变量，使用
Probit 估计以确定工作转换的决定因素。

$$P_i^* = \gamma Z_i + \mu_i,\text{如果 } \gamma Z_i + \mu_i > 0\text{，则 } P_i = 1$$

其中，P_i^* 为某事件发生的概率，Z_i 为解释变量，γ 为待估计参数，μ_i 为随
机扰动项。

其次，考虑到在 OLS 估计中可能存在选择性偏误，需要从 Probit 估
计式中得到转换比率（Inverse Mills Ratio）λ 作为第二阶段的修正参数。
λ 由以下公式获得：

$$\lambda = \frac{\varphi(\gamma Z_i / \sigma_0)}{\phi(\gamma Z_i / \sigma_0)}$$

其中，$\varphi(\gamma Z_i / \sigma_0)$ 为标准正态分布的密度函数，$\phi(\gamma Z_i / \sigma_0)$ 为相应的累积
分布函数。

最后，利用 OLS 方法对方程进行估计，使用 λ 作为方程估计的一个
解释变量以纠正选择性偏误，即：

$$Y_i = \beta X_i + \alpha \lambda + \eta_i$$

其中，α 为待估系数。如果该系数是显著的，则证明存在显著的样本选择
偏误，OLS 估计的结果是有偏的，而采用 Heckman 样本选择模型可获得
一致的估计。

7.3 变量选取与数据来源

7.3.1 变量选取与度量

值得特别说明的是被解释变量"工作转换"的度量。现在文献研究综
合起来共有两种处理方式来表征工作转换：一是选择连续型变量展开回
归（宋健、白之羽，2012；风笑天、王晓焘，2013）；二是采用虚拟变量实证检
验（黄乾，2009）。选择连续型变量进行解释的大多采用工作转换次数，而
选择虚拟变量展开讨论的一般将发生工作转换行为的赋值为 1，没有发
生工作转换行为的赋值为 0。由此可见，前者是从转换数量或转换行为
本身角度来探讨求职者工作转换的影响因素，求解结果是一种量的变化，
即如果某连续型变量变化一个单位，工作转换次数变化多少个单位。而
后者是从转换概率的角度来探讨求职者工作转换的行为特征。相比较而

言,笔者更倾向于后者,即采用虚拟变量的方式来研究农民工工作转换行为。其原因主要出于以下现实考虑:因个人特征与务工环境特征等内外原因,我国农民工是一个工作转换或就业流动相当频繁的弱势群体(李强,1999;白南生、李靖,2008)。正是因为其流动行为过于频繁,往往实地调研过程中农民工并不能够清晰地反映其工作转换的次数,这里既有农民工本身的记忆能力问题,也有访谈者对农民工工作转换概念界定是否清晰的原因。不管怎样,选择工作转换次数均存在一定的数据失真。相比之下,选择是否转换工作来度量工作转换更为准确,这种度量方式较好地规避了工作转换的复杂过程,重点关注的是工作转换的结果,只要发生工作转换行为,即标记为1,否则标记为0。在实际调研过程中,访谈的问题是"请问您外出务工经商以来的第一工作是不是就是您现在在做的工作",如果回答"是",则标记为0,即未发生过工作转换行为;如果回答"否",则标记为1,即发生过工作转换行为;如果回答"外出以来一直没有找到工作",则不在本研究考察范围内,相应样本会在实证处理过程中予以剔除。

其他变量及其界定如表 7.1 所示。

表 7.1 变量及其界定

变量	界定
工作转换	发生工作转换,赋值为1;否则为0
收入	月收入,单位:元
培训	工作过程参加过培训,赋值为1;否则为0
社会网络	运用网络渠道获得工作,赋值为1;其他渠道获得工作,赋值为0
性别	男性,赋值为1;女性,赋值为0
年龄	单位:周岁
婚姻	已婚,赋值为1;未婚,赋值为0
户口	外地农业户口,赋值为1;本地农业户口;赋值为0
工作任期	单位:时/周(CHIP 2007/RUMiC 2008),或:时/天(实地调研数据)
工作性质	合同工,赋值为1;否则为0
单位规模	单位:人

7.3.2 数据来源与统计分析

为了更有力地检验笔者提出的一系列研究假设,本章所使用的数据依然如同第三章一样包含两个部分。第一部分为笔者 2012 年 12 月至 2013 年 2 月和 2013 年 7 月至 8 月的抽样调查数据。样本地区、性别分布及其工作转换情况如表 7.2 所示。总计发生工作转换的农民工样本量为 114 人,转换后平均月工资为 1787.28 元,而未发生工作转换的农民工有 214 人,其平均月工资为 1937.86 元。由此可知,农民工经历工作转换平均而言并未有效提高自己的工资水平,其原因还有待实证分析给出进一步有力的解释。

表 7.2　工作转换样本分布

样本分布	甘肃省玉门市		河南省信阳市		浙江省杭州市	
	男性	女性	男性	女性	男性	女性
样本数(个)	81	35	60	77	45	32
百分比(%)	69.83	30.17	43.79	56.21	58.44	41.56
转换样本量(个)	35(30.17%)		63(45.99%)		16(21.33%)	
未转换样本量(个)	81(69.83%)		74(54.01%)		59(78.67%)	
总计	116(35.37%)		137(41.77%)		75(22.86%)	
月均收入(元)	转换样本			未转换样本		
	1787.28			1937.86		

为了弥补实地调研数据存在的不足和验证实证研究结果的可靠性,本章还选取了第二部分数据作为辅助,即 RUMiC 2008。调查样本包括 5000 个流动人口家庭,涉及农民工 8287 人,其中男性农民工 4701 人,比 56.73%;女性农民工 3586 人,占比 43.27%。该数据除了收集农民工城市就业工作搜寻相关资料,同时也包括了进城农民工工作转换的客观而准确的第一手资料。考虑到数据存在某些指标的极端值或异常值,以及遗漏等不足,笔者按照计量要求对数据进行了诸如剔除等处理,最后获得有效样本 7001 个,其中男性农民工 4132 人,女性农民工为 2869 人。

各变量的描述性统计分析如表 7.3 所示。由表 7.3 可知,不管是笔者的实地调研数据,还是中国收入分配研究院的大型微观数据RUMiC 2008,均得到农民工外出务工的诸多齐整性特征:(1)近一半的农民工均有工作转换经历;(2)男性农民工较女性农民工要多;(3)选择网络渠道的农民工要比选择其他渠道的农民工多;(4)年龄集中在 30 岁左右的青壮年时期;(5)已婚与未婚的农民工比重相当;(6)在工作单位接受培训的比重较小;(7)收入水平较低。此外,农民工具有较高的工作转换比重(均在 0.5 左右),社会资本使用较人力资本(培训)比例明显偏高。两者之间是否存在笔者在前面推导的相互作用关系,以及其通过工作转换能否实现自己增收的初衷还有待进一步的实证检验。

表 7.3　变量描述性统计分析

变量	实地调研数据		RUMiC 2008	
	均值	标准差	均值	标准差
性别	0.57	0.50	0.59	0.49
年龄	27.98	7.54	30.88	10.02
婚姻	0.41	0.49	0.61	0.49
户口	—	—	0.81	0.39
培训	0.25	0.50	0.19	0.1
合同	0.71	0.46	0.46	0.49
社会网络	0.39	0.48	0.68	0.47
企业规模	—		4.43	2.25
工作任期	8.52	1.90	63.02	17.71
收入	2493.76	1303.40	1552.76	898.94
是否转换	0.46	0.45	0.42	0.49

7.4　转换行为的实证考察

7.4.1　工作转换与资本积累的互动分析

考虑到联立方程估计的特殊性,一般系统估计为三阶段最小二乘法,而对于一个多方程的系统,如果对每个方程进行 OLS 估计则并不是最有效率的,因为单一方程的 OLS 估计忽略了不同方程的扰动项之间可能存在的相关性。此时,用 SUR(Seemingly Unrelated Regression)对整个方程系统进行估计是有效率的。工作转换与资本积累相互作用的 SUR 估计结果如表 7.4 所示。回归结果拟从以下三个角度分别解释。

第一,资本积累对工作转换的影响。方程(7.1)的回归结果表明,培训对工作转换具有负向影响,即农民工如果在工作过程中获得职业培训机会(人力资本存量获得补充),那么他们工作转换的概率将降低。同时社会网络对工作转换具有正向显著性影响,这说明农民工通过工作关系获得的社会网络规模越大,他们更换工作的概率越大。这两点重要结论与实际调研结果相一致,即在工作过程中,有些农民工获得工作培训的机会,进而个人人力资本得到提升,工资增长的概率增加,较高的工资降低了其转换工作的概率。而在工作中,通过个人交际,社会网络规模扩大(认识的工友等亲戚朋友人员增加),潜在的就业机会增加,一旦遇到较高的工资或者较好的福利待遇,转换工作的概率迅速增加。这可能也是当前劳动力市场就业流动频繁的原因之一。

第二,工作转换对人力资本(培训)的影响。方程(7.2)的回归结果表明,工作转换对培训具有负向显著性影响。这反映出如果农民工工作转换越频繁,那么其获得培训的概率就越小(人力资本存量增加的可能性降低)。实际工作中,企业为了提升员工的工作绩效,进而增加盈利,会有选择性地对部分员工实施工作培训。而被选择的员工往往是那些认可公司、对公司忠诚,可以长期为公司服务的人员;反之,如果一个员工频繁地更换自己的工作单位,那么他获得培训的机会必然降低,人力资本水平提升的可能性也会随之降低,进而收入水平的提高也将受到较大影响。该结论的启示意义在于,如果农民工试图提升自己的工资水平,减少工作转换行为是可选项之一。

第三,工作转换对社会资本(社会网络)的影响。方程(7.3)的结果表明,工作转换正向显著性影响社会网络。这说明工作转换越频繁,获得的社会资本就越丰富。本研究对社会资本界定的仅是社会网络规模,因而农民工工作转换次数越多,其社会网络规模越大,即认识的工作朋友越多,掌握的就业信息(或潜在的就业机会)就越多,进而一定程度上增加其工作转换的概率。事实上,实地调研发现,城市劳动力市场上大部分发生工作转换行为的农民工都是通过其工作上结识的朋友而实现工作转换的。

综合上述三点研究结论可以发现,实证结果基本印证了本研究对工作转换与资本积累相互作用的基本假设,即工作转换有利于扩大农民工的社会网络规模,并降低其获得培训的可能性;同时社会网络规模的扩大将增加其工作转换的概率,而获得培训的机会将降低其工作转换的概率。

厘清工作转换与资本积累的互动机制对于理解农民工城市就业模式及其内在机制具有重要的启示作用。

表 7.4 SUR 估计结果

方程	变量	实地调研数据		RUMiC 2008	
		系数及其显著性	标准误	系数及其显著性	标准误
方程(7.1)(工作转换)	培训	−0.0808	0.0685	−0.320*	0.187
	社会网络	0.278***	0.0629	0.0574***	0.0141
	性别	0.0262	0.0634	−0.0557***	0.0130
	年龄	−0.0177***	0.00494	0.000347	0.000651
	户口	—	—	−0.00899	0.0163
	工作任期	0.0370**	0.0169	−0:00145***	0.000384
	合同	−0.0423	0.0766	−0.0134	0.0138
	工作收入	−0.0000577**	0.0000238	−0.0000495	0.0000706
方程(7.2)(培训)	工作转换	−0.134**	0.0654	−0.00139*	0.000854
	性别	0.0363	0.0651	−0.000891	0.000871
	年龄	−0.00751	0.00621	0.000000795	0.0000582
	婚姻	0.0299	0.0811	0.00165	0.00116
	户口	—	—	0.000297	0.00109
方程(7.3)(社会网络)	工作转换	0.265***	0.0651	0.0471***	0.0113
	性别	−0.0199	0.0649	0.0195*	0.0115
	户口	—	—	−0.0369*	0.0145
	企业规模	—	—	−0.00472	0.00288
	合同	−0.256***	0.0715	−0.0831***	0.0130

注：***、**、*分别表示在 1%、5%、10%水平上显著。

7.4.2 资本积累的收入效应分析

在厘清了工作转换与资本积累之间的相互作用关系之后，研究将进一步考察资本积累与农民工收入之间的效用情况。资本积累与收入效应 Heckman 两阶段法估计结果如表 7.5 所示。

表 7.5　Heckman 两阶段法估计结果

方程	变量	实地调研数据		RUMiC 2008	
		系数及其显著性	标准误	系数及其显著性	标准误
方程(7.4)(收入方程)	培训	527.854**	255.451	749.313	756.213
	社会网络	−546.057**	254.410	−155.724***	45.921
方程(7.5)(选择方程)	性别	0.00820	0.182	−0.164***	0.0322
	年龄	−0.0405**	0.0173	0.00864***	0.00215
	婚姻	−0.376*	0.227	−0.249***	0.0436
	户口	—	—	−0.0358	0.0403
	工作任期	0.111**	0.0494	−0.00343***	0.000973
	合同	−0.474**	0.203	−0.0503	0.0342
逆米尔斯系数	λ	−220.228	452.856	1852.294***	314.008

注:*** 、** 、* 分别表示在 1%、5%、10% 水平上显著。

资本积累的收入效应实证结果显示,首先,本研究的实地调研数据的逆米尔斯系数并不显著,表明直接用 OLS 估计法来回归分析资本积累的收入效应并不存在样本选择偏误问题,也就是说可以直接用 OLS 估计法来回归分析资本积累的收入效应,该估计结果将在随后结合讨论。其次,RUMiC 2008 的数据分析表明,若直接用 OLS 估计法来回归分析资本积累的收入效应将存在样本选择偏误问题(逆米尔斯系数在 1% 水平上显著),因此采用 Heckman 两阶段法来估计资本积累的收入效应效果会更好。估计结果表明,培训对收入具有正向影响,同时社会网络对收入呈负向显著性影响。这说明,相比于那些没有获得培训机会的农民工,获得培训的农民工的收入增加 749.313 元。同时,运用社会网络寻找工作的农民工比较那些自己搜寻或用其他方式找到工作的农民工,月均收入降低 155.724 元。这个研究结论与赵延东(2002)的研究结论一致,即那些在求职过程中"使用网络途径"的职工反而获得工资收入更少的工作。其可能性的解释是社会资本的大多数研究只注意到社会资本的积极影响,而忽略了其消极的影响(赵延东,2002)。Wilson(1987)对美国贫民区居民研究发现,处于社会底层的人由于自身条件的限制而难以通过市场途径找到工作,因此他们更多地依赖自己的社会网络关系来获取工作机会。

但他们的社会网络关系与他们自己一样均处于社会底层,并不能有效获得质量更高的工作,从而形成一种恶性循环的社会隔离(social isolation)。转而观察我国的农民工群体——不折不扣的社会底层——他们人力资本存量低,社会网络关系贫乏而且质量较差,他们的社会网络关系在为他们寻找工作也仅仅是为其提供工作信息,即张文宏、刘琳(2013)研究中的信息资源,而无法为其直接提供工作的人情资源。同时他们在转换工作过程中也降低了其获得培训的机会,并最终导致"穷帮穷,越帮越穷"的恶性局面。

上述的分析,重点讨论的是社会资本的"消极"收入效应,即社会资本不但没有提高农民工的工资水平,反而降低其收入水平。接下来将重点解释人力资本(培训)和社会资本(社会网络)与工作转换的交互作用对收入的作用效果及其作用机制。Heckman 两阶段法回归分析表明,实地调研数据宜采用 OLS 回归分析,其结果如表 7.6 所示。方程(7.6)只考虑了培训、社会资本和工作转换对收入的影响,方程(7.7)是在方程(7.6)的基础上,引入工作转换的"完全交互项"(full interactions),方程(7.8)是在方程(7.7)的基础上,引入性别、年龄等控制变量。从方程(7.6)到方程(7.8)回归结果的拟合系数 R^2 逐渐提高,表明模型的解释效果越来越好。首先,方程(7.6)回归结果表明,在没有考虑是否发生工作转换的情况下,培训对收入具有正向作用,即那些经过培训的农民工人力资本存量增加,其收入较那些没有经过培训的农民工平均每月多获得 245.544 元。而社会网络对收入具有负向作用,通过社会网络就业的农民工比那些没有运用社会网络找到工作的农民工平均每月收入减少 194.261 元,转换工作对收入具有显著性负向影响,因转换工作对收入带来的损失是每月474.884 元。其次,方程(7.6)到方程(7.7)再到方程(7.8)回归比对得知,在考虑与工作转换交互作用的情况下,培训与社会网络对收入的影响发生完全相反的变化,即培训对收入的主效应(main effect)由正向转为负向,同时社会网络对收入的主效应由负向转为正向。但是,培训与工作转换的交互效应(conditional effect)对收入具有正向显著性影响,社会网络与工作转换的交互效应对收入具有负向显著性影响。因此,培训(人力资本)对收入的综合效应,即主效应与交互效应之和,为正向作用且大小为 886.992(898.853−11.861)。同时社会网络(社会资本)对收入的综合效应为负向作用且大小为 −565.228(−596.643+31.415)。这表明,相对于转换但没有获得培训机会的农民工,那些获得培训机会的农民工的收入将会得到显著性提升;而相对于转换且并不是通过社会资本获得工作的农民工,那些通过社会资本获得工作的农民工的收入将会显著性降低。并且从作用力大小来看,人力资本对收入的正向作用超过了社会资本对收入效应的负向作用,综合总效应仍然为正,即农民工通过工作转换最终实现了收入的增长目标,增长效应约为每月 321.764 元。同时,还有一个重要的问题需要解释,即为什么在考虑到与工作转换交互作用的情况下,培训或社会网络对收入的主效应发生完全相反的变化,这里面可能的原因有两点:其一,单位间培训(人力资本)的异质性(黄乾,2010)。不同的工作单位因工作内容的差异,培训具有充分的异质性,即一个单位的培训对另一个工作单位可能并没有实质性的作用。其二,农民工社会网络(社会资本)的贫乏性。农民工本身人力资本和社会资本并不具有优势,通过工作转换实现收入增长的目的往往作用比较微弱,这也可以从回归结果的系数看出来,培训系数为 -11.861,而社会网络系数为 31.415。

表 7.6 OLS 回归结果

变量	方程(7.6)	方程(7.7)	方程(7.8)
培训	245.544(180.856)	$-35.519(233.696)$	$-11.861(246.537)$
社会网络	$-194.261(172.515)$	11.640(198.416)	31.415(210.421)
转换	-474.884^{***} (174.878)	-983.551^{***} (293.152)	-885.539^{***} (301.138)
培训 * 转换	—	1117.238*** 8(414.616)	898.853** (423.406)
社会资本 * 转换	—	-748.426^{**} (387.567)	-596.643 (395.787)
性别	—	—	118.786(175.973)
年龄	—	—	31.142^{*} (16.836)
婚姻	—	—	$-189.587(225.761)$
工作时间	—	—	$-27.464(48.241)$
合同	—	—	173.014(215.005)
调整后 R^2	0.0401	0.0638	0.0645

注:(1) *** 、** 、* 分别表示在 1%、5%、10% 水平上显著;(2) 括号内数字为标准误。

7.4.3　工作转换与收入效应之间的传导机制

总结以上两个实证结果,可以发现,工作转换的收入增长效率是通过资本积累(包括人力资本和社会资本)的桥梁作用得以实现的,其作用机理与作用力大小如图 7.2 所示。

由图 7.2 可知,从工作转换到资本积累是双向的,而资本积累到收入增长是单向的,于是只有通过工作转换,进而实现资本积累,再得以增加收入的路径是可行的。这与 Coleman(1988)的研究结论相一致,即社会资本可以促进人力资本的积累,进而提高收入水平。这也为我们指明了社会资本产生收入效应的内在机理。实证结果同时表明,如果能够在工作过程中通过培训增加自己的人力资本存量,再通过工作转换是可以提高收入的,但选择社会网络渠道实现就业往往并不能有效提高自己的收入水平。该传导机制很好地解释了农民城市就业上升通道受阻的内在原因:农民工人力资本不足难以获得正规就业机会,也就难以有效增加收入水平;同时为了突破人力资本不足的约束转而选择依赖社会网络关系试图实现就业逆转,但结果显然不尽如人意。农民工正是在这种机制背后年复一年地挣扎在城市最底层,工资水平低,工作环境恶劣,甚至带有很高的生命风险。这表明,并非所有的社会资本都可以创造人力资本进而实现提高收入的预期。

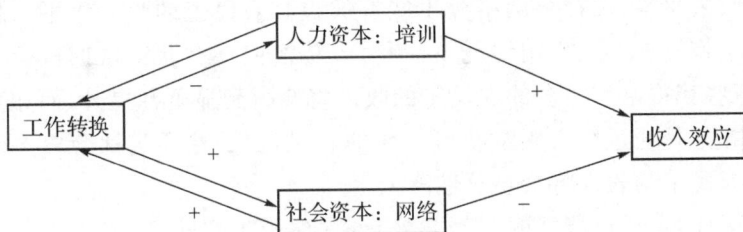

图 7.2　工作转换的收入传导机制

注:+、-分别表示箭头始端指标对箭头末端指标的作用方向。

综上所述,工作转换次数的多寡对劳动者的职业生涯有不同的意涵。一方面,已有研究证明职业流动是个人收入获得的重要决定因素,因而换工作的次数应该与经济收入成正比。另一方面,职业流动会中断在特定职业岗位中特殊工作经验的积累,从而损害收入回报;而且过于频繁的职业流动对收入也有负面影响。由此看来,职业流动次数与收入之间的关系在一定程度上是一个经验问题(吴愈晓,2011)。

7.5　本章小结

  本章着重研究农民工工作转换对收入增长的影响,与以往研究不同的是,本研究选取了资本积累的视角,包括人力资本与社会资本的积累,一方面弥补了工作转换对收入增长影响的内在机理研究,另一方面在考察工作转换与资本积累效应时,采用了联立方程模型,即将工作转换与资本积累纳入同一研究系统中,进行回归分析,这样的研究方法是对以往研究割裂式建模回归的有益改善。因此研究分为两个序列相连的组成部分:第一部分,研究工作转换与资本积累之间的相互作用,研究方法是将工作转换的人力资本和社会资本纳入同一方程系统中展开系统式回归估计;第二部分,分析人力资本和社会资本的收入效应,研究方法采用Heckman 两阶段法。该方法以降低样本选择偏误提高模型的回归质量而著称,用于此,可以更进一步地确定农民工工作转换的收入效应的可靠性。其中联立方程回归结果表明,工作转换有利于扩大农民工的社会网络规模,并降低其获得培训的可能性;同时社会网络规模的扩大将增加其工作转换的概率,而获得培训的机会将降低其工作转换的概率。资本积累的收入效应回归结果表明,在没有工作转换的情况下,培训可以增加农民工的收入水平,而社会网络并不能有效提高农民工的收入水平。但在考虑与工作转换交互作用情况下,相对于转换但没有获得培训机会的农民工,那些获得培训机会的农民工的收入将会得到显著性提升;而相对于转换且并不是通过社会资本获得工作的农民工,那些通过社会资本获得工作的农民工的收入将会显著性降低。

  基于此,本章可能性的创新之处是:构建了工作转换、资本积累与收入回报的系统研究框架。以往的研究大多直接将工作转换与收入效应相连接,而很少考虑两者之间的连接机制。本研究一项重要的贡献是运用"资本积累"这一关键性指标解释农民工工作转换与收入增长之间的内在联系,并将工作转换与资本积累(包括人力资本和社会资本的积累)视为一个互动共进的系统加以研究。基本假设:工作转换有利于农民工人力资本与社会资本的积累,反过来,人力资本与社会资本的积累也有助于农民工获得更多的就业机会从而增加其工作转换的概率。

下篇
农民工城市就业的福利效应

　　受户籍制度约束,进城务工的农民工难以享受到与城市市民同样的工作福利,这对农民工城市就业产生重要影响。就业之前的市场歧视,就业过程之中的不平等待遇,以及离职之后的无社会保障,或然都是制度性福利缺失酿下的祸根。

　　福利是指用人单位为满足职工物质文化生活,保证职工及其亲属的一定生活质量而提供的工资收入以外的津贴、设施和服务的非现金形式的报酬。主要功能可作如下概括:一是改善劳动条件等方面的功能,如工作场所的环境改善、设备的配置等;二是促进组织人际关系和劳资关系的功能,它有助于员工之间、员工与管理层之间关系的融洽,从而加强组织的凝聚力;三是激励功能,福利措施使员工增强满足感;四是留人功能,即更有效地留住员工。福利的内容很多,现行职工福利的内容大体可以分为五个部分:一是为减轻职工生活负担和保证职工基本生活而建立的各种补贴制度。如职工生活困难补贴、职工病伤假期间救济费、职工住房补贴等。二是为职工生活提供方便而建立的集体福利设施。如职工食堂、托儿所、理发室、浴室等。三是为活跃职工文化生活而建立的各种文化场所、体育设施。如图书馆、阅览室、体育活动场所等。四是兴建职工宿舍等。五是福利礼品。如中秋节给员工发月饼等。

　　而具体到本研究所指的福利缺失,是指用人单位为激励职工而提供的工资收入以外的津贴、设施和服务的非现金形式报酬的缺失。

第8章 农民工城市就业福利分析：生命历程与福利缺失

8.1 文献述评

农民工城市就业流动频繁已是不争的事实，其中一个很重要的原因是农村就业收入低（白南生、李靖，2008）。改革开放初期最早外出务工的劳动力就业决策大多以收入为核心参考因素（李强，2012），同时受户籍管理制度和城乡社会经济分割的影响，城乡流动者在流入地的劳动力市场和社会生活中难以获得当地户籍人口所拥有的福利待遇、就业机会、保障与服务，其主要社会服务和保障需求在相当程度上仍需诉诸户籍所在地农村（牛建林，2013）。相比之下，城市职工除获得货币工资以外，还享有许多物质福利，而农民工一直被排斥在城市福利之外（杜书云、张广宇，2004）。越来越多的证据表明，农民工城市就业追求的已不单是工资，而是更为舒适、更为体面的生活。然而，受制度性约束，农民工在工作过程中与普通市民存在显著的福利差异，这将为农民工城市就业谋长远发展设置难以逾越的障碍。社会福利是社会保障制度的重要组成部分，是指国家和社会通过社会化的福利津贴实物供给和社会服务，满足社会成员生活需要并促使其生活质量不断得到提高的一种社会政策，或者可以说是一种社会政治制度（武正华、陈岱云，2012）。在建设社会主义和谐社会的时代背景下，系统全面地考察城市就业的农民工群体福利待遇，并以此为基础探究我国城市新贫困群体福利状态改善的可行思路，对消除社会排斥、稳定农民工城市就业、促进社会融合具有极为重要的理论意义和现实意义(许光,2009)。

农民工在城市长期处于非正规就业状态,不仅收入较低而且工作环境恶劣是直接导致农民工工作稳定性差的主要原因(黄乾,2009,2010)。已有研究表明,工资收入、工作福利、社会保障等对农民工城镇就业具有显著影响(方福前、吕文慧,2009;贾燕等,2009;程名望等,2012,2013;张艳华、沈琴琴,2013)。即除了工资之外,工作福利状况是农民工城市就业的重要影响因素之一。然而在缺乏城镇户籍的情况下,多数进城农民工难以享受完全的社会保障和公共服务,进而导致他们就业不稳定(蔡昉,2013),同时中国劳动力市场上就业岗位、福利待遇、工作条件、劳动合同、工会参与等劳资关系中存在的诸多城乡群体差异是一个必须引起重视的经济和社会问题(姚先国、赖普清,2004)。当前,农民工受户籍限制,被完全排斥在城市社会保障体制之外,生活条件、就业、医疗等诸多方面都处于一种随时受到威胁的状态(李强、唐壮,2002)。尽管传统体制下与户籍身份紧密相连的就业、居住、教育等方面的制度安排正在逐渐发生变化,这些制度安排所导致的对农村人口城市化的阻碍作用正在减弱并逐渐消除,但是唯有社会保障制度依然维持城乡居民之间的利益差别。迄今为止,我国已经建立起来的社会保障制度,依然保持城乡分割的格局,即便是那些已经在事实上实现了非农化的人口,也依然被排斥于城镇的社会保障体系之外(樊小钢,2003)。诚然,改革开放以来中国农民进入物质生活相对丰裕的时期,但物质维度以外的福利不足却凸显农民与城市居民差异化的公民福利权,并加剧城乡社会分化(韩央迪,2011)。

农民生活质量与福利状况是当前中国社会经济政策议程中最为基础、最为重要和最为突出的问题,然而中国农民问题研究长期缺乏社会福利理论视角,农民福利尚未进入主流公共言论与学术空间,是个边缘化议题(刘继同,2002)。城市职工除获得货币工资以外,还享有许多物质福利,而农民工一直被排斥在城市福利之外而削弱了其就业竞争力(杜书云、张广宇,2004)。而少许相关研究几乎一致认为,福利待遇是农民工城市就业的显著性影响因素。李亚青等(2012)研究发现,社会保险福利有助于降低农民工的流动意愿,增加其城市就业的稳定性,且对提高农民工签约率和合同满意度有着显著的积极影响。福利水平与住房、休闲、人际关系、健康和工作满意度关系显著,其中最为重要的是休闲状况、住房状况和工作状况(方福前、吕文慧,2009)。

　　我国农村基本保障制度在社会主义新农村建设的议程推动下有所突破,农民福利权得以部分实现,但目前依然存在农民福利的物质化、农民福利的去福利化和农民福利的主体缺位等严峻问题(韩央迪,2011)。首先,农民工一方面希望参保获得社会保险的保障,另一方面因工资偏低,无法或不愿意支付保费,同时对自己参保后能否享受社会保险待遇心存疑虑(李亚青等,2012)。其次,农民工所从事的多为脏、累、重、险的工作,工作条件相对比较恶劣,涉及农民工的工伤及其他职业伤害事故不断见诸报端,在缺乏有效的制度安排的情况下,一旦发生事故,有关的赔偿问题引发无尽的纠纷,而农民工由于其所处的相对弱势地位,权益往往得不到有效保障(樊小钢,2003)。第三,社会保险体系本身不完善,城乡及全国各地不统一,流动性较大的农民工回乡或到其他地方就业时,出现保险金无法接转、收益没有保证等现象,结果出现在社会保险问题上农民工与企业"两不情愿"的现象(杜书云、张广宇,2004)。

　　综上所述,在社会转型期,全面而理性地把握农民福利的本质问题,并致力于探寻传统福利主体之外的力量组合就成为农民福利治理的重要议程(韩央迪,2011)。同时,提高农民工城市就业的福利待遇以降低其就业波动性,不仅有利于农民工收入增加,而且有利于促进城市劳动力市场的良性运行。本章在前期对农民工城市就业的搜寻、匹配与转换分析的基础上,同时考虑到制度性约束,拟运用案例研究方法进一步讨论福利缺失背景下农民工城市就业稳定的可能路径。案例研究因可以提供重要的证据以补充实证研究而被视为实证研究的"助手",而非能够取而代之的研究方法(Yin,2010)。通过典型案例分析,以最直观的方式展现农民工城市就业流动频繁的突出因素,并借助生命历程理论中轨迹和转变等分析性概念,将农民工生活史中表达的流动意愿放置在变化着的时空背景下进行过程分析,达到从个体层面对农民工的生活期望和社会归属进行动态考察的目的。以此为据,探索农民工城市就业稳定的可能路径。就业稳定,不仅指每份工作的持续时间和变换工作的次数,还包括工作条件、劳动强度、工作环境、劳动权益等,即就业的数量与质量的统一。这样的分析不仅有助于发掘农民工城市就业困难及其主观原因,而且有助于矫正城市劳动力市场可能存在的缺陷,以提高市场运行效率、降低失业波动,并进而促进社会经济良性发展。

8.2 农民工城市就业的生命历程

8.2.1 生命历程理论

生命历程理论是社会学领域用于研究个体生命历程的一种兼具定性与定量特色的理论。它不仅要求在一个共同的概念和经验性研究的框架内对个体生命事件和生命轨迹的社会形式作出解释,并且注重考察影响这些事件和轨迹的社会进程(李强等,1999)。其基本分析范式是将个体生命历程理解为由多个生命事件构成的一个序列,关注个人经历、时间选择以及构成个体生命事件的先后顺序,认为不同的年龄等级规定了某一年龄所拥有的生活机会、权利和酬赏。该理论包括"一定时空中的生活"原理、个人能动性原理、"相互关联的生活"原理与"生活的时间性"原理四个方面(李梅、杨汇泉,2010)。其发展脉络如表8.1所示。

表 8.1　生命历程理论发展脉络

时间	代表人物	研究内容
1940 年以前	Thomas & Znaniecki	移民问题、青少年越轨问题、犯罪问题、家庭婚姻问题
1940—1960 年	生命历程研究受新实证主义排斥,而未受到极大关注	
1960—1980 年	Ryder, Riley, Neugarten, Eisenstadt, Johnstone, Rosow, Keniston, Coleman, Bronfenbrenner	标准社会时间表制作、生命历程研究分析框架构建
1980 年以后	Corcoran, Duncan, Moen, Smith, Hofferth, Burkhauser	生命历程研究与 PSID"联姻",工作经历、失业、移民、生育、结婚等问题的事件史分析

资料来源:李强,等.社会变迁与个人发展:生命历程研究的范式与方法.社会学研究,1999(6):1—19.

生命历程研究虽然在国外社会学界已有较为深入的讨论,但在国内还鲜有研究者有意识地运用这些范式展开研究(李强等,1999)。尤其是生命历程理论中的事件史分析(event history analysis)作为一套统计方法工具在诸多学科中都有所运用,其理论贡献在于不仅可以厘清不同层面如个人、家庭等存在的共性特征，而且可以区分不同时间维度如年龄、某一社会事件的持续期等。农民工城市就业问题伴随改革开放的进程已有近 40 年的历史，当初年轻力壮的进城青年在历经岁月的打磨之后，而今或许已经再无当初的雄心壮志，同时在这缓缓行进且数量庞大的队伍中又不断增加许许多多的像他们父辈一样的新生代农民工，进城继续追求着他们的梦想。当前，中国经济水平也今非昔比，人们的物质生活水平显著提高，进城务工人员的工资水平也得到较大幅度提高，并且具有政策性保障，如最低工资制度。越来越多的研究表明，而今的农民工进城务工已经不再单单追求生存性问题，而是对城市生活及其发展有了更多的期待。这一历史性转变对农民工这一弱势群体的城市生活与发展具有里程碑意义，同时也必然值得学术界去深入研究。对于时间转变性特点的研究，事件史分析方法具有其独特的理论优势。

事件史分析中两个特别重要的概念值得明确：一是轨迹（trajectory），指在生命跨度内某些生命事件，如就业、婚姻等的发展轨迹，具有时序特征，反映人所具有的生命模式的共性。二是转变（transition），即生命轨迹中某些特殊的节点，并由某些特别的生活事件所标明，如第一次参加工作等。本章的案例研究拟从两个方面关注农民工个体城市就业期望转变的属性：一方面，运用生命历程理论中的事件史分析方法对农民工个体城市就业转变及其转变进行生活史描述，以窥探其中存在的个体原因；另一方面，通过对其流动行为选择、生活期望动态变化的了解，以寻求降低其就业流动性的可靠方案。

8.2.2　案例研究

根据 Yin（2010）对案例研究思路的分析与总结，一个基本的案例应该包括计划、设计、准备、收集、分析与分享六个基本组成部分。接下来本研究将根据以上六个研究细节对本章案例研究路径设计展开详细分析与解释。

（1）计划。案例研究方法研究问题的类型是"怎么样"与"为什么"，且不需要对研究过程进行控制，但研究焦点必须集中在当前问题。基于此，本研究在探究农民工城市就业问题时，按照经典的经济学实证研究套路，对以收入为核心特征的农民工城市工作搜寻、匹配与转换等问题展开细致分析。然而,事实上,农民工城市就业并非只有收入是唯一的决定性影响因素,越来越多的研究表明,除了工资外,福利因素也是农民工城市就业稳定的显著性影响因素。因此,本章案例拟计划解释"福利因素怎样影响农民工城市就业稳定性"与"为什么农民工城市就业开始关注他们的福利状况"两个重要问题。笔者没有对农民工访谈进行任何有意向的或有目的的引导或控制,访谈只集中于农民工城市就业当前工作状况。

(2)设计。在实施案例研究访谈前,根据提出的两个问题,笔者认真设计了农民工城市就业状况调研问卷(见附录)。

(3)准备。在正式进入案例访谈前,为了实现预期的访谈目标,笔者进行了以下几项准备工作:一是对调研地点与调研人员的预设;二是对调研过程可能遇到的困难评估并拟定应对方案;三是对访谈工具与费用等基本条件的准备。

(4)收集。笔者在前期调研经验的基础上,于2013年暑假与2014年寒假期间分别对甘肃省玉门市、河南省信阳市和浙江省杭州市选取若干名外出务工人员进行小规模深入访谈,获得更为充实的案例研究资料。

(5)分析。此环节将在后续讨论中展开深入分析。

(6)分享。本章作为案例研究的全部展现,并纳入笔者博士论文之中,即为一种分享。

综上所述,本研究的案例研究设计如图8.1所示。

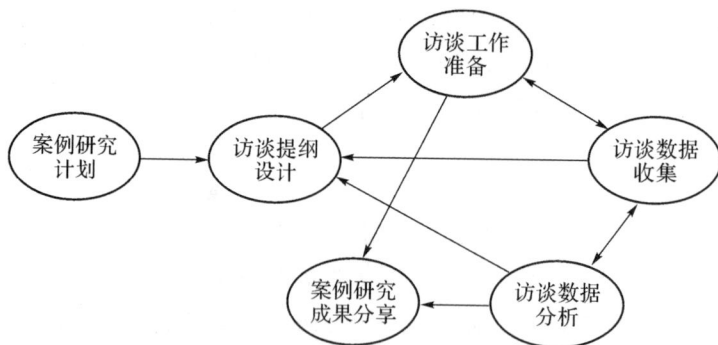

图8.1 案例研究路径设计

8.3　案例来源

笔者于 2012 年 12 月至 2013 年 2 月寒假期间分别在甘肃省玉门市和河南省信阳市进行第一次大规模问卷调研，分别整理获得有效问卷 116 份和 137 份；2013 年 7 月到 8 月暑假期间在浙江省杭州市又进行了第二次问卷调研，获得有效问卷 75 份，总计获得 328 份有效调研问卷。除了两次大规模问卷调查以外，笔者还进行了多次小规模的访谈调研。

为了细致了解农民工城市就业生活史以探究其就业流动行为选择与工作期望转变的原因，笔者于 2013 年寒假再次在甘肃省玉门市和河南省信阳市分别深入访谈了部分回家过节的农民工，并且于 2014 年 3 月返校后，以杭州某高校为中心随机访谈了若干名农民工，为本章案例研究提供诸多宝贵的一手资料。访谈期间，每位农民工访谈时间半小时到 1 小时不等。访谈地点或在被访者家里，或大街上，或工地等地方。最终笔者从若干案例中选择了 5 名农民工的生命历程作为考察和研究对象，并以生命历程理论的基本原理为论证线索，尝试阐析农民工城市就业的生命历程体验与其城市化过程中高频就业流动之间的关系。尽管本章所选案例是个案性的，并不具有普遍性，但是这 5 名农民工城市就业的生命历程可能代表着一个更加庞大的群体现象，具有一定的代表性。

此外，值得说明的是由于案例访谈内容没有具体的问题选项，而且回收结果是以笔者记录的方式产生，因此访谈资料不具备一定的统计效果，取而代之的是笔者直接附之以谈话内容作为例证，论述本研究提出的相关假说。虽然个体对既往生活的回顾中难免有其主观构建的成分，但其中恰恰体现着个体生命历程中的主动性，将之作为论据略显脆弱，但作为分析个人经历的一种研究方法，生活史以当事人自己的言辞展现了生命的内在逻辑。同时，个体讲述的生活史资料蕴含着个体生命的丰富性、差异性和质感，彰显着个人对种种社会期望的解释，以及个体对社会历史等结构性力量的适应（张世勇，2014）。

8.4　农民工就业目标从收入到福利的嬗变历程：案例分析

改革开放初期，农村劳动力流动的目的是获得收入更高的就业机会

(周其仁,1997),然而,伴随国家综合经济水平和人们物质生活水平的逐步提升和显著提高,劳动力就业决策显现微妙变化,农民工进入城市不仅仅是为了挣钱,而是对未来发展有更多新期待。这种转变对农民工而言是一个理性的渐变过程,而不是一蹴而就的。把握这个转变节点前期的酝酿、行为发生的质变原因,以及转变节点后的状况是理解并掌握农民工城市就业历史进程的重要前提,同时以该进程为指南可以为后续农民工城市就业提供诸多有效而显著的政策建议。为此,本研究拟运用生命历程理论对农民工城市就业期望转变过程展开典型案例研究,以最为直接的方式展现这一转变过程,并把握其中的关键节点以厘清事物内在的发展逻辑。

8.4.1 务工初期收入与休闲两相取舍:福利意识萌发

生命历程理论表明,不同的生命事件是在个人意愿与环境约束下依次发生的,同时生命事件的发生时间具有社会规定性,即一定的生命事件必须在恰当的时间发生,这是社会和家庭对个人的角色期待。当农民工初次从农村转移到城市从事非农就业时,因缺乏基本职业技能,同时独立自尊意识促使他们刻意回避亲戚朋友的帮助而试图依靠自己的双手撑起一片属于自己的蓝天,为了满足基本的生活开销,他们能够接受一些脏乱差的非正规工作。但作为一名理性的外出务工者,他们不仅携带着自己美好的城市梦,同时也背负着家庭的殷切期盼。因此,在进入城市的初期,尤其是外出务工第一至三年内,只要能获得收入,他们愿意付出更多的时间成本,愿意进入更脏的工作环境,愿意从事更累的工作内容。一心只为收入的坚定信念吸收了他们更多的休闲时间,长期的每日长时间的投入工作渐渐地消磨了他们的工作兴趣,其原因在于:一方面牺牲的休闲时间与预期获得的收入效应存在较大的心理差距;另一方面自身体能消耗与心理成本渐增。此时,一种潜在的福利意识萌发:"我想找一份更好的工作!"至于下一份工作"好"在哪里,大多数农民工并不能清晰阐述,只是对工作环境略有要求。

农民工务工初期这种潜在福利意识萌发的基础是对工资"失望"的心理因素。为了更好地解释农民工这种悲观的收入效应,本研究对调研数据作一简要回归分析。图8.2是本研究依据调研数据,按照调研对象(即农民工)外出务工时间由远及近排序,以收入为标准制作的收入时间趋势图,并且分别按照线性、多项式、对数、指数、乘幂五种形式进行拟合,最终获得拟合优度最高的指数形式。由模拟结果可知,外出务工人员的工资水平由最初的约 500 元,提高到现在的 2500 元左右,增幅为 400%,甚至更高。同时模型方程表明,在外务工时间每增加一年,工资约增加 168元。这增加的 168 元年收益至少包含两方面信息:其一,表明农民工工资增长缓慢,甚至赶不上其城市生活成本的增速;其二,这里面还包含有经济缩水的成分,即由通货膨胀带来的虚增。这可能正是农民工休闲效应与收入效应落差的原因。大多数相关研究政策建议直指提高农民工收入水平,是不是一份收入较高但工作环境艰苦的工作在劳动力市场上特别受农民工青睐?笔者认为:未必!当收入解决温饱问题之后,农民工城市就业可能含有更多的期待,如工作条件的改善,或更加体面的生活体验。

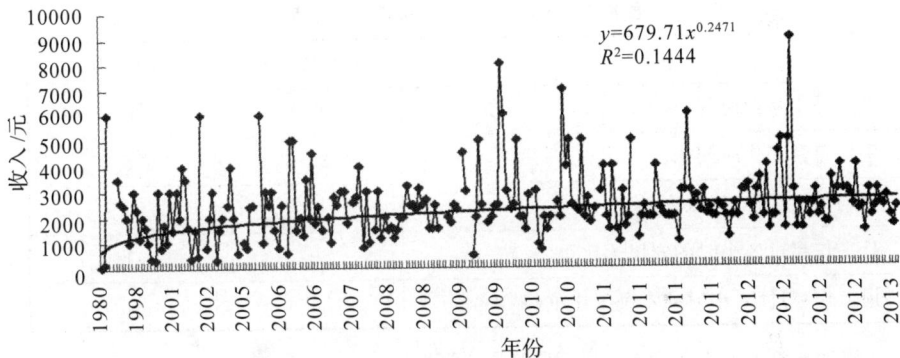

$$y=679.71x^{0.2471}$$
$$R^2=0.1444$$

图 8.2　以务工时间为序的收入分布

　　农民工工资效应弱化进而萌发最基本的福利期望的基本判断也来源于笔者调研过程中对农民工外出务工经历的主观感知。如案例 1 中的甘肃武某工作经历所示,工资收入虽然比较满意,然而,超长的工作时间,单调的工作环境等因素强烈地稀释了他的工资收入效应,并最终促使其转换现有工作以期寻找一份"更好的工作"。

　　案例 1(甘肃):武某,男,1991 年生,初中文化程度。

　　　　我们每个月能挣 3000 到 4000 块,这个水平在我们这边已经挺不错啦,就每月工资而言比较满意,工资也能按时发放,就是工作环境太差。在大山里面开矿,像我们这戈壁滩,四周一眼望去一个人都没有,每天要工作十六七个小时,白天天又长,晚上 10 点多太阳才落山,回来就是倒头大睡,连个澡都洗不了,山里面啥都没有。只有等每月休假的时候才能回来洗个澡,换个衣服啥的,天天都脏死了。有时候闲了连个娱乐也没有,除了睡大觉就是和工友一起侃大山,没意思,干两个多月就走了。

除了笔者调研数据发现农民工收入与休闲存在显著性不对称以外,其他国家大型微观调研数据也支持了本研究的论点。如据《2013 年全国农民工监测调查报告》统计数据(见表 8.2),外出农民工年从业时间平均为 9.9 个月,月从业时间平均为 25.2 天,日从业时间平均为 8.8 个小时。与上年相比,超时工作农民工所占比重有所上升。这再一次证明从业时间与强度对农民工工资边际效应的削弱作用,也正是这一削弱作用激发了农民工心理反应,进而为其城市就业福利意识萌发提供了客观条件。

表 8.2 农民工从业时间和强度统计

指标	2012 年	2013 年
全年外出从业时间(月)	9.9	9.9
平均每月工作时间(天)	25.3	25.2
平均每天工作时间(小时)	8.7	8.8
日工作超过 8 小时的农民工比重(%)	39.6	41.0
周工作超过 44 小时的农民工比重(%)	84.4	84.7

数据来源:《2013 年全国农民工监测调查报告》。

8.4.2 务工中期收入提升空间有限:福利激励凸显

生命历程理论中转变原理表明,时空的影响力只有通过个体的选择决策才能渗透到个体的生命历程中去。那么工资以外的福利因素是如何渗透到农民工城市就业流动的生活轨迹中的?统计描述以及回归结果一致表明,收入增加确实是农民工外出务工的重要因素,然而,经历一至三年的磨炼,在接下来的三至五年时间周期内,农民工受约束于自身的禀赋,逐渐发觉收入增长缓慢且无法获得更高的收入,转而工作环境等具有福利效应的因素成为其择业的重要考量因素。

通过对农民工工作的满意点与不满意点分析(见表 8.3),发现除了工资水平外,农民工工作不满意的地方由高到低分别是劳动强度(19.51%)、工作条件(18.60%)、居住环境(14.94%)、社会保险

(12.80%)等问题。说明农民工对自己工作的质量,如劳动强度等问题比较关心,这些因素也将是影响农民工就业稳定的重要因素。

表8.3　农民工工作满意度影响因素分析

指标	工作满意点		工作不满意点	
	样本量	百分比(%)	样本量	百分比(%)
工资水平	86	26.22	138	42.07
社会保险	65	19.82	42	12.80
合同签订	58	17.68	14	4.27
工作条件	91	27.74	61	18.60
劳动强度	56	17.07	64	19.51
居住环境	26	7.93	49	14.94
社会地位	19	5.79	31	9.45

就农民工城市工作转换意愿(见表8.4)来看,虽然"想获得更高收入"占到25.61%,成为影响农民工工作转换的最重要因素,而"想要福利更好"也占到10.67%,这表明除收入外,福利因素在影响农民工城市就业稳定性方面占据越来越重要的作用。该统计性结果说明,除了工资以外,政府也应当同样重视农民工工作福利因素,同工不仅要同酬,同工更需要同福利,这样才有可能留住更多的农民工,减少劳动力市场就业的波动性。

表8.4　农民工工作转换意愿分析

转换原因	样本量	百分比(%)	不转换原因	样本量	百分比(%)
想获得更高收入	84	25.61	对现在工作比较满意	84	25.61
想要福利更好	35	10.67	想先积累工作经验	69	21.04
想转换工作	32	9.76	考虑孩子发展	14	4.27

如果将农民工城市就业流动行为置于微观生活情境中,那么可以清晰理解其转变的重要节点和影响因素。当他们在不同地区不同单位里来回穿梭时,他们意识到光靠体力做一名普工是不能获得比较满意的工作的,只有具有某种特殊手艺时,才有与雇主谈判的资格,才有获得更高工资的机会。当工资并不能得到有效提升时,所有这些既往的生活体验都对他们有意识要求提高自己的福利待遇产生累积性效应。如果这种累积

性的工作要求得到不到满足,他们或将慢慢失去工作兴趣。如案例2(河南)中的胡某,焊工经历将近8年,较为满意的工作为其获得一定的积蓄提供可靠的保证。然而长时间从事同一工种,固定的收入及其模式,胡某已经对焊工没有当初的那种兴趣,其主要原因是在获得比较满意的工资时,胡某也为其付出了艰辛的努力与身体的损耗。而案例3(河南)中的胡某,自1993年外出务工以来已有将近20年的工作经历,长期的打工生活已经将其生活模式僵化,她并不想改变现有的生活模式,成天只安于这个工厂或那个工厂的流水线作业,只知道生活在当下这个城市,别无其他。一个个当年满怀希望的务工者,而今却如此百无聊赖,我们不禁要问:为什么?从他们略带主观的描述中,不难发现长期的固定的生活与工作模式,以及工作福利的缺失是一个重要的原因。工作福利或许可以称之为一种激励,这种激励显然可以提高务工者工作的兴趣,甚至引导迈向他们各自更高的人生志向。

案例2(河南):胡某,男,1984年生,初中文化程度。

> 从2000年到深圳务工到现在,陆陆续续搞了8年的电焊工作,收入较为满意。但是自从结了婚,生了小孩子,生活压力一下子增大很多,觉得不能总是干这一样工作了。有活的时候,比较忙也能挣钱,没有活的时候,比较闲,心里会发急。考虑去找个福利待遇较好的、比较稳定的工作。

案例3(河南):胡某,女,1977年生,小学文化程度。

> 1993年外出务工到现在将近20年,当时比较小,跟着同村的大人一起去的北京,后到南京,又辗转到广州,最后来到深圳。从一开始的300块工资到现在的3000块钱工资,从一开始的无双休日,到现在的一周单休一周双休轮换,工资虽然涨了,但每月开销也涨了,唯一不变的是钱不够花,工作环境差,工作单调无味。2000年有了孩子,也无心无力照料他们,待在城市,虽然饿不着冻不着,但也好不了;若返回农村,还真适应不过来,也不愿意现在还年轻就回去等老。

8.4.3　务工后期城市融入链条断裂:福利需求强烈

生命历程理论认为,不同生命事件发生的时间以及随之而来的社会、家庭对个人的角色期待的变化标志着人生轨迹的重要转变,进而影响到一个人对未来生活的预期。对样本农民工调研经历回顾时不难发现，在他们打工生活史的叙述中，艰辛的生活体验是一个突出的主题。他们从农村老家进入陌生的城市，不仅工作条件艰苦收入低，而且精神生活也比较困顿，没有亲人朋友的关心与帮助，内心压力颇大。尤其是当他们面对城市工作的现实与刚进城美好期待之间的落差时，一种年轻气盛的懊悔不时流露于外。有时他们会反思自己的打工初衷，进而反问自己到底是留在城市还是返回老家。如果返回老家，大多数农民工心有不甘，他们常会思考就这样回去，还不如当初直接在老家一干到底，也不用到城市为这点收入受这样的罪；而如果继续留在城市，他们心想必须改变些什么。农民工在工作过程逐渐意识到现实与其进城之间的差距，一般会选择转换工作以寻求一份最为接近自己进城预期的工作。

从农民工对未来工作期望层面来看，更多的人比较关注工资，希望提高现有工资水平，达到 61.28%，而增加社会保险、改善工作环境和注重员工关系分别占到 22.26%、28.96% 和 28.05%。

虽然工资一直是农民工特别关心的问题，但农民工对自己的定价也是有限度的，只要不低于其心理保留工资的工作，一般能接受。事实上，工资只是月底对农民工辛勤付出的一种回报，是一个短暂的物质肯定。从月初到月末的"漫长过程"对农民工来说存在许多可能，可能嫌工作太累想休息，可能嫌工作太枯燥而要转换工作，等等。在此期间，能够对农民工产生与工资一样的激励效果的可能唯有福利待遇。案例 4（杭州）中的耿某，以其现有的文化水平与技能，5000 元的工资不能说少，为什么他还要求涨工资？真正原因不在于他对工资不满意，而是对老板给予其的福利待遇不满意，以他的技能在其厂本可以获得更多的福利待遇（可能更多地表现为一种货币收入），但事实上老板宁可投入更多的成本也未能实现其追求福利的期望，转换工作也是一种对福利期望的无奈之举。而案例 5（河南）中的徐某跟着父母一起去浙江温岭一家制帽私营企业工作，每月能有不低于 6000 元的收入。然而，正如他自己所说的，工资非常满意，但工作相当乏味，根本不适合他们年轻人，他们也没有那么大的耐心成本守在一台机子旁，而是需要一个更大更好的发展空间。

案例 4（杭州）：耿某，男，1988 年生，高中文化程度。

> 我在一个钢铁回收厂里做工，主要工作是做钳工，当然也负责厂子里交代的其他事情，如有时候加班有人没到我还得过去干。我进

来工作时间虽只有半年，但时间算是比较长的，而且我以前在技校学习的时候，厂子里这些活我都会做，而其他许多人只会打打下手。每个月工资有5000多块，但我一直要求老板给我涨工资一直也没有结果，毕竟我干的活多呀。我们平时工作是三班倒，像冬天有时候天还没有亮就得爬起来开机器了。每天工作时间比较长，少说也有12个小时吧，除了工资，老板也不给发过福利啥的。虽然厂子里可交医疗保险，但我们都不愿意交，要是交的话，一个月还得扣我们200块钱，一年下来也扣不少呢，关键我也不可能长期在这里干下去。老板人不行，如果对我稍微好一点，我一个月下来给他省一万来块钱的耗材费是肯定可以的。福利待遇差，我们也都是从来不为他省钱，哪里能花钱就花。总之，在这里工作，收入基本满意，但老板人不行，福利待遇太差。我感觉以前学的技术虽然能派上用场，但远远没有达到心中的目标，感觉自己是有技术的，却丝毫没有感受到被重用。过完年如果老板还不给我涨工资，还是现在这福利待遇，我准备回老家找找工作。

案例5（河南）：徐某，男，1987年生，中专文凭。

我是跟着我爸妈一起进的厂，给老板做各种帽子。工资是计件的，轧一个帽子老板给多少钱。主要是草帽，但样式不一样。因为不同的样式卖的时候价钱不一样，所以老板给我们的钱也不一样，一天算下来，能保底挣个二三百元吧，一个月能挣个6000块以上吧，工资肯定是非常满意。但是天天得坐在那儿，而且这个也没有什么技术含量，没有什么工作激情。我准备换个活（工作）做做，这种活不太适合我们年轻人。每个月下来感觉就只是为了挣钱而挣钱，也没有什么福利，除了中秋节发个月饼什么的，其他的什么也没有。

8.5 福利缺失视角下促进农民工城市就业稳定的可能方案

当代中国农民工外出就业行为是一种社会理性选择的表现，他们在具体运行过程中一般遵循这样的一种逻辑顺序：生存理性选择→经济理性选择→社会理性选择。在农民外出就业发生初期，往往更多表现的是生存理性选择，随着外出寻求就业次数的增多和时间的拉长，社会理性选择和经济理性选择将表现得越来越突出(文军,2001)。如此,可以清晰地理解农民工城市就业从工资到福利的嬗变原因,由一开始对城市就业的陌生与憧憬到经历后的熟悉与心理落差,从自身人力资本的不足到用工需求的条件约束,除了工资,或许福利待遇是他们可能追求而且能够追求的工作目标。尤其是当前家庭式转移形势下,除了解决个人问题外,家庭照顾也成为他们停留城市更大的追求。

关于福利政策的研究,目前一些国家的高福利政策,如欧洲模式,主要存在三点批评:一是普遍的高福利保障使部分人工作欲望减弱,造成依赖文化和福利依赖群体;二是在福利制度下,社会福利成为人们的基本权利,而福利刚性使得社会福利支出日益膨胀,成为经济发展的负担;三是高福利、高税收提升了劳动力成本,使得福利国家经济竞争力与活力不足,从而加剧失业问题。因此,国内有专家(李培林,2012)告诫说,福利水平具有刚性增长的法则,要把福利增长速度降下来一般都会面临巨大的政治压力与挑战。因此从某种道德理想出发一味强调扩大社会保障面和提高保障水准是非常不现实的,提升社会福利一定要注意起点低,步伐要小。笔者认为,这样的观点具有一定的讨论空间,首先,起点较低的社会保障是否能够发挥保障功能,或者具有应有的激励作用。以最低工资为例,如果将北京每月最低工资设为 100 元,试想能发挥其应有的保障功能吗? 其次,步伐要小,但无论多小,总有成为高福利国家的那一天,到时依然要面临高福利的困惑。

根据《2013 年全国农民工监测调查报告》统计数据(见表 8.5),外出农民工参加社会保障比重继续上升。与上年相比,参加养老保险的比重提高 1.4 个百分点,参加工伤保险的比重提高 4.5 个百分点,参加医疗保险和失业保险的比重均提高 0.7 个百分点,参加生育保险的比重提高 0.5 个百分点。但总体依然表明,城市就业的农民工群体工作福利待遇偏低,是一个典型的福利弱势群体。因此,为了助每一个农民工实现其城市梦,提高其城市就业福利待遇是首先需要解决的问题。

表 8.5　农民工参加社保比重　　　单位:%

	2008 年	2009 年	2010 年	2011 年	2012 年	2013 年
养老保险	9.8	7.6	9.5	13.9	14.3	15.7
工伤保险	24.1	21.8	24.1	23.6	24.0	28.5
医疗保险	13.1	12.2	14.3	16.7	16.9	17.6
失业保险	3.7	3.9	4.9	8.0	8.4	9.1
生育保险	2.0	2.4	2.9	5.6	6.1	6.6

数据来源:《2013 年全国农民工监测调查报告》。

农民工是处于社会底层的弱势群体,他们在城镇从事着脏乱差的工作,福利待遇相当薄弱。根据国外发达国家工业化过程经验,中国也将会向福利国家迈进,提高农民工城市就业的福利待遇以使之安心工作,并逐步市民化,是推进新型城镇化发展的重要举措。根据本研究对农民工城市就业的福利期望的考察,笔者针对性地提出了两条稳定农民工城市就业的福利方案,详述于后。

8.5.1　方案一:分层次分阶段推进福利待遇落实

农民工城市就业福利待遇具有以下两个基本特征:第一,农民工城市就业福利缺失严重。CHIP2008 调研数据表明,73.02%～88.71%的农民工全然没有养老保险、工伤保险、失业保险和住房保障。第二,农民工本身福利意识淡薄。统计数据显示,约 2%的农民工完全不知道福利待遇这回事,相对于 2.6 亿的农民工总量,这也是 100 万数量级的弱势群体。

因此,建议以小微企业为突破口,提高农民工整体福利水平。这样的设计,一方面考虑到农民工大多工作在一些小微企业,包括个体户、私营单位、私人承包的建筑工程等,而这些地方也恰是当前中国福利待遇较差的用工单位;另一方面考虑到不同的小微企业承载能力有限且存在差异,应该制定不同的福利制度。如可以考虑建立一套动态的评估系统对所有注册的小微企业进行能力评估,再划分为不同等级,依据不同等级要求其提供相应的福利待遇。这种做法虽然可能面临昂贵的执行成本,但不仅可以为农民工择业提供一定的参考,而且可以有效提高农民工的福利待遇。同时还要考虑组建相应的监督系统和制定相应的法律规范,如出现评估不合理,或者用工单位未能兑现其单位所在等级应提供的相应福利待遇而产生纠纷,就可采用相应的应对政策。实行鼓励与惩罚并重的政策,如果某个(些)小微企业能够对农民工按照自己的企业等级提供相应的福利待遇,可以考虑适当地减税以补贴企业的成本增加,以达到鼓励企业积极提高自身福利水平;如果某个(些)小微企业并不能够提供相应的福利,损害了农民工的合法利益,就要严肃查处,并对其取消某些扶持或优惠政策。

8.5.2　方案二:以需求最旺的福利项目为突破口

重组、整合和发展中的转型经济脱胎于计划经济,缺乏有效机制以实现每个人的利益诉求(陆铭,2005)。考虑到福利待遇涉及面比较广,另一种可能的方案是选择农民工最为渴望的福利项目作为突破口,做大做全做强。即以具体的福利项目为突破口,以达到普适所有农民工个体为原则。以我国新型农村医疗合作保险为例,其发展历程如表 8.6 所示。由表 8.6 可知,我国农村合作医疗制度发展历程十分曲折,取得的成绩曾经引起全世界的反响,然而也出现过"因医致贫"或"因医返贫"的低迷时期。但作为农村居民急切需求的福利项目,政府一直特别关注,利用各种可以

表 8.6　我国农村合作医疗发展历程

分类	时间	内容
传统农村合作医疗	新中国成立初期	兴办合作制或群众集资入股形式的医药合作社或卫生所
	20 世纪 50 年代	创办具有公益性质的保健站或医疗站
	"文化大革命"期间	农村合作医疗超常规发展
	1979 年 12 月	卫生部、农业部、财政部、国家医药总局、全国供销合作总社联合颁布《农村合作医疗章程(试行草案)》,标志农村合作医疗制度化
	20 世纪 80 年代	家庭联产承包责任制导致合作医疗丧失主要经济来源,筹资困难
	20 世纪 90 年代	农村缺医少药问题越发突出,呼唤新的农村合作医疗制度的出现

续　表

分类	时间	内容
新型农村合作医疗	2002 年 10 月	中共中央与国务院作出《关于进一步加强农村卫生工作的决定》,明确提出要在全国农村逐步建立新型农村合作医疗制度
	2006 年	中央财政对中西部地区除市区以外的参加新型农村合作医疗的农民由每人每年补助 10 元提高到 20 元,地方财政也要相应增加 10 元
	2008 年	各级财政对参合农民的补助标准提高到每人每年 80 元,其中中央财政对中西部地区参合农民按人均 40 元给予补助
	2013 年	省内异地就医凭社保卡可报销结算已在多省市实现
	2014 年	财政部、卫生计生委和人力资源社会保障部《关于提高 2014 年新型农村合作医疗和城镇居民基本医疗保险筹资标准的通知》提出各级财政对新农合和居民医保人均补助标准在 2013 年基础上提高 40 元,达到 320 元

利用的条件扭转农村医疗的恶劣环境。相比较 20 世纪 90 年代缺医少药的严峻局面,显然当前的农村医疗环境已经取得巨大的进步,并且给广大农村居民的医疗服务带来实质性的改善和帮助,基本解决了农村居民的主要医疗问题。

受农村合作医疗制度发展的启发,对于处于农村居民与城镇居民夹缝中的农民工,他们在城市就业面临许多尴尬的问题,如住房、医疗、子女受教育等。受当前条件限制,解决他们所有的问题可能不太现实,可以考虑就其中一个需求最为迫切的问题展开深入研究,并且在此基础上着手创建相关保障性制度,改善农民工城市就业环境,同时也一定程度稳定农民工城市就业,以提高我国城镇化发展水平与质量。

8.6　本章小结

本章以深度访谈得到的农民工生活史资料为数据基础,尝试一种回顾性的质性研究。研究表明,农民工城市就业表现出收入效应弱化同时福利效应渐增的趋势，工作环境成为未来城市就业面临的主要问题，也是就业争端与就业流动的主要问题区。未来如何稳定农民工城市就业，提高农民工福利待遇同时明确小微企业社会责任是政策主攻方向。

第9章 农民工城市就业与社会福利：作用机制与群体差异

9.1 农民工工作转换、福利缺失与中国情境

经典的劳动力市场理论认为，劳动力参与市场活动的条件为保留工资至少与休闲价值相等，当且仅当搜寻收益等于搜寻成本（Mortensen，1986）。但当失业工人一段时间内并不能顺利找到工作时，面临与日俱增的搜寻成本，其保留工资会随搜寻时间延长而下调（Kasper，1967）。这意味着工人当前工资水平可能低于其最初保留工资，一定程度上为其日后工作转换以期获得更高工资埋下伏笔。然而，经典的匹配决策存在一个严格的基本假设，即一旦匹配，工人将工作直到退休而无工作转换行为（Burdett，1978）。这一点显然与现实劳动力市场情况明显不符。为此，后续研究放松"一旦匹配直到退休"的严格假设而拓展了劳动力市场匹配理论研究范畴。如果新工作的工资高于当前工资水平，那么工人就有动机主动放弃目前正在从事的工作而实现工作转换（Berg & Ridder，1998）或者在职搜寻（Pissarides，1994；Christensen et al.，2005）。视线回到我国当前劳动力市场就业形势，农民工城市就业流动频繁已是不争的事实（白南生、李靖，2008；田明，2013），其中一个很重要的原因是收入低（万向东等，2006；黄乾，2009，2010）。目前农村流动人口呈现的利益诉求上的深化、空间分布上的多元化以及融入意愿上的强化等新特点（国务院发展研究中心课题组，2011）正强烈冲击着他们城市就业影响因素的单一性。已有研究表明，工资收入、工作福利、社会保障等均对农民工城市就业产

生显著影响(方福前、吕文慧,2009;程名望等,2012,2013)。即除工资外,工作福利状况也是农民工城市就业的显著性影响因素,尤其是当收入达到一定水平之后,福利待遇是其稳定就业的重要考量因素(梁海兵、卢海阳,2014)。然而在缺乏城镇户籍的情况下,多数进城农民工难以享受完全的社会保障和公共服务,进而导致他们就业并不稳定(蔡昉,2013)。同时中国劳动力市场上就业岗位、福利待遇、工作条件、劳动合同、工会参与等劳资关系中存在的诸多城乡群体差异是一个必须引起重视的经济与社会问题(姚先国、赖普清,2004)。因此,考虑到我国特殊的城乡二元结构,以及正规就业渠道的缺失和农民工在劳动力市场上所处地位的弱势性(宗成峰,2012),国外经典的以工资为逻辑主线的就业及其影响机理研究因只考虑工资而并未足够重视福利因素对农民工城市就业影响的研究框架在分析劳动力市场就业问题时并不能给出令人信服的解释。

　　城乡二元结构的客观情境是中国福利体系分隔,农民工福利缺失的本质原因。户籍约束将农民工完全排斥在城市社会保障体制之外,生活条件、就业、医疗等诸多方面都处于一种随时受到威胁的状态(李强、唐壮,2002)。尽管传统体制下与户籍身份紧密相连的就业、居住、教育等方面的制度安排正在逐渐取消,同时这些制度安排所导致的对农村人口城市化的阻碍作用也日趋减弱甚至消除,但是唯有社会保障制度依然维持着城乡居民之间的利益差别。迄今为止,即便是那些已经在事实上实现非农化的人口,也依然被排斥于城镇的社会保障体系之外(樊小钢,2003)。诚然,改革开放以来中国农民进入物质生活相对丰裕的时期,但物质维度以外的福利不足却凸显农民与城市居民差异化的公民福利权,并加剧城乡社会分化(韩央迪,2011)。农民生活质量与福利状况是当前中国社会经济政策议程中最为基础、最为重要和最为突出的问题,城市流动者在城市社会福利和服务体系中处于边缘地带(牛建林,2013)。鉴于此,在建设和谐社会的时代背景下,系统而全面地考察城市就业的农民工群体遭受社会排斥的显性表现,并以此为基础探究我国城市新贫困群体福利状态改善的可行思路,对消除社会排斥、促进社会融合具有极为重要的理论与现实意义(许光,2009)。

　　综上所述,在社会转型期,全面而理性地把握农民福利的激励作用机制,提高农民工城市就业的福利待遇以降低其就业波动性,并致力于探寻传统福利主体之外的力量组合促进农民工收入增加工作稳定,不仅成为农民福利治理的重要议程,而且是解决农民工城市就业融入,提高劳动力市场资源配置效率,推进城镇化进程和缩小城乡收入差距的内在要求。改革开放初期,农村劳动力流动的目标是获得收入更高的就业机会(周其仁,1997),然而,伴随国家综合经济水平和人们物质生活水平的逐步提升和显著提高,劳动力就业决策显现微妙变化,即工作收入回报的逐步弱化和工作福利期许的日渐增强是近年来劳动力市场外出务工者就业行为的重要表现。正如《中国流动人口发展报告(2013)》所述,农民工进入城市不仅仅是为了挣钱,而是对未来发展有更多新期待。然而,受户籍管理制度和城乡社会经济分割的影响,城乡流动者在流入地的劳动力市场和社会生活中难以获得当地户籍人口所拥有的福利待遇、就业机会、保障与服务,其主要社会服务和保障需求在相当程度上仍需诉诸户籍所在地农村(牛建林,2013)。相比之下,城市职工除获得货币工资以外,还享有许多物质福利,而农民工一直被排斥在城市福利之外(杜书云、张广宇,2004)。与此同时,中国农民问题研究长期缺乏社会福利理论视角,农民福利尚未进入主流公共言论与学术空间,是个边缘化议题(刘继同,2002)。因此,如何从福利视角及其待遇缺失两个维度考察农民工城市就业流动机制及其可能性的群体差异,不仅能较好弥补我国劳动力市场就业研究的视角缺陷而具有重要的理论意义,而且能为政府制定相关就业政策保障外出务工者合法利益、促进农民工城市稳定就业提供强有力的理论支撑而具有深刻的现实意义。

据此,为系统分析福利待遇对农民工城市就业流动的影响机制,本研究拟运用全国大型微观调研数据 CHIP 2008(RUMiC 2009),并借鉴激励—保健理论,对农民工城市就业的福利作用机制及其群体差异展开深入分析。与已有研究相比,本研究的学术贡献有以下三点:一是引入福利因素考察农民工城市就业流动影响机制。在已有关乎农民工城市就业稳定研究的基础上,引入福利变量对以往实证模型进行补充与修正,获得中国劳动力市场情境下更为详细的研究结论。二是探讨农民工城市就业福利作用的收入临界值。借鉴激励—保健理论,本研究预期福利对农民工城市就业流动存在一个确定的收入阈值,并对这一假设展开实证检验。三是分析户籍约束下农民工城市就业流动的福利作用的群体分化。考虑到中国劳动力市场的城乡二元结构的客观现实,本研究对农民工城市就业的福利作用的户口差异、工作性质差异和代际差异展开群体分化检验。

9.2　理论依据与实证研究

9.2.1　理论依据与研究设计

1959 年，Herzberg、Mausner 和 Snyderman 研究发现，人有两种需求集，即似动物般的避害需求和如人的心理成长需求，并进而提出双因素动机理论（Dual Factor Theory of Motivation），又称为激励—保健理论（Motivation-Hygiene Theory）。区别于以往的基于理论学者的因果推断或个人视野或经历的经验推论的动机理论，双因素理论是以 200 名工程师和会计师为调研对象，并经过访谈与总结而得出的关于工作需求满意的经验推测（House & Wigdor，1967）。其中，满意因素又称激励因素，是指与工作自然属性或工作行为奖赏相关的因素，如工作成就感、认可、责任与晋升。不满意因素，又称保健因素，是指与工作内容或环境相关的因素，如工作条件、与管理者的关系、薪水。激励—保健理论曾因一开始没有提供该理论的其他检验方法（Vroom，1964）或没有包含所有满意的测量维度（Ewen，1964）而受到诸多学者的质疑，并且一度陷入概念与方法论的长期争论之中（Sachau，2007），但因其独特的分析框架并包含实际应用成分还是受到企业管理者和心理学家的关注。Herzberg 实证检验表明，97％的案例支持双因素理论，同时指出双因素理论中的满意与不满意是一维的和独立的，即满意的对立面不是不满意而是没有满意，不满意的对立面不是满意而是没有不满意。Dayal 和 Saiyadin（1970）运用激励—保健理论检验了不同文化背景的员工的工作满意度及其决定因素，实证结果支撑了激励—保健理论并指出不同民族与文化背景的员工具有相似的激励效应。

激励—保健理论在考察工人工作动机与激励效果时，将工作需求分为与工作不满意相关的保健因素和与工作满意相关的激励因素。然而这种划分并非一成不变的，如较低的工资是典型的造成员工工作不满意的保健因素，但当工资水平比较高时，它也可能成为让员工工作满意的激励因素。Brenner 等（1971）实证检验了激励保健理论，结果发现影响工作满意度的因素既有激励因素也有保健因素。尽管 Herzberg 的理论仍有待进一步完善与获得实证检验的支撑，但这种独特的分析框架在解释我国农民工城市就业问题时具有一定的借鉴意义。受城乡二元结构约束,农民工工资的保健作用和福利的激励作用与该理论对工作满意的讨论具有某种天然的相似性,其原因分析如下。

首先,农民工因其受教育水平较低,且大部分缺乏城市务工职业技能或培训经历,工资水平往往比较低,从事的工作也大多是城市就业档次比较低的脏乱差的工作岗位。这种收入较城市职工低而消费与城市职工相当的客观现实导致的直接后果是农民工城市就业流动频繁,且往往只追求保健效果而忽视激励作用。或者说,农民工城市就业工资是他们的第一需求,为了获得比较理想的工资水平,频繁的工作转换是他们"用脚投票"的理性选择。只有工资达到一定程度,如能满足城市生存基本需求并略有结余时,他们才可能稳定下来并考虑其他需求,如激励因素。因此,本研究提出如下假设:

假设 9.1:农民工城市就业流动概率与其收入呈倒 U 形关系。

其次,户籍约束是我国改革开放前为优先发展重工业限制劳动力城乡自由流动的历史产物,尽管改革开放已如火如荼地推进将近四十年,然而城乡二元结构依然深深地影响着农民工城市就业。因户籍约束无法享受到与城市职工相同的福利待遇,农民工缺乏基本的市场就业竞争力而只好大多委身于非正规就业行列,先天的福利激励作用一直被压抑。同时伴随国家经济水平的提升和人们物质生活水平的提高,尤其是最低工资制度的执行,农民工城市就业收入不仅获得大幅度提高,而且具有最低保障。此时,福利待遇越来越凸显并深刻影响农民工就业流动性,具有明显的激励性质。李亚青等(2012)研究发现,社会保险福利有助于降低农民工的流动意愿,增加其城市就业的稳定性,且对提高农民工签约率和合同满意度有着显著的积极影响。因此,本研究给出以下假设:

假设 9.2:福利待遇能够降低农民工城市就业流动概率。

假设 9.3:福利待遇作用于农民工城市就业流动概率具有收入阈值,低于该阈值,收入是影响农民工就业流动的主导因素;而越过该阈值,福利待遇将取代收入成为影响农民工就业流动的主导因素。

再次,同是因为户籍制度的隔离,无法享受到城镇福利待遇的农民工与城镇职工收入存在差异,姚先国、赖普清(2004)研究表明,农民工在工资、养老保险、医疗保险、失业保险以及工会参与等方面均遭到户籍歧视。

而福利作为具有重要激励效果的因素在农民工城市就业流动中有可能存在显著性差异。这些差异不仅表现在户籍地差异上,而且表现在就业的正规与否上以及代际差异上。为此,本研究给出如下假设:

假设 9.4:福利待遇对农民工城市就业流动的影响存在户口差异、工作性质差异甚至代际差异。

9.2.2　模型设计与变量选择

本研究拟采用二元 Logit 模型实证分析农民工城市就业流动行为,重点分析工资尤其是福利待遇对其工作转换概率的影响,进而探究其城市就业稳定的福利作用机制。具体模型表示为:

$$\ln\left(\frac{p_i}{1-p_i}\right) = \alpha + \sum_{k-1}^{k} \beta_k x_{ki}$$

其中, $p_i = P(y_i = 1 \mid x_{1i}, x_{2i}, \cdots, x_{ki})$ 表示在给定系列解释变量时农民工转换工作的概率, β_k 为待估系数, x_k 代表农民工个人与工作特征,包括性别、年龄、受教育年限、婚姻状况、户口状况、每周工作时间和是否签订合同。

二元选择模型(如 Logit 模型)目前在实地调研数据研究中具有重要的应用价值与优越性,然而已有研究大多并未讨论模型的预测准确性而致应用并不规范。归纳起来主要有以下两点需要特别说明。

一是如何衡量二元选择模型的拟合优度。由于不存在平方和分解公式,故无法计算 R^2 。衡量非线性二值选择模型的拟合优度有另外两种替代方法:(1)采用准 R^2 (PseudoR^2),其定义为:PseudoR$^2 = \dfrac{\ln L_0 - \ln L_1}{\ln L_0}$,其中 $\ln L_1$ 为原模型的对数似然函数最大值,而 $\ln L_0$ 为以常数项为唯一解释变量的对数似然函数最大值。(2)计算预测准确的百分比。如果发生概率的预测值 $\hat{y} \geqslant 0.5$,则认为其预测 $y = 1$;反之,则认为其预测 $y = 0$ 。将预测值与实际值进行比较,从而计算准确预测的百分比,进而衡量模型的拟合优度。考虑到截面数据准 R^2 一般比较小而缺乏比较意义,本研究拟报告模型预测准确百分比以判断模型拟合效果。

二是解释变量边际效应的测量与解释。如果 x_k 为连续型变量,则其边际效应为 $\dfrac{\partial p(X)}{\partial x_k} = g(X\beta)\beta_k = \varphi(X\beta)\beta_k$,其中 $\varphi(\cdot)$ 为标准正态密度函数;如

果 x_k 为 0—1 虚拟变量,则其边际效应为 $G(z \mid x_k = 1) - G(z \mid x_k = 0)$。二元 Logit 模型回归的变量系数 $\hat{\beta}$ 表示 x_k 增加一个单位将引起"对数概率比"(log-odds ratio)的边际变化,而非边际效应。通过求解解释变量的边际效应可以直接展现其对被解释变量的作用程度,即 x_k 增加一个单位时机会的增长率为 β_k,为分析问题带来诸多方便。

1. 被解释变量

为有效衡量农民工城市就业流动性,本研究拟选用工作转换来代替,亦即本研究的因变量。对工作转换概念的理解国内外存在一定的区别。国内研究一般称之为"职业流动"。李强(1999)较早研究国内农民工职业流动问题,他将"农民工职业流动"界定为:农民脱离农业进入非农产业,或者不同非农产业之间转换的过程。张文宏、刘琳(2013)界定的职业流动是指受访者初职地位到现职地位的变化过程,受访者的现职地位获得即为职业流动的实现。这种概念的界定比较笼统,只是提及初职与现职存在差别,至于什么样的差别则指定不清。相比较而言,唐美玲(2007)界定职业流动为青年白领就业期间在不同类型的工作组织或不同职业和行业之间的流动,不仅指出职业流动的主体为青年白领,而且指明具体的流动模式,即不同职业或行业。与之相似的界定,还有许新传(2010)的界定,即职业流动为农民工在就业期间在不同类型与规模的工作组织或不同的工种之间的流动。此外,还有"就业流动"的叫法,如白南生、李靖(2008)将就业流动界定为专指就业人员在不同单位之间的流动,不是指产业之间、地区之间的劳动力流动,而从工作稳定性角度来观察农民工的就业流动。而国外研究较多使用 job turnover,国内翻译为"工作转换",系指求职者转换当前工作的一种经历(Mortensen,1986)。国内研究不少学者将"职业流动"与农村剩余劳动力转移紧密相连,进而认为"职业流动"是职业的转变。笔者认为,这种论点存在一定人为界小"职业流动"范畴的可能。为此,本研究拟采用国外研究的概念界定,同时结合国内研究的现实情境,特将"工作转换"界定为求职者转换当前工作状态的一种理性行为,既包括职业之间的转换,也包括同一职业不同工作地点等职业特征的改变,与"就业流动"同义。

2. 核心解释变量

本研究重点考察的解释变量包括收入与福利待遇。其中收入拟用平均每月得到的工资来表示;而福利待遇则要复杂得多,这也是本研究力图强调并解释福利因素对当前我国农民工城市就业发挥重要作用的原因所在。

20 世纪 90 年代中期以来,以基本养老保险、失业保险、基本医疗保险和城镇居民最低生活保障为主要内容的社会福利保障体系逐步演变为一种社会化、货币化的新福利和保障形式(杜书云、张广宇,2004)。福利水平与住房、休闲、人际关系、健康和工作满意度关系显著,其中最为重要的是休闲状况、住房状况和工作状况(方福前、吕文慧,2009)。据以上分析,本研究拟选择失业保险、养老保险、工伤保险和住房公积金四个变量来代理农民工城市就业的福利状况。其中每个代理又分别为一四分类虚拟变量:单位负担、自己购买、单位与自己共付和没有。而问题选项中"不知道"与"不适用"不在本研究考察范围内。

3.控制变量

本研究的控制变量包括个人特征和工作特征两个部分,其中个人特征包括性别、年龄、受教育年限、婚姻和户口;工作特征包括是否签订合同、周均工作时间和求职渠道。

9.2.3　数据来源与描述统计

使用数据来自大型微观调研数据 CHIP 2008/RUMiC 2009。

回收样本总计 9347 个,其中包括老住户 3921 个,新住户 5426 个,合并之后,删除遗漏、异常样本,最终获得有效样本 8184 个,有效率87.56%。按照工作性质划分,固定工 756 人,长期合同工(一年及以上)2127 人,短期合同工(一年以下)579 人,无合同的临时工 1489 人,不领工资的家庭帮工 184 人,个体户 2053 人,打零工 113 人,其他 191 人。依据CHIP 2008(或 RUMiC 2009)分类标准,固定工、长期合同工、短期合同工、无合同的临时工和打零工属于工资性就业者,共计 5064 人,这也正是本研究考察的农民工及其样本范畴。

表 9.1 呈现的是变量界定及其描述性统计分析。结果表明农民工城市就业表现出诸多齐整性特征:男性依然是外出务工的主力(约占 60%),平均年龄为 30.29 岁,平均受教育年限 9.65 年(即初中毕业),已婚者居多,一般选择社会网络渠道就业,每周工作 6~7 天,外地农业户口者占绝对优势,且一般工资性获得者大多与工作单位签订有合同。

表 9.1　变量界定及其描述性统计分析

变量		界定	均　值	标准差
工资		月均工资,单位:元	1393.18	664.73
失业保险	单位负担	如果是,赋值为1	6.23%	—
	自己购买	如果是,赋值为2	1.05%	—
	单位与自己共付	如果是,赋值为3	9.72%	—
	没有	如果是,赋值为0	82.83%	—
养老保险	单位负担	如果是,赋值为1	8.42%	—
	自己购买	如果是,赋值为2	2.36%	—
	单位与自己共付	如果是,赋值为3	15.92%	—
	没有	如果是,赋值为0	73.02%	—
工伤保险	单位负担	如果是,赋值为1	10.35%	—
	自己购买	如果是,赋值为2	1.29%	—
	单位与自己共付	如果是,赋值为3	11.65%	—
	没有	如果是,赋值为0	74.38%	—
住房公积金	单位负担	如果是,赋值为1	2.67%	—
	自己购买	如果是,赋值为2	0.63%	—
	单位与自己共付	如果是,赋值为3	6.43%	—
	没有	如果是,赋值为0	88.71%	—
性别		男性=1,女性=0	0.60	0.49
年龄		周岁	30.29	9.91
受教育年限		扣除跳级与留级,单位:年	9.65	2.57
婚姻	已婚	如果是,赋值为1	0.54	0.49
	同居、离异、丧偶	如果是,赋值为2	0.029	0.17
求职渠道		社会网络渠道=1;其他渠道=0	0.67	0.47
工作时间		周均工作时间,单位:天/周	6.16	0.86
户口		外地农业户口=1;本地农业户口=0	0.82	0.39
合同		签订合同=1;没有签订合同=0	0.70	0.46

注:失业保险、养老保险、工伤保险和住房公积金报告的是样本百分比。

根据以上研究,有两个重要统计特征值得分享:一是农民工城市就业福利缺失相当严重。四种福利代理指标没有的份额均达到 70% 以上,甚至接近 90%。二是获得一定福利待遇的农民工约占总样本的 10%～30%。受户籍约束,农民工城市就业福利待遇本应受到诸多限制,然而,仍有一定数量的农民工通过自己的努力或单位提供的帮助获得一定福利待遇。相比其他三项福利,住房福利最低,仅占 1%～2%。同时从福利获得方式来看,单位与自己共付的占比最高,约占 6%～16%。

9.2.4　主要发现

本研究拟从三个方面对农民工城市就业福利效应进行阐释:第一,福利待遇对农民工城市就业流动的影响机制;第二,福利待遇对农民工城市就业产生作用的收入临界值;第三,户籍约束下农民工城市就业效应福利的群体分化。

1.福利待遇对农民工城市就业流动的影响机制

模型 1(见表 9.2)回归结果表明,工资对农民工工作转换概率产生负向影响,但统计结果并不显著。单位负担,或单位与自己共付失业保险的农民工较没有失业保险的农民工的工作转换概率更低;单位与自己共付养老保险的农民工较没有养老保险的农民工的工作转换概率要高;单位负担工伤保险的农民工较没有工伤保险的农民工的工作转换可能性要大;单位与自己共付住房公积金的农民工较没有住房公积金的农民工的工作转换概率更高。模型 2 是在模型 1 的基础上纳入工资的平方项,结果表明,工资与农民工工作转换概率之间呈现显著的倒 U 形关系。进一步测算发现,工资的拐点值约为 1762 元。即收入在 0～1762 元区间时,农民工工作转换概率随收入升高而呈上升趋势;而收入在 1762 元以上时,农民工工作转换概率随收入升高而呈下降走势。福利待遇各代理变量回归结果与模型 1 相似。模型 3 是在模型 2 的基础上纳入各个控制变量进一步讨论农民工城市就业流动的影响机制,模型的预测准确百分比由 57.85% 提升至 60.63%,表明模型的拟合效果逐渐提高。同时该模型不仅可以在模型 2 的基础上检验收入和福利对农民工工作转换影响的稳健性,而且可以进一步挖掘农民工个人特征和工作特征对其工作转换的影响。结果表明,工资依然与农民工工作转换概率之间存在显著的倒 U 形关系,反映收入对农民工工作转换概率影响比较稳健,同时假设 9.1 也得到验证。单位负担失业保险的农民工比没有失业保险的农民工工作转换的概率降低 16.1%;单位与自己共付养老保险的农民工比没有养老保险的农民工工作转换的概率增加 10.5%;单位负担工伤保险的农民工比没有工伤保险的农民工工作转换的概率增加 14.4%;单位与自己共付住房公积金的农民工比没有住房公积金的农民工工作转换概率降低 16.9%。综合判断,假设 9.2 得到验证。此外,男性农民工较女性农民工工作转换的概率高 9.29%;年龄每增加一岁,其工作转换概率降低 3.63%;已婚的较未婚的农民工工作转换概率增加 13.75%,而同居的(或离异,或丧偶)较未婚的农民工工作转换概率增加 11.3%;选择社会网络渠道就业的较自己搜寻或被安排的农民工工作转换概率降低 5.25%;工作时间每周每延长一天,农民工工作转换的概率增加 2.06%。

综合模型 1 至模型 3 回归结果有如下三点重要结论:第一,农民工工资水平与工作转换概率呈现显著的倒 U 形关系;第二,失业保险与住房公积金两种福利待遇对农民工工作转换概率具有显著性降低作用;第三,养老保险与工伤保险两种福利待遇对农民工工作转换概率产生显著性增高作用。笔者试对此作一分析。

(1)农民工城市就业收入较低几乎是公认的事实。农民工收入增长与其工作量具有直接相关性,或者说农民工收入增长是劳动数量的简单累积(一般采用加班形式),而不同于知识分子的收入增长是人力资本的潜在机会成本。因此,当工资增加到一定程度,按照收入休闲理论,男性农民工是不会继续放弃自己的休闲时间换取收入的,必然存在一个拐点,即收入效应开始降低的收入值。

(2)失业保险与住房公积金两种福利待遇可以有效降低农民工的就业流动概率是比较容易理解的。首先,农民工不愿意失业,失业意味着没有任何收入,同时城市生活成本逐日增加,长此以往,他们将被迫离开城市重新回到农村,而失业保险将有利于帮助农民工降低这一可能事件的概率。其次,住房在当前中国劳动力市场环境中对农民工而言具有特殊而重要的意义。农民工在城市拥有一套住房不仅可以节约每日必需的生活成本,而且可为其进一步在城市化进程中顺利融入城市彻底脱离农村,或显著改善其生存环境获得城市福利待遇,如享受城市医保、子女城市上学等打下坚实而重要的基础。

(3)养老保险与工伤保险两种福利待遇对农民工工作转换概率产生显著性增高作用则是令读者及笔者困惑的问题。在这里不得不提及两种保险的特殊性：其一，据 2009 年 12 月 29 日国务院办公厅《城镇企业职工基本养老保险关系转移接续暂行办法》解释，"基本养老保险关系不在户籍所在地，且在每个参保地的累计缴费年限均不满 10 年的，将其基本养老保险关系及相应资金归集到户籍所在地，由户籍所在地按规定办理待遇领取手续，享受基本养老保险待遇"。这表明农民工只有在务工地交满 10 年养老保险金后，才能获得领取资格，而就业流动频繁的农民工很难完成这一目标。因此调研过程中发现，大多数农民工并不愿意交纳诸如养老保险、医疗保险等有具体而严格的交费年限的社会保险。其二，工伤保险本身系指劳动者在工作中或在规定的特殊情况下，遭受意外伤害或患职业病导致暂时或永久丧失劳动能力以及死亡时，劳动者或其遗属从国家和社会获得物质帮助的一种社会保险制度。然而，笔者在对农民工展开城市就业调研过程中发现，由于农民工本身文化程度限制，往往对工伤保险有一定的误解。不少农民工认为如果工作单位为之提供工伤保险，他们则认为这肯定是一份比较危险的工作，因此，心理上一开始就比较排斥该份工作而存下转换的念头，甚至有些直接拒绝该份工作。

此外，四个福利代理变量，即失业保险、养老保险、工伤保险和住房公积金，自己购买的农民工相对于没有保险的农民工均不对其工作转换产生显著影响。这是一个值得深思的问题。首先，农民工一方面希望参保获得社会保险的保障，另一方面因工资偏低，无法或不愿意支付保费，同时对自己参保后能否享受社会保险待遇心存疑虑（李亚青等，2012）。其次，农民工所从事的多为脏、累、重、险的工作，工作条件相对比较恶劣，涉及农民工的工伤及其他职业伤害事故不断见诸报端。在缺乏有效的制度安排的情况下，一旦发生事故，有关的赔偿问题引发无尽的纠纷，而农民工由于其所处的相对弱势地位，权益往往得不到有效保障（樊小钢，2003）。再次，社会保险体系本身不完善，城乡及全国各地不统一，流动性较大的农民工回乡或到其他地方就业时，出现保险金无法接转、收益没有保证等现象，结果出现在社会保险问题上农民工与企业"两不情愿"的现象（杜书云、张广宇，2004）。

2. 农民工城市就业的福利作用的收入临界值

根据激励—保健理论，考虑到户籍约束，解决必要的生活问题是农民工城市就业第一要务，相较于福利待遇，工资作为保健因素可能更显重要。同时，当工资获得一定的保障之后，福利待遇的激励效应可能才会发挥其城市就业稳定效应。这也正是本研究拟检验的假设 9.3 的基本内容。模型5与模型6是在模型2与模型3确定工资拐点的基础上分别对工资拐点前后两部分样本分别展开回归,以判定农民工城市就业的福利作用的收入临界值。结果表明,当工资水平处于拐点前(即模型5回归结果)时,工资是正向影响农民工工作转换的显著性因素,而福利待遇单位只负担失业保险或工伤保险,以及单位与自己共付的住房公积金显著性影响农民工工作转换以外,其他福利待遇代理变量均未在统计上显著影响。此外,性别、年龄、婚姻以及求职渠道是影响农民工工作转换的显著性因素。当工资水平处于拐点后(即模型6回归结果)时,工资此时由正向显著性转为负向但并不显著地影响农民工工作转换概率,同时由自己购买或单位与自己共付的养老保险由不显著性到显著性正向影响农民工工作转换概率,单位负担的住房公积金也由不显著性到显著性负向影响农民工工作转换概率。此外,工作时间、户口和合同是影响农民工城市就业稳定的显著性因素。

模型5与模型6回归结果对比分析综合表明:(1)工资拐点前,工资要较福利待遇影响农民工工作转换概率的作用力度更大;而工资拐点后,福利待遇要较工资作用于农民工工作稳定性力度更大。假设9.3从而得到有力支撑。(2)在福利作用的收入临界值前后,农民工城市就业稳定性存在显著的性别差异、年龄差异、婚姻差异、求职渠道差异、工作时间差异、户口差异和合同差异。

值得一提的是关于收入临界值的确定。依据模型2确定的工资拐点为1762元,而依据模型3确定的工资拐点为1580元。模型2与模型3的区别在于是否将控制变量引入分析模型之中:从模型精确性角度来看,增加控制变量将使模型中因变量变动幅度缩小,一定程度提高模型的稳健性;从理论解释角度分析,增加控制变量将会获得研究对象更加具体而细节的特征;但从样本量要求角度来看,增加控制变量显然会缩小研究样本容量。综合以上因素,为了有效估算农民工群体福利作用的收入临界值,本研究更倾向于采用模型2来测算工资拐点。虽然这样会降低模型的解释力度,但可能获得更大样本(农民工)工资拐点的真实值。本研究为进一步确定该判断的可靠性,特对工资拐点1762元处展开Chow模型稳定性似然比检验,检验结果(如表9.2所示的收入差异检验)表明存在对农民工工作转换概率影响的收入结构变动,即支撑了本研究对福利作用存在收入阈值的基本判断。

表 9.2　福利效应回归结果

变量及其界定		模型 1	模型 2	模型 3 回归系数	模型 3 边际效应	模型 5	模型 6
工资		−0.0000563	0.000444**	0.000414**	0.0001002**	0.000343**	−0.000179
工资平方		—	−0.000000126***	−0.000000131***	−0.000000317***	—	—
失业保险	单位负担	−0.467***	−0.462***	−0.650**	−0.161**	−0.652**	−0.758
	自己购买	−0.598	−0.598	−0.622	−0.154	−0.523	−1.228
	单位与自己共付	−0.362*	−0.357*	−0.240	−0.0589	−0.205	−0.393
养老保险	单位负担	0.0754	0.0460	0.192	0.0457	0.0600	0.546
	自己购买	0.445	0.434	0.438	0.101	0.366	1.011*
	单位与自己共付	0.411**	0.407**	0.424** 0.105**	0.256	1.394**	1.151**
工伤保险	单位负担	0.448**	0.459**	0.637***	0.144***	0.552**	−1.003
	自己购买	0.0303	0.0131	0.0869	0.0208	0.641	−0.408
	单位与自己共付	−0.0493	−0.0626	−0.0735	−0.0179	−0.0325	−1.359**
住房公积金	单位负担	−0.271	−0.228	−0.406	−0.100	−0.0323	1.582
	自己购买	−0.730	−0.718	−0.515	−0.128	−1.612	
	单位与自己共付	−0.650***	−0.642***	−0.684**	−0.169***	−0.499*	−1.431**

续表

变量及其界定		模型 1	模型 2	模型 3 回归系数	模型 3 边际效应	模型 5	模型 6
性别		—	—	0.382***	0.0929***	0.394***	0.332
年龄		—	—	−0.0149**	−0.00362**	−0.0182***	−0.00621
受教育年限		—	—	−0.0142	−0.00345	−0.0239	0.0186
婚姻	已婚	—	—	0.571***	0.137***	0.611***	0.510**
婚姻	同居、离异、丧偶	—	—	0.496*	0.113**	0.729**	−0.348
求职渠道		—	—	−0.219**	−0.0525**	−0.194**	−0.288
工作时间		—	—	0.0853*	0.0206*	0.0716	0.206*
户口		—	—	−0.0359	−0.00867	−0.123	0.582*
合同		—	—	−0.0972	−0.0234	0.00317	−0.554**
样本量		3317	3317	2624	—	2078	546
预测准确百分比		57.97%	57.85%	60.63%	—	61.41%	63.92%

注:(1)***、**、*分别表示在1%、5%和10%水平上显著;(2)边际效应为样本均值处边际效应;(3)限于篇幅,实证结果未报告变量系数标准误。表9.3同理。

3. 户籍约束下农民工城市就业福利效应的群体分化

模型 3 的结果表明,户口与合同对农民工城市就业流动并无显著性影响,而模型 5 与模型 6 结果表明,户口与合同对农民工城市就业并非不存在显著性影响,而是存在收入上的群体分化。考虑到城乡二元结构体制对农民工城市就业的客观影响,本研究拟进一步探究户籍约束下农民工城市就业的福利效应的群体分化,包括户籍地差异、工作性质差异与代际差异。实证回归结果如表 9.4 所示。各个模型的预测准确百分比均在 60% 以上,表明模型拟合优度较好。

户口差异回归结果表明,工资与外地农业户口的农民工工作转换存在显著的倒 U 形关系,而与本地户口农民工并不存在类似关系。从福利角度而言,失业保险与工伤保险是否由单位负担,以及养老保险和住房公积金是否能与单位共付对外地户口农民工工作转换概率影响显著;而本地农业户口农民工比较关注失业保险与住房公积金由谁来负担,养老保险和工伤保险对其工作转换概率并无显著性影响。同时个人特征和工作特征比较显著性影响外地户口农民工工作转换概率,而对本地户口农民工并无显著性作用。

工作性质差异回归结果表明,未签订合同的农民工工作转换概率与工资之间表现显著的倒 U 形关系,而签订合同的农民工并无此种关系。失业保险、养老保险、工伤保险和住房公积金等福利待遇对未签订合同的农民工工作转换概率均没有显著性影响,同时年龄和已婚是影响其工作转换的显著性因素。可能性的解释是,没有与工作单位签订合同的工作状态一般研究称之为非正规就业,即没有取得正式的就业身份的就业,而非正规就业最大的特点正是福利待遇的严重缺失(李强、唐壮,2002),可能正是这种缺失隐藏了农民工工作转换的福利效应。

代际差异回归结果表明,老一代农民工工作转换概率与工资具有倒 U 形关系,而新生代农民工则与之表现不显著。新生代农民工比较关注失业保险,老一代农民工比较关注养老保险,同时两者均对工伤保险和住房公积金比较关注。此外,受教育年限、婚姻和求职渠道均对两者产生显著性差异,其中受教育年限对新生代农民工具有显著性负向影响,而对老一代农民工具有显著性正向影响;婚姻对新生代农民工产生显著性正向影响,而对老一代农民工并无显著性影响;求职渠道对新生代农民工表现显著负向影响,但对老一代农民工并无显著性影响。

　　为进一步衡量农民工城市就业因户籍差异而导致的各种群体分化的可靠性,本研究分别对其进行 Chow 模型稳定性检验(结果如表 9.4 所示)。研究表明,因户籍差异而导致的农民工城市就业流动的户口和工作性质群体分化并未通过检验,但代际差异引发的农民工就业流动群体差异通过了检验。这反映出就农民工城市就业流动(或工作转换)而言,并不存在户口差异或工作性质差异,但存在代际差异,一定程度上验证了本章提出的假设 9.4。

表 9.3 差异性回归结果

变量及其界定		户口差异		工作性质差异		代际差异	
		外地户口	本地户口	签订合同	未签订合同	新生代	老一代
工资		0.000000550**	-0.000138	0.000206	0.00102***	0.000140	0.000676**
工资平方		-0.000000153***	-0.0000000669	-0.0000000950	-0.000000226**	-0.000000543	-0.000000200**
失业保险	单位负担	-0.506*	-1.841**	-0.666**	-0.966	-0.708*	-0.461
	自己购买	-0.834	-0.188	-0.758	-0.425	0.188	-0.999
	单位与自己共付	-0.0993	-1.305*	-0.289	1.496	0.125	-0.642
养老保险	单位负担	0.118	0.614	0.197	0.152	0.340	-0.0889
	自己购买	0.588	-0.363	0.791*	-0.361	-0.480	0.976*
	单位与自己共付	0.525**	0.118	0.393**	1.245	0.218	0.657*
工伤保险	单位负担	0.694***	0.274	0.668***	0.688	0.620**	0.671**
	自己购买	0.139	-0.199	0.111	0.140	0.563	-0.740
	单位与自己共付	-0.501	0.0994	0.0330	-1.744	-0.0910	0.123
住房公积金	单位负担	-0.639	0.298	-0.420	0.504	-0.297	-0.730
	自己购买	-0.730	0.314	-0.494	—	-0.695	-0.257
	单位与自己共付	-0.923***	1.179*	-0.665***	-2.539	-0.568*	-0.952**

续 表

变量及其界定		户口差异		工作性质差异		代际差异	
		外地户口	本地户口	签订合同	未签订合同	新生代	老一代
性别		0.425***	0.181	0.387***	0.259	0.308***	0.399***
年龄		−0.0156**	−0.00829	−0.0105	−0.0205**	—	—
受教育年限		−0.0155	−0.0146	−0.0135	−0.0178	−0.113***	0.0763***
婚姻	已婚	0.631***	0.204	0.591***	0.408*	0.548***	0.192
	同居、离异、丧偶	0.602**	−0.118	1.037*	−0.0942	0.861*	−0.00144
求职渠道		−0.222**	−0.346	−0.302***	−0.0303	−0.281**	−0.233
工作时间		0.134**	−0.142	0.0940	0.0622	0.102	0.0362
户口		—	—	−0.133	0.0783	−0.148	0.0354
合同		−0.147	0.0763	—	—	−0.145	−0.0555
样本量		2200	424	1795	828	1505	1045
预测准确百分比		61.18%	61.79%	60.78%	61.96%	61.00%	61.05%

表 9.4　Chow 模型稳定性似然比检验

分类标准	模型	样本量	似然值（原假设）	似然值（模型）	自由度	AIC	BIC
收入	样本总体	2624	-1778.64	-1735.36	23	3516.71	3651.78
	收入低于 1762 元	2078	-1403.54	-1368.41	23	2782.82	2912.52
	收入不低于 1762 元	546	-374.21	-348.16	23	742.32	841.28
原假设：不存在因收入差异而影响工作转换概率的群体分化检验结果：$p(x^2(23)=37.58)=0.0283$							
户口	样本总体	2624	-1778.64	-1731.40	24	3510.80	3651.74
	外地农业户口	2200	-1491.24	-1438.18	23	2922.36	3053.37
	本地农业户口	424	-287.40	-279.68	23	605.36	698.51
原假设：不存在因户口差异而影响工作转换概率的群体分化检验结果：$p(x^2(22)=27.08)=0.208$							
合同	样本总体	2624	-1778.64	-1731.40	24	3510.80	3651.74
	签订合同	1795	-1222.74	-1180.99	23	2407.97	2534.30
	未签订合同	828	-553.76	-538.86	22	1121.73	1225.54
原假设：不存在因合同差异而影响工作转换概率的群体分化检验结果：$p(x^2(21)=23.11)=0.338$							
代际	样本总体	2624	-1778.64	-1731.40	24	3510.80	3651.74
	新生代农民工	1505	-1028.63	-989.29	23	2024.58	2146.86
	老一代农民工	1045	-705.27	-674.92	23	1395.84	1509.73
原假设：不存在因年龄差异而影响工作转换概率的群体分化检验结果：$p(x^2(22)=134.39)=0.000$							

9.3 本章小结

本研究基于激励—保健理论，运用 CHIP 2008(RUMiC 2009)，实证分析了农民工城市就业流动的福利作用机制及其群体分化。主要结论包括：(1)工资与农民工工作转换具有显著的倒 U 形关系，进一步分析表明，当工资低于 1762 元时，工资是农民工工作转换的显著性影响因素，具有明显的保健作用；而当工资超过 1762 元时，福利替代工资成为农民工工作转换的重要影响因素，具有明显的激励作用。综合而言，福利对农民工城市就业稳定性的影响存在一个收入临界值。(2)农民工城市就业流动的福利效应具有显著的代际分化，而户口差异和工作性质差异并不显著。新生代农民工比较关注失业保险，老一代农民工比较关注养老保险，同时两者均对工伤保险和住房公积金比较关注。(3)男性农民工较女性农民工工作转换的概率高 9.29%；年龄每增加一岁，其工作转换概率降低 3.63%；已婚的较未婚的农民工工作转换概率增加 13.75%，而同居的(或离异，或丧偶)较未婚的农民工工作转换概率增加 11.3%；选择社会网络渠道就业的较自己搜寻或被安排的农民工工作转换概率降低 5.25%；周工作时间每延长一天，农民工工作转换的概率增加 2.06%。

改善农民工城市就业福利待遇、降低农民工城市就业流动性，可以考虑从提高农民工个人福利意识、明确用人单位福利责任，以及创新劳动力市场福利体系三个方面着手：(1)宣传福利待遇政策，提高农民工城市就业的福利意识。本研究统计结果显示，仍有约 2% 的农民工不知道工伤保险等福利待遇。由于农民工基数比较大，如 2012 年《农民工监测调查报告》显示全国约有 2.6 亿农民工，也就是说约有百万数量级的农民工福利意识比较淡薄，其福利基本知识亟待普及。(2)加强对小微企业福利责任的监管。据本研究统计数据，70% 以上的农民工没有享受福利待遇，农民工福利严重缺失虽有农民工个人能力和福利意识淡薄的原因，但也有小微企业或某些非正规就业单位为降低用工成本而故意少发，甚至完全不提供其员工相应的基本福利待遇的原因。企业作为国家经济发展的基本细胞，应承担其应有的社会责任，不能只为追求自身利益而置员工利益于不顾。相关的监管部门应当采取一定的措施要求农民工工作单位承担起必要的福利责任。同时，依据小微企业规模的大小，可以实行福利待遇的有序满足，即根据企业具体情况，一般要求满足一些基本福利待遇，再根据企业的发展规模逐渐满足其他更高级别的福利待遇。（3）注重研究工资与福利相匹配的管理创新体制。工资是收入的保证，也是农民工城市就业维持生存的基本条件，而福利作为具有显著性激励性质的类收入因素，是维持农民工城市就业稳定的重要条件。从宏观制度上协调好两者的利益关系，不仅能为农民工提供权益保障，而且也对农民工市民化进程具有积极的促进作用。

相关研究指出中国经济发展已越过"刘易斯拐点"（蔡昉，2010），紧接而来的是普工工资上涨，劳动力短缺，加之最低工资制度对农民工基本工资水平的保证，福利将在农民工城市就业稳定中扮演越来越重要的角色，然而国内相关研究的匮乏应当引起足够的重视。尽管本研究力图挖掘农民工城市就业流动的福利作用机制及其群体分化，但鉴于福利相关理论在劳动经济学中缺少具体的研究视角和逻辑框架，本研究难免存在一定的缺陷。首先，本研究对福利的考察是采用失业保险、养老保险、工伤保险和住房公积金等几个主要代理变量，但这并不能概括福利的全部。若能够通过某种手段按照某种指标体系度量出每个农民工的福利存量，可能能够更好地研究农民工城市就业流动的福利效应。其次，本研究采用的数据为大样本截面数据，尽管其具有较强的代表性，但是缺乏时间序列上的连续性，难以直接检验农民工城市就业流动与福利待遇之间的因果关系，后续研究可以考虑组合多期 CHIP 数据构成混合截面数据来加以论证。再次，福利待遇对农民工城市就业稳定的作用机制可能相当复杂，本研究只是一个初步的有益尝试，所得结论具有一定的应用价值，期待更为系统的分析和论证。

第 10 章　农民工城市就业与福利改善:医疗补贴与健康投资

10.1　农民工城市就业的福利实现

　　国外健康需求的研究可追溯到 Grossman 的经典论文《健康需求:理论与实证研究》(1972)。该篇文章确立了健康需求理论,并认为健康需求具有投资和消费两层含义,前者是指健康时间增加,生病时间相对减少,工作时间增加,进而收入增加,即健康投资的收益;后者是指健康会直接增加效用,即健康消费的收益。如 Caputo 和 Levy(2012)分析了个人健康理性消费与投资理论中的情绪效应(mood-utility),研究发现,健康的边际价值可能为正也可能为负,但情绪和财富的边际价值则肯定为正。Grossman 同时还构建了健康需求理论模型,提出健康资本概念,明确健康资本属人力资本范畴。假设在其他条件不变的条件下,健康资本的折旧率与年龄正相关;当受教育程度提高时,各种投入的产出效率都会提高,医疗支出的健康产出也会提高。但 Muurinen(1982)强调健康资本折旧不仅是年龄引起的,而且与受教育程度和环境密切相关,并在确定性条件下,以投资消费混合的一般化模型,对年龄、受教育程度和财富的变动进行比较静态分析,同时考虑了健康需求的投资动机和消费动机。然而,在 Grossman 和 Muurinen 的健康需求研究中,不确定性并未得到令人信服的解释。后来的学者,如 Croppe,Dardanoni 和 Wagstaff,Selden 等,将不确定性引入 Grossman 的纯投资模型,并主要考察了财富的健康需求效应。Cropper(1977)提出了健康投资的两个模型,第一个模型检验了健康资本(health capital)的生命周期投资行为,发现健康投资的动机是为了降低患病的概率;第二个模型考察了个人职业选择过程中的健康投资,研究表明当人们接触职业中的污染源时,其反应随着年龄的变化而变化。Dardanoni 和 Wagstaff (1987)认为,健康投资收益具有风险性,富人对风险资本的投资会多于穷人,健康投资需求大于穷人;而 Selden(1993)则认为,健康是穷人获取收入的主要资本,在不确定性情况下,穷人担心健康下降带来的冲击,因而会比富人更多地投资健康。

相比于国外较为丰富的健康需求理论和实证研究,国内相关研究还处在摸索之中。已有的研究更多倾向于农村居民的健康需求(郑晓瑛,2001;唐颖等,2005;赵忠,2006)。然而,随着改革开放以来户籍制度的松动,在地区间与城乡间经济发展差距日益拉大的推动下,农村大批流动人口涌向城镇。而关于流动人口健康投资的研究并未得到足够的重视。现有流动人口健康投资的研究侧重涵盖以下两个方面:第一,流动人口健康投资意愿及其影响因素研究。如郑真真、连鹏灵(2006)考察公共政策和社会经济因素对流动人口健康问题的影响,研究表明不同的年龄、性别、婚姻状况、受教育程度、职业、收入、生活环境等会对流动人口的健康产生不同的影响。第二,流动人口健康状况及其原因分析。职业身份锁定、健康风险意识薄弱,以及医疗、保障、信息等方面的弱势因素严重冲击着流动人口的健康负担能力,该群体家庭月均医疗保健支出 21.26 元,74%的家庭在调查前 3 个月没有任何医疗保健支出(卢新璞、吴明,2010),几乎所有的流动人口都存在健康投资不足的问题(慈勤英,1997;樊桦,2001;蔚志新,2013)。

综上所述,流动人口健康投资及其影响因素的已有研究分别对流动人口的个人特征、家庭特征和社会环境因素等展开分析,这样的研究较好地描述了流动人口的健康投资状况,并且辨析影响其健康状况的主客观因素,为进一步研究流动人口健康需求问题并制定相应的改善性政策提供了重要的理论支撑。然而,以往流动人口健康投资问题的相关研究并未对以下两点加以厘清和给出令人信服的解释:第一,流动人口健康投资的选择偏好既类似于留守农村居民,又区别于他们。原因在于一方面他们源自农村居民,具有相似的消费经历;另一方面他们工作或生活在城市,因户籍差异而无法正常享受到生活在农村时的医疗服务,即生活环境的制度约束限制了他们健康投资的能力。第二,流动人口健康投资至少包括相互关联的两方面问题,即意愿与能力。从健康需求的角度而言,每一个流动人口都有健康投资的主观意愿,但事实上,并不是每一个流动人口都具有健康投资的能力。因此,本研究在前期研究成果的基础上拟从健康投资意愿与能力两个维度进一步分析流动人口健康投资行为及其影响因素,尤其是分析医疗补贴政策在存在户籍歧视的情境下是否提升了流动人口健康投资水平。为此,本研究需要进一步厘清两个问题:一是当流动人口健康并没有受到影响时,其健康投资系指健康投资意愿,即流动人口患病前对自身健康投资的一种消费倾向(防病行为);二是当流动人口健康受到疾病等威胁时,其健康投资系指健康投资能力,在其健康投资意愿的基础上,增加了健康投资能力的分析,即流动人口患病时,对疾病等治疗的需求(治病行为)。

在中国经济社会转型的重要时期,流动人口在为各地经济发展作出贡献的同时也付出了较高的健康成本或面临较高的健康风险,尤其当面对突发性传染病和高危传染病时,流动人口的生活条件、医疗保险、公共卫生服务以及社会福利等问题就显得更为突出(郑真真、连鹏灵,2006)。然而流动人口健康问题并未得到公众的足够重视,直到2003年"非典"恐慌后,流动人口的健康问题才逐渐受到广泛的关注。流动人口的健康问题除了受其健康意识和知识、健康观念和行为的影响外,更重要的是公共政策和政府行为对其健康状况的直接影响。医疗补贴政策是国家践行改革开放成果共享的重要举措,其推行有助于提高人们的健康投资需求:没有患病时,增加疾病的预防性投资;患病时,降低疾病治疗的医疗成本。2003年,国家施行新型农村合作医疗(下文简称"新农合")试点前,农村较低的收入水平和农村居民节俭的生活习惯促成其"小病扛,大病拖"的错误健康投资观念。然而,自新农合试点并逐渐推广至全国以来,农村居民的健康投资观念发生较大转变(陈玉萍等,2010;陈华,2011),许多农村居民试图开始改善他们的健康状况,并将健康投资行为付诸实际行动(林相森、艾春荣,2008;卢新璞、吴明,2010)。新农合采取自愿参与的原则,从患病概率和成本看,农民有参加新农合的客观需求,但影响农民参加新农合的关键因素不是支付能力,而是参与意愿(方黎明、顾昕,2006)。本研究力图考察的问题是,受城乡医疗体系差异及户籍制度约束,医疗补贴在作用流动人口健康投资行为过程中到底是影响其健康投资的意愿,还是填补其健康投资的能力?

10.2　模型与数据

10.2.1　模型选择与构建

流动人口健康投资取决于意愿与能力两个方面，如果没有健康投资意愿，即使具有健康投资能力，也有可能并不会发生健康投资行为，而只有发生健康投资行为，进而才有可能获得医疗补贴。因此，流动人口健康投资的医疗补贴效应可能存在选择性偏误（selection bias）问题，为克服样本存在的可能缺陷，本研究拟采用 Heckman 两阶段法估计流动人口健康投资的医疗补贴效应。具体方法表述如下。

对流动人口健康投资的医疗补贴效应估计，最直接的方法为OLS。设：

$$Y_i = \beta X_i + \varepsilon_i$$

其中，Y_i 为观测到的流动人口健康投资支出，X_i 为解释变量，如医疗补贴额度、收入等。然而所观测到的获得医疗补贴的流动人口并非样本总体的随机选择，Heckman 为解决 OLS 估计可能存在的系数偏差问题而提出了 Heckman 两阶段法。

首先，以"是否愿意购买医疗保险"作为第一阶段估计的被解释变量，使用 Probit 估计以确定愿意购买医疗保险的决定因素。

$$P_i^* = \gamma Z_i + \mu_i，如果 \gamma Z_i + \mu_i > 0，则 P_i = 1$$

其中，P_i^* 为某事件发生的概率，Z_i 为解释变量，γ 为待估计参数，μ_i 为随机扰动项。

其次，考虑到在 OLS 估计中可能存在选择性偏误，需要从 Probit 估计式中得到转换比率 λ 作为第二阶段的修正参数。λ 由以下公式获得：

$$\lambda = \frac{\varphi(\gamma Z_i / \sigma_0)}{\phi(\gamma Z_i / \sigma_0)}$$

其中，$\varphi(\gamma Z_i / \sigma_0)$ 为标准正态分布的密度函数，$\phi(\gamma Z_i / \sigma_0)$ 为相应的累积分布函数。

最后，利用 OLS 方法对方程进行估计，使用 λ 作为方程估计的一个解释变量以纠正选择性偏误，即：

$$Y_i = \beta X_i + \alpha\lambda + \eta_i$$

其中,α 为待估系数。如果该系数是显著的,则证明存在显著的样本选择偏误,OLS 估计的结果是有偏误的,而采用 Heckman 样本选择模型可获得一致的估计。

10.2.2　变量选择与界定

1.是否购买医疗保险:健康投资意愿

健康投资意愿是健康投资行为发生之前流动人口对其健康投资的主观选择性偏好。在本研究中,拟采用"是否购买医疗保险"指标来表征流动人口健康投资意愿,同时该指标也是考察流动人口健康投资意愿模型的被解释变量。其中医疗保险系指商业医疗保险、公费医疗、劳保医疗、家属可享受的医疗保险、农村合作医疗、统筹医疗、妇幼健康保险、计免保险等。

2.医疗保健支出:健康投资能力

医疗保健支出是流动人口健康投资能力模型的被解释变量,拟选用医疗保健支出来衡量健康投资能力的原因有三:一是 Grossman 在构建健康投资模型时假定健康投资主要是医疗保健的投入,该建模思想与较好的实证结论得到了大多数学者的认可并纷纷引用到健康投资问题的研究中。二是医疗保健支出反映人们将其收入分配于医疗卫生服务的多少,即健康投资的多少。在目前基本医疗需求尚未得到有效满足的情况下,医疗保健支出的增加可以从一个侧面反映出医疗卫生服务利用率的提高、健康投资的增加和健康水平的提高。三是尽管健康投入由诸多产品、服务和时间组成,卫生尤其是医疗服务投入一直被视为最重要的健康投资指标。原因也许在于,当疾病来临之际,医疗通常是人们应对或化解健康风险的最直接手段(朱玲,2002)。

3.解释变量

本研究拟采用的核心解释变量为月收入和医疗补贴。其中,月收入是影响流动人口健康投资意愿和能力的重要因素。而医疗补贴作为新农合政策的关键环节是否对流动人口健康投资产生预期的政策效果还有待进一步分析。在具体分析过程中,主要是为了检验该政策对流动人口健康投资的影响,即是对流动人口健康投资意愿还是健康投资能力产生影响。其计算公式为:

$$S' = TC - PC$$

其中,S' 为政府医疗补贴额度,TC 为个人全年医疗总费用,PC 为个人全年实际医疗总支出。

4. 控制变量

在考察流动人口健康投资时拟选用的控制变量主要包括:性别、年龄、受教育年限、户口、婚姻状况、健康状况、是否残疾等 7 个变量。本研究涉及的变量及其度量具体如表 10.1 所示。

表 10.1　变量选取与界定

变量		界定
被解释变量	医疗保健支出	个人全年实际医疗总支出,单位:元
	是否购买医疗保险	有医疗保险=1;没有医疗保险=0
解释变量	月均收入	单位:元
	医疗补贴	单位:元
控制变量	性别	男=1;女=0
	年龄	单位:周岁
	受教育年限	单位:年
	户口	外地农业户口=1;本地农业户口=0
	婚姻状况	分为已婚或再婚、同居或离异或丧偶、未婚三个级别,其中未婚为对照组
	健康状况	分为好、一般、不好三个级别,其中一般为对照组
	是否残疾	分为有残疾但不影响基本生活、有残疾且影响基本生活和没有残疾三个级别,其中没有残疾为对照组
工作单位所有制		事业单位=1;非事业单位=0
合同		签订合同=1;没有签订合同=0

10.2.3　数据来源与描述统计

1. 数据来源

通过大型微观调研数据 CHIP 2007/RUMiC 2008,笔者获得了进城农民工医疗保险的客观而准确的第一手资料。考虑到数据存在某些指标的极端值或异常值,以及遗漏等不足,笔者按照计量要求对数据进行了诸如剔除等处理,最后获得有效样本 7064 个,其中男性农民工 4177 人,女性农民工 2887 人。

2.描述性统计分析

变量的描述性统计结果(见表 10.2)表明,流动人口中 59.13% 为男性,40.87% 为女性,说明女性正告别祖辈习惯性的生活方式和传统就业方式而逐步融入城市;就婚姻分布状况而言,已婚或再婚占 61.21%,同居、离异或丧偶比重为 1.85%,未婚占 36.94%;他们的健康状况一般比较好,至少 86.07% 的流动人口没有自评健康状况有明显不适,这可能是因为流动人口大多为青壮年劳动力;他们的平均年龄为 31.08 岁;平均受教育年限为 9.10 年,即受教育程度约为初中水平;一般没有残疾(97.62%)。在 7064 个样本中,没有参加医疗保险的流动人口有 2940 人,占总样本的 41.62%,进一步分析其未购买医疗保险的原因,"没听说"占 8.64%(254 个样本)、"听说但不了解"占 27.41%(806 个样本)、"付不起费用"占 17.96%(528 个样本)、"觉得没有必要"占 30.07%(884 个样本),这四项总计占 84.08%,反映出大部分流动人口对医疗保险的忽视。其原因要么是没有购买意愿,健康风险意识薄弱;要么是没有购买能力,缺乏基本的健康投资意愿或能力。

表 10.2 变量描述性统计结果

变量	变量分类	样本频率	百分比(%)	均值(标准差)
性别	男	4177	59.13	
	女	2887	40.87	
年龄				31.08(10.27)
受教育年限				9.10(2.43)
婚姻状况	已婚或再婚	4324	61.21	
	同居、离异或丧偶	131	1.85	
	未婚	2609	36.94	
户口	本地农业户口	1319	18.67	注:户口样本量为 6944,缺失 120
	外地农业户口	5647	79.94	

续　表

变量	变量分类	样本频率	百分比(%)	均值(标准差)
健康状况	好	5968	84.48	
	一般	112	1.59	
	不好	984	13.93	
是否残疾	是但不影响基本生活	148	2.10	
	是且影响基本生活	20	0.28	
	没有残疾	6896	97.62	
医疗保险	购买	4124	58.38	
	没有购买	2940	41.62	
工作单位所有制	国有或集体事业单位	1828	25.88	
	私营或个体	5236	74.12	
是否签订合同	是	3241	45.88	
	否	3823	54.12	
医疗全年总支出				402.60(1297.69)
个人医疗总支出				369.52(1203.34)
医疗补贴		383	5.42	32.97(399.24)
月均收入				1597.51(1241.39)

10.3　实证结果分析

　　流动人口特征的描述性分析表明，仅有 58.38% 的流动人口购买医疗保险，然而只有 5.42% 的流动人口享受到国家医疗补贴，这表明购买医疗保险的流动人口大多数并未享受到国家医疗补贴。而流动人口中外地农民工占 79.94%，本地农民工只有 18.67%，户籍制度可能是流动人口享受国家医疗保险补贴的重要因素。同时有 74.12% 的流动人口工作在私营或个体单位，且有 54.12% 的流动人口是无合同工作状态，流动人口城市工作单位可能也是影响其购买医疗保险的重要因素。总之，流动人口健康投资行为存在较大差异。实证分析将进一步探寻其健康投资意愿与能力的影响因素和医疗补贴对流动人口健康投资的政策效果。本研究拟根据流动人口健康投资行为是否发生,从健康投资意愿(行为未发生)和健康投资能力(行为已发生)两个角度来实证分析其影响因素,同时比较两者实证结果的差别能够辨析流动人口健康投资行为到底是其个人健康投资的理性选择,还是政府实施医疗补贴政策的激励效应。流动人口健康投资的医疗补贴效应分析结果如表 10.3 所示。

表 10.3　流动人口健康投资的医疗补贴效应分析

变量	系数及其显著性(标准误)	
	全体样本	外地农业户口
健康投资能力方程		
月均收入	−0.0138(0.0219)	−0.0401(0.0504)
医疗补贴	−0.00947(0.0599)	−0.119(0.165)
健康投资意愿方程		
个人保健支出	0.0000363**(0.0000157)	0.0000546***(0.0000196)
医疗补贴	0.000233***(0.0000737)	0.000222***(0.0000768)
月均收入	−0.00000693(0.0000132)	−0.00000162(0.0000141)
性别	0.167***(0.0332)	0.152***(0.0363)
年龄	0.00317(0.00227)	0.00387(0.00246)
受教育年限	0.00568(0.00713)	0.0129*(0.00768)
已婚或再婚	0.127***(0.0459)	0.0936*(0.0496)
同居、离异或丧偶	0.0704(0.123)	0.154(0.139)
户口	−0.409***(0.0424)	—
健康状况好	0.0703(0.0465)	0.0554(0.0510)
健康状况差	−0.0423(0.146)	0.00126(0.168)
残疾但不影响基本生活	0.00327(0.110)	0.0626(0.116)
残疾且影响基本生活	−0.299(0.332)	−0.456(0.360)
工作单位所有制	0.175***(0.0407)	0.155***(0.0437)
合同	0.0627*(0.0339)	0.0609(0.0371)
转换比率 λ	−1726.647***(209.240)	−3980.280***(710.219)

注:(1)***、**、*分别表示在 1%、5% 和 10% 水平上显著;(2)括号内数字为标准误。

1. 健康投资意愿的医疗补贴效应

流动人口健康投资意愿拟合结果表明,医疗补贴在 1% 水平上正向显著影响流动人口健康投资意愿,反映医疗补贴有利于增加流动人口的健康投资意愿。个人保健支出在 5% 显著水平上正向影响流动人口健康投资意愿,即个人保健能力越强其健康投资意愿越强。月均收入对流动人口健康投资意愿影响并不显著,这反映流动人口的收入与购买医疗保险意愿之间没有显著影响关系。这似乎与固有印象相悖,因为对一般人而言,比较合理的逻辑是收入越多,健康投资意愿越强。笔者认为,流动人口健康投资意愿与收入之间之所以呈现无显著因果关系,主要是因为其特殊身份,流动人口一方面户籍不在其居住地,因城乡医疗一体化并未有效实施,医疗补贴受限,这一点可以从户口变量回归结果得到一定的印证。实证结果表明,相比于本地农业户口人员,外地农业户口人员健康投资意愿更弱;另一方面,他们在城市生活和工作需要支付较高的生活成本,加之较低的收入水平,如果没有医疗补贴,那么生活在城市夹缝之中的流动人口可能很少考虑到正常的健康投资问题,当然这里面存在诸如描述性统计分析之中所表述的现象:绝大多数流动人口缺乏健康投资意识。

2. 健康投资能力的医疗补贴效应

在健康投资意愿模型中,拟合结果表明,医疗补贴可以提高流动人口健康投资意愿,但收入却与健康投资意愿并无实证意义上的因果联系。这种与流动人口因从事脏乱差等健康风险较高的工作以及其对自身健康的客观需求不相一致的结论,是否真实反映了流动人口健康投资意愿,即医疗补贴是否真的提高了流动人口健康投资意愿? 因此,本研究拟进一步考察流动人口健康投资能力的医疗补贴效应。

转换比率 λ 统计检验在 1% 水平上显著,这表明样本确实存在选择性偏差,而将 λ 作为解释变量纳入流动人口健康投资能力方程中可以得到一致的估计。拟合结果表明,月均收入和医疗补贴与流动人口的医疗保健支出水平均无显著性因素关系,这表明流动人口的健康投资能力并不取决于其收入水平。但值得说明的是,理论上,收入因素应是健康投资能力的决定性因素,收入越高,健康投资能力越强。然而,现实生活中,流动人口离开户籍地转而流入其他城市,城乡医疗一体化尚未有效落实的情况下,户籍制度的限制与医疗保险的城乡隔离使其健康投资并不像在其户籍地（或输出地）那么"阔绰"，同时考虑到自己收入水平和城市基本消费需求，月均收入可能与城市医疗水平存在一定差距。毕竟，大多数流动人口外出务工期望能够增加自己收入以维持他用，如家庭子女教育、赡养老人、建房等，而非成为一名城市"月光"的"漂者"。同时，结合健康投资意愿分析结果可知，医疗补贴只是在流动人口未患病时显著提高其健康投资意愿。因此，本研究作出如下重要推论：流动人口的健康投资行为仅是其个人健康投资选择偏好，医疗补贴仅对流动人口健康投资意愿具有显著性的激励效应，并不能有效提高其医疗保健支出水平，其中最大障碍莫过于城乡医疗体制的分离。支持该推论的证据有两个：一是来自样本的描述性分析，样本的统计分析表明，58.8%的流动人口购买医疗保险却只有 5.42%的流动人口享受到国家医疗补贴；16.93%的流动人口因转移而直接或间接无法购买当地医疗保险，说明医疗补贴城乡分离制度在一定程度上抑制了流动人口健康投资需求。二是模型的稳健性检验。为了进一步证实该推论的可靠性，本研究按户口特征挑出外地农业户口的流动人口重新采用 Heckman 两阶段法加以考察，回归结果（如表 10.3 外地农业户口）不仅有力地支撑了全样本回归的稳健性，即核心变量的系数及其显著性均未发生显著性变化，而且表明，月均收入和医疗补贴两个变量依然与流动人口健康投资能力没有显著性因果联系，同时医疗补贴正向显著性影响流动人口健康投资意愿。

3. 其他因素对流动人口健康投资的影响

性别变量对流动人口的健康投资意愿具有正向显著影响，表明男性流动人口的健康投资意愿较女性要高，这可能是因为流动人口中男性大多从事那些条件比较艰苦、环境比较恶劣、卫生比较差的工作，需要投资更多的医疗成本以弥补工作过程中可能遇到的伤害。女性大多从事那些相对比较轻松的室内工作，健康风险远低于男性。但也有可能是家庭健康投资分配的不平等，男性具有一定的健康投资优先权（高梦滔、姚洋，2004）。就婚姻状况而言，已婚流动人口较未婚的健康投资意愿要高，这说明，已婚的流动人口比较关注自己的健康状况，购买医疗保险的概率较高，具有较高的健康投资意愿。而同居、离异或丧偶与未婚的健康投资意愿并无显著性差异。就健康状况而言，相比较健康状况一般的流动人口，那些健康状况较好的流动人口往往健康投资意愿比较高，而那些健康状况比较差的却具有较低的健康投资意愿。同样的情形发生在是否残疾组的流动人口,有残疾但不影响基本生活的流动人口要比没有残疾的购买医疗保险的概率要高,而有残疾且影响基本生活的流动人口较没有残疾的购买医疗保险的意愿反而要低。其可能性的解释是这些健康状况较差或有残疾且影响正常工作或生活的流动人口心理比较自卑,自己不但不能为家庭排忧解难,反而成为家庭的负担,健康投资意愿较低可能只是一种无奈的选择。此外,年龄越大,其健康投资意愿越高。受教育年限越长,其健康投资意愿越高,这表明受教育年限越长的流动人口自我医疗保护意识越强,因而更愿意花钱进行疾病预防。工作单位为事业单位的,或签订合同的流动人口健康投资意愿更强烈。

10.4　本章小结

本研究以 CHIP 2007 关于流动人口的统计数据为实证样本,深入分析流动人口健康投资意愿与能力的医疗补贴效应。研究表明,流动人口健康投资意识普遍薄弱,且存在健康投资渠道不畅的问题,这些主客观因素都为流动人口长期工作和生活在较差环境之中而增加其健康风险埋下隐患。医疗补贴仅能显著提高流动人口的健康投资意愿,而对其健康投资能力却并无显著性作用。这反映出流动人口因户籍地差异在家乡购买医疗保险而在流入地患病后无法享受到医疗补贴而增加了流动人口健康投资成本,同时因收入的限制,其健康投资需求缺乏足够的支付能力而未能有效满足。这与医疗补贴政策的初衷存在一定的出入,因此消除流动人口城乡医疗补贴差别是促进医疗服务均等化的重要举措。巧合的是,2008 年全国新农合工作会议确定实施新农合与城镇居民医疗保险相衔接(又称"两制衔接")政策,并在全国 10 个城市开始试点。从这层意义上讲,本研究在政策设计上具有一定的预见性。

此外,性别差异在流动人口健康投资需求中表现明显,女性流动人口较男性具有较强的健康投资意愿,但其医疗保健支出较男性要少。其原因可能是:一方面男性流动人口收入一般较女性流动人口高(吕晓兰、姚先国,2013),健康投资需求具有一定的优先权,而且男性从事的工作环境较女性要艰苦,其健康风险明显要高于女性;另一方面受传统的"男尊女卑"思想的影响,家庭化转移过程中,男性获得健康投资优先配置的可能性更高一些。

以上研究结论的政策启示为:(1)完善城乡医疗一体化制度,将流动人口医保制度纳入其流入地管理系统之中实行城乡医疗并轨,以提高流动人口健康投资意愿和有效降低其患病后的部分治疗成本。(2)通过健康宣传等途径提高流动人口健康投资意识。研究显示,84.08%的流动人口忽视对作为健康投资重要途径的医疗保险的投资,其原因要么是没有购买意愿,健康风险意识薄弱;要么是健康投资信息渠道闭塞,缺乏基本的健康投资意识。(3)关注女性流动人口的健康投资状况。研究表明,女性流动人口较男性健康投资意愿低。考虑到女性特殊的家庭角色,以及近年来进城务工女性农民工增幅高于男性,农村女性正告别祖辈习惯性的生活方式和传统就业方式,逐步融入城市(肖云,2005),政府应更加关注女性流动人口健康投资需求,优化医疗保健基础设施,为女性流动人口提供更好的健康投资服务和畅通的健康投资渠道。

参考文献

[1]Acemoglu,D. Institutional causes, macroeconomic symptoms: volatility, crises and growth. Journal of Monetary Economics, 2003, 50 (1):49-123.

[2]Addison,J. T. , Portugal,P. Job search methods and outcomes. Oxford Economic Papers, 2002, 54(3): 505-533.

[3]Aguilera,M. B. , Massey,D. S. Social capital and the wages of Mexican migrants: new hypotheses and tests. Social Forces, 2003, 82 (2):671-701.

[4]Alchian, A. A. Information costs, pricing, and resource unemployment. Economic Inquiry, 1969, 7(2):109-128.

[5]Altonji,J. G. , Blank,R. M. Race and gender in the labor market. Handbook of Labor Economics, 1999, 3:3143-3259.

[6]Atakan,A. E. Assortative matching with explicit search costs. Econometrica, 2006, 74(3):667-680.

[7]Banerjee,B. ,Bucci,G. A. On-the-job search in a developing country: an analysis based on Indian data on migrants. Economic Development and Cultural Change, 1995, 43(3):565-583.

[8]Bartel,A. P. , Borjas,G. J. Middle-age job mobility: its determinants and consequences. NBER Working Paper No. 161. Temple University: Seymour Wolfbein,1977.

[9]Becker,G. S. A theory of the allocation of time. The Economic Journal, 1965, 75(299):493-517.

[10]Becker,G. S. Theory of marriage: part I. Journal of Political Economy, 1973, 81:813-846.

[11]Blanchard,O. J. , Diamond,P. A. The beveridge curve. Brookings Papers on Economic Activity:1989, 1:1-60.

[12]Blau,D. M. An empirical analysis of employed and unemployed job search behavior. Industrial and Labor Relations Review, 1992, 45 (4):738-752.

[13]Blau,D. M. , Robins,P. K. Job search outcomes for the employed and unemployed. Journal of Political Economy. 1990, 98(3): 637-655.

[14]Bowlus,A. J. Matching workers and jobs: cyclical fluctuations in match quality. Journal of Labor Economics, 1995, 13(2):335-350.

[15]Bretz,R. D. , Boudreau,J. W. & Judge,T. A. Job search behavior of employed managers. Personnel Psychology, 1994, 47 (2): 275-301.

[16]Burdett,K. A theory of employee job search and quit rates. American Economic Reivew, 1978, 68(1):212-220.

[17]Burdett,K. , Mortensen,D. T. Wage differentials, employer size, and unemployment. International Economic Review, 1998, 39(2): 257-273.

[18]Caputo,M. R. ,A. Levy. A theory of mood-influenced consumption and investment in health. Mathematical Social Sciences, 2012, 63 (3):218-227.

[19]Christensen,B. J. , Lentz,R. , Mortensen,D. T. , et al. On-the-job search and the wage distribution. Journal of Labor Economics, 2005, 23(1):31-58.

[20]Coleman,J. S. Social capital in the creation of human capital. American Journal of Sociology, 1988, 94.

[21]Cropper,M. L. Health, Investment in Health, and Occupational Choice. Journal of Political Economy, 1977,85(6):1273-1294.

[22]Dardanoni,V. , Wagstaff,A. Uncertainty, inequalities in health and the demand for health. Journal of Health Economics, 1987,6(4):283-290.

[23]Davis,S. J. , Haltiwanger,J. C. Gross job creation and destruction: microeconomic evidence and macroeconomic implications. NBER Macroeconomics Annual, 1990, 5:123-168.

[24] Demski, J. S. Optimizing the search for cost deviation sources. Management Science, 1970, 16(8):486-494.

[25]Diamond,P. A. , Maskin,E. An equilibrium analysis of search and breach of contract. Bell Journal of Economics, 1979, 10:282-316.

[26] Eriksson, S. , Lagerstrom, J. The labor market consequences of gender differences in job search. Journal of Labor Research, 2012, 33(3):303-327.

[27] Fan, C. C. Rural-urban migration and gender division of labor in transitional China. International Journal of Urban and Regional Research, 2003, 27(1):24-47.

[28]Fujita,S. , Ramey,G. The cyclicality of separation and job finding rates. International Economic Review, 2009, 50:415-430.

[29] Gautier, P. A. , Teulings, C. N. How large are search frictions? Journal of the European Economic Association, 2006, 4 (6): 1193-1225.

[30]Gronau,R. Home production: a forgotten industry. The Review of Economics and Statistics, 1980, 62(3):408-416.

[31]Gronau,R. Leisure, home production, and work: the theory of the allocation of time revisited. Journal of Political Economy, 1977, 85 (6):1099-1123.

[32] Gronau, R. The intrafamily allocation of time: the value of the housewives' time. The American Economic Review, 1973, 63(4): 634-651.

[33]Grossman,M. Demand for health insurance: a theoretical and empirical investigation. NBER Books,1972.

[34]Hall,R. E. Employment fluctuations with equilibrium wage stickiness. American Economic Review, 2005, 95(1):50-65.

[35]Hall,R. E. Turnover in the labor market. Brookings Papers, 1972, (3):709-765.

[36] Herzog, H. W., Schlottmann, A. M. Migrant Information, Job search and the remigration decision. Southern Economic Journal, 1983, 50(1):43-56.

[37] Holzer, H. J. Job search by employed and unemployed youth. Industrial and Labor Relations Review, 1987, 40:601-611.

[38] Ioannides, Y. M., Loury, L. D. Job information networks, neighborhood effects, and inequality. Journal of Economic Literature, 2004, 42(4):1056-1093.

[39] Jovanovic, B. Job matching and the theory of turnover. Journal of Political Economy, 1979, 87(5):972-990.

[40] Kasper, H. The asking price of labor and the duration of unemployment. The Review of Economics and Statistics, 1967, 49 (2): 165-172.

[41] Keith, K., McWilliams, A. The returns to mobility and job search by gender. Industrial and Labor Relations Review, 1999, 52(3): 460-477.

[42] Leijonhufvud, A. On keynesian economics and the economics of Keynes: a study in monetary theory. New York:Oxford University Press,1968.

[43] Lewis, W. A. Economic development with unlimited supplies of labour. The Manchester School, 1954, 22(2):139-191.

[44] Lippman, S. A., McCall, J. J. The economics of job search: a survey. Economic Inquiry, 1976, 14(2):155-189.

[45] McCall, B. P., McCall, J. J. A sequential study of migration and job search. Journal of Labor Economics, 1987, 5(4):452-476.

[46] McCall, J. J. Economics of information and job search. The Quarterly Journal of Economics, 1970, 84(1):113-126.

[47] McCall, J. J. The economics of information and optimal stopping rules. The Journal of Business, 1965, 38(3):300-317.

[48] McQuaid, R. W. Job search success and employability in local labor markets. The Annals of Regional Science, 2006, 40(2):407-421.

[49]Mince,J. Schooling, Age and earnings. New York: National Bureau of Economic Research,1971.

[50]Molho,I. Saptial search, migration and regional unemployment. Economica, 2001, 68: 269-283.

[51]Mortensen,D. T. A theory of wage and employment dynamics. In Edmund S. Phelps et al. The Microeconomic Foundations of Employment and Inflation Theory. New York: Norton,1970.

[52]Mortensen,D. T. Job search and labor market analysis. Handbook of Labor Economics, 1986, 12(2):849-919.

[53]Mortensen,D. T. Markets with search friction and the DMP model. American Economic Review, 2011, 101(4):1073-1091.

[54]Mortensen,D. T. Search theory and macroeconomics. Journal of Monetary Economics, 1992, 29:163-167.

[55]Mortensen,D. T. The matching process as a non-cooperative/bargaining game. In The Economics of Information and Uncertainty, McCall,J. J. New York: National Bureau of Economics, 1982: 233-254.

[56]Mortensen,D. T. , Pissarides,C. A. Job creation and job destruction in the theory of unemployment. Review of Economic Studies, 1994, 61 (3):397-415.

[57]Mortensen,D. T. , Pissarides,C. A. New developments in models of search in the labor market. In Orley Ashenfelter and David Card, editors, Handbook of Labor Economics. Amsterdam: North-Holland, 1999.

[58]Muurinen,J. M. Demand for health: a generalised Grossman model. Journal of Health Economics, 1982, 1(1):5-28.

[59]Nelson,P. Information and consumer behavior. Journal of Political Economy, 1970, 78(2):311-329.

[60]Parsons,D. O. Quit rates over time: a search and information approach. American Economic Review, 1973, 63(3):390-401.

[61]Parsons,D. O. The job search behavior of employed youth. The Review of Economics and Statistics, 1991, 73(4):597-604.

[62]Patacchini,E. , Zenou,Y. Search activities, cost of living and local labor markets. Regional Science and Urban Economics, 2006, 36 (2):227-248.

[63]Phelps,E. S. The new microeconomics in inflation and employment theory. The American Economic Review, 1970, 59(2):147-160.

[64]Pissarides,C. A. Job matching with state employment agencies and random search. The Economic Journal, 1979, 89 (356):818-33.

[65]Pissarides,C. A. Equilibrium in the labor market with search frictions. American Economic Review, 2011, 101 (4):1092-1105.

[66]Pissarides, C. A. Equilibrium unemployment theory. Cambridge: MIT Press,2000.

[67]Pissarides,C. A. Search unemployment with on-the-job search. The Review of Economic Studies, 1994, 61(3):457-475.

[68]Pissarides,C. A. Unemployment and vacancies in Britain. Economic Policy, 1986, 1(3):499-540.

[69]Pries,M. , Rogerson,R. Search frictions and labor market participation. European Economic Review, 2009, 53(5):568-587.

[70]Rosen,S. Learning and experience in the labor market. The Journal of Human Resources, 1972, 7(3):326-342.

[71]Sedlacek,P. Match efficiency and firms' hiring standards. Journal of Monetary Economics, 2014, 62:123-133.

[72]Selden,T. M. Uncertainty and health care spending by the poor: the health capital model revisited. Journal of Health Economics, 1993, 12(1):109-115.

[73]Shimer,R. The cyclical behavior of equilibrium unemployment and vacancies. American Economic Review, 2005, 95(1):25-49.

[74]Silva,J. I. , Toledo,M. Separation costs, job heterogeneity and labor market volatility in the matching model. Economics Letters, 2008, 101(1):77-79.

[75]Sjaastad,L. A. The costs and returns of human migration. Journal of Political Economy, 1962, 70(5):89-93.

[76] Skedinger, P. Employment protection legislation. Cheltenham,

UK：Edward Elgar,2010.

[77]Stigler,G. J. Information in the labor market. Journal of Political Economy，1962，70（5）:94-105.

[78]Stigler,G. J. The economics of information. Journal of Political Economy，1961，69（3）:213-225.

[79]Stone,R. Linear expenditure systems and demand analysis：an application to the pattern of British demand. The Economic Journal，1954，64(255):511-527.

[80]Tobin,J. Inflation and unemployment. American Economic Review，1972，62:1-18.

[81]Topel,R. H. ，Ward,M. P. Job mobility and the careers of young men. The Quarterly Journal of Economics，107(2):439-479.

[82]Van den Berg, Ridder,G. An empirical equilibrium search model of the labor market. Econometrica，1998，66(5):1183-1221.

[83]Wilson,W. J. The truly disadvantaged：the inner city, the underclass and public policy. Chicago：Chicago University Press,1987.

[84]Zhang,L. X. ，Alan ,B. ，Scott,R. China's rural labor market development and its gender implications. China Economic Review，2004，3(15):230-247.

[85]Robert K. Yin. 案例研究:设计与方法. 周海涛、李永贤、李虔,译. 重庆:重庆大学出版社,2010.

[86]白南生,李靖. 农民工就业流动性研究. 管理世界,2008(7):70-76.

[87]边燕杰,张文宏. 经济体制、社会网络与职业流动. 中国社会科学,2001(2):77-90.

[88]蔡昉,王德文,都阳.劳动力市场扭曲对区域差异的影响.中国社会科学,2006(2):4-14.

[89]蔡昉,王德文. 经济增长成分变化与农民收入源泉. 管理世界,2005(5):77-83.

[90]蔡昉,王美艳. "民工荒"现象的经济学分析——珠江三角洲调查研究.广东社会科学,2005(2):5-10.

[91]蔡昉,王美艳. 女性劳动力供给特点与教育投资. 江海学刊,2001(6):35-39.

[92] 蔡昉. "刘易斯转折点"近在眼前. 中国社会保障,2007(5):24-26.

[93] 蔡昉. 劳动力短缺:我们是否应该未雨绸缪. 中国人口科学,2005(6):11-16.

[94] 蔡昉. 人口转变、人口红利与刘易斯转折点. 经济研究,2010(4):4-13.

[95] 蔡昉. 通过改革避免"中等收入陷阱". 南京农业大学学报(社会科学版),2013(5):1-10.

[96] 曹子玮. 农民工的再建构社会网络与网内资源流向. 社会学研究,2003(3):99-110.

[97] 陈华. 新型农村合作医疗中的农民支付意愿研究——基于制度整合的角度. 农业经济问题,2011(8):45-51.

[98] 陈强. 高级计量经济学及 Stata 应用. 北京:高等教育出版社,2010.

[99] 陈玉萍,李哲,Herry Lucas. 农户参加新型农村合作医疗项目的影响因素分析. 中国软科学,2010(6):97-105.

[100] 程名望,史清华,顾梦蛟. 农民工城镇就业满意度及其影响因素:模型与实证. 经济理论与经济管理,2013(5):35-44.

[101] 程名望,史清华,潘烜. 劳动保护、工作福利、社会保障与农民工城镇就业. 统计研究,2012(10):73-78.

[102] 程名望,史清华,徐剑侠. 中国农村劳动力转移动因与障碍的一种解释. 经济研究,2006(4):68-78.

[103] 慈勤英. 社会转型期劳动力健康投资的分析. 人口学刊,1997(5):23-37.

[104] 邓大松,孟颖颖. 中国农村剩余劳动力转移的历史变迁:政策回顾和阶段评述. 贵州社会科学,2008(7):4-12.

[105] 杜凤莲,鲍煜虹. 搜寻理论、失业救济金与中国城镇人口失业持续时间. 经济理论与经济管理,2006(3):17-22.

[106] 杜书云,张广宇. 就业歧视与农民工福利缺失问题分析. 农民经济问题,2004(11):52-56.

[107] 樊桦. 农村居民健康投资不足的经济学分析. 中国农村观察,2001(6):37-43.

[108] 樊小钢. 论城市农民工的社会保障问题. 农业经济问题,2003(11):14-19.

[109] 范剑勇. 市场一体化、地区专业化与产业集聚趋势——兼谈对地区

差异的影响.中国社会科学,2004(6):39-51.

[110]方福前,吕文慧.中国城镇居民福利水平影响因素分析——基于阿马蒂亚·森的能力方法和结构方程模型.管理世界,2009(4):17-26.

[111]方红生,张军.攫取之手、援助之手与中国税收超GDP增长.经济研究,2013(3):108-121.

[112]方黎明,顾昕.突破自愿性的困局:新型农村合作医疗中参合的激励机制与可持续性发展.中国农村观察,2006(4):24-32.

[113]费景汉,拉尼斯.增长和发展——演进的观点.洪银兴,等译.北京:商务印书馆,2014.

[114]风笑天,王晓焘.城市在职青年的工作转换:现状、特征及影响因素分析.社会科学,2013(1):81-91.

[115]高进云,乔荣锋,张安录.农地城市流转前后农户福利变化的模糊评价——基于森的可行能力理论.管理世界,2007(6):45-55.

[116]高梦滔,姚洋.性别、生命周期与家庭内部健康投资——中国农户就诊的经验证据.经济研究,2004(7):115-125.

[117]高文书.进城农民工就业状况及收入影响因素分析——以北京、石家庄、沈阳、无锡和东莞为例.中国农村经济,2006(1):28-35.

[118]谷彬.劳动力市场分割、搜寻匹配与结构性失业的综述.统计研究,2014(3):106-112.

[119]郭力,陈浩,曹亚.产业转移与劳动力回流背景下农民工跨省流动意愿的影响因素分析——基于中部地区6省的农户调查.中国农村经济,2011(6):45-54.

[120]国务院发展研究中心课题组,侯云春,韩俊,蒋省三,等.农民工市民化进程的总体态势与战略取向.改革,2011(5):5-29.

[121]韩洪云,梁海兵,郑洁.农村已婚女性就业转移意愿与能力:一个经验检验.南京农业大学学报(社会科学版),2013(5):9-16.

[122]韩央迪.农民福利主体的结构转型与福利治理可能.中国农业大学学报(社会科学版),2011(12):154-161.

[123]韩长赋.中国农民工发展趋势与展望.经济研究,2006(12):4-12.

[124]郝君富,文学.市场化程度与社会网络的收入效应——基于农民工数据的实证研究.财经研究,2013(6):119-133.

[125]何亦名,张炳申.国外搜寻理论研究述评.外国经济与管理,2006 (2):15-22.

[126]黄晋太.二元工业化结构与城市化——解决"三农"问题与推进城市化的必由之路.山西高等学校社会科学学报,2005(4):37-40.

[127]黄亮,彭璧玉.劳动力市场搜寻理论新进展.经济学动态,2005(9):90-94.

[128]黄宁阳,龚梦.迁入省经济人口特征对农村劳动力跨省迁移行为的影响分析.统计与决策,2010(7):85-88.

[129]黄乾.城市农民工的就业稳定性及其工资效应.人口研究,2009 (3):53-62.

[130]黄乾.工作转换对城市农民工收入增长的影响.中国农村经济,2010(9):28-38.

[131]黄文平.搜寻理论的经济学社会学实证.经济师,2000(1):10-11.

[132]黄雯.西部农村女性人力资源开发研究——以陕西省为例.北京理工大学学报(社会科学版),2011(2):17-21.

[133]黄占奎,黄登仕.社会网络环境下工作搜寻行为实验研究.管理科学学报,2013(7):1-12.

[134]黄祖辉,刘雅萍.农民工就业代际差异研究——基于杭州市浙江籍农民工就业状况调查.农业经济问题,2008(10):51-60.

[135]贾燕,李钢,朱新华等.农民集中居住前后福利状况变化研究——基于森的"可行能力"视角.农业经济问题,2009(2):30-36.

[136]蒋乃华,封进.农村城市化进程中的农民意愿考察——对江苏的实证分析.管理世界,2002(2):24-28.

[137]科林·克拉克.经济进步的条件.伦敦:麦克米伦出版公司,1957.

[138]赖德胜,孟大虎,苏丽锋.替代还是互补——大学生就业中的人力资本和社会资本联合作用机制研究.北京大学教育评论,2012(1):13-33.

[139]乐君杰.工作搜寻理论、匹配模型及其政策启示——2010年诺贝尔经济学奖获得者研究贡献综述.浙江社会科学,2011(1):135-140.

[140]李宝良,郭其友.搜寻摩擦市场:搜寻和匹配模型的发展及其应用——2010年度诺贝尔经济学奖获得者的主要学术贡献.外国经济与管理,2010(11):1-10.

[141]李波平,田艳平. 两轮"民工荒"的比较分析与启示.农业经济问题,2011(1):88-94.

[142]李东进. 消费者搜寻信息努力的影响因素及其成果与满意的实证研究.管理世界,2002(11):100-107.

[143]李梅,杨汇泉. 农村留守女童反社会行为生成的现象考察——邓军"买处"个案的生命历程理论分析.中国农村观察,2010(1):87-93.

[144]李培林. 流动民工的社会网络和社会地位.社会学研究,1996(4):42-52.

[145]李培林. 社会生活支持网络:从单位到社区的转变.江苏社会科学,2001(1):53-55.

[146]李培林. 提升社会福利为什么必须小步走.北京日报,2012-06-18.

[147]李强,邓建伟,晓筝. 社会变迁与个人发展:生命历程研究的范式与方法.社会学研究,1999(6):1-19.

[148]李强,唐壮. 城市农民工与城市中的非正规就业.社会学研究,2002(6):13-25.

[149]李强. 影响中国城乡流动人口的推力与拉力因素分析.中国社会科学,2003(1):125-137.

[150]李强. 中国大地城市农民工的职业流动.社会学研究,1999(3):93-101.

[151]李强."双重迁移"女性的就业决策和工资收入的影响因素分析——基于北京市农民工的调查.中国人口科学,2012(5):104-110.

[152]李尚骜,陈继勇,李卓. 干中学、过度投资和R&D对人力资本积累的"侵蚀效应".经济研究,2011(6):57-67.

[153]李树茁,杨绪松,悦中山,等. 农民工社会支持网络的现状及其影响因素研究.西安交通大学学报(社会科学版),2007,27(1):67-76.

[154]李亚青,吴联灿,申曙光. 企业社会保险福利对农民工流动性的影响——来自广东珠三角地区的证据.中国农村经济,2012(9):61-73.

[155]李永捷,周冬梅,鲁若愚. 基于蚁群理论的劳动力就业搜寻过程分析.预测,2007(6):36-42.

[156]李长安. 农民工职业流动歧视及对收入影响的实证分析.人口与经济,2010(6):27-33.

[157]梁海兵,卢海阳.生存或发展:农民工工作匹配机制识别.华南农业大学学报(社会科学版),2014(2):59-68.

[158]林坚,葛晓巍.我国农民的职业流动及择业期望.浙江大学学报(人文社会科学版),2007(3):110-117.

[159]林善浪,张丽华.社会资本、人力资本与农民工就业搜寻时间的关系——基于福建省农村地区的问卷调查.农村经济,2010(6):101-104.

[160]林相森,艾春荣.我国居民医疗需求影响因素的实证分析——有序probit模型的半参数估计.统计研究,2008(11):40-45.

[161]刘华,苏群.农村女性劳动力留城意愿实证分析——以江苏省为例.中国农村经济,2005(9):42-47.

[162]刘继同.由集体福利到市场福利——转型时期中国农民福利政策模式研究.中国农村观察,2002(5):36-46.

[163]刘家强,王春蕊,刘嘉汉.农民工就业地选择决策的影响因素分析.人口研究,2011(2):73-82.

[164]刘俊彦,胡献忠.新一代农民工发展状况研究报告.中国青年研究,2009(1):49-57.

[165]刘宁.中西部地区农村女性劳动力转移及其路径选择.重庆社会科学,2008(9):24-27.

[166]刘士杰.人力资本、职业搜寻渠道、职业流动对农民工工资的影响——基于分位数回归和OLS回归的实证分析.人口学刊,2011(5):16-24.

[167]刘文勇.中国城乡收入差距扩大的程度、原因与政策调整.农业经济问题,2004(3):56-58.

[168]刘雅静,张荣林.我国农村合作医疗制度60年的变革及启示.《山东大学学报(哲学社会科学版)》,2010(3):144-151.

[169]刘钟钦.应用扩展的线性支出系统模型分析农村居民消费结构.沈阳农业大学学报,1991(3):227-229.

[170]陆铭.用经济学书写中国劳动力流动的历史——评《中国劳动力流动与"三农"问题》.中国人口科学,2005(6):90-92.

[171]卢新璞,吴明.北京市外来农村流动人口家庭医疗支出的影响因素——Tobit模型方法.北京大学学报(医学版),2010(5):565-569.

[172]罗楚亮. 就业稳定性与工资收入差距研究. 中国人口科学,2008 (4):11-22.

[173]罗芳. 劳动力转移与农村已婚女性的时间配置特点. 湖北农业科学,2011(5):2156-2160.

[174]吕晓兰,姚先国. 农民工职业流动类型与收入效应的性别差异分析. 经济学家,2013(6):57-68.

[175]马瑞,徐志刚,分焕广,等. 农村进城就业人员的职业流动、城市变换和家属随同状况及影响因素分析. 中国农村观察,2011(1):2-11.

[176]明娟,张建武. 人力资本积累、搜寻渠道与农民工工资水平——基于微观调查数据的区间回归分析. 西北人口,2011(3):48-52.

[177]牛建林. 人口流动对中国城乡居民健康差异的影响. 中国社会科学,2013(2):46-63.

[178]钱永坤. 搜寻理论与下岗职工再就业. 中国矿业大学学报,2001(1):48-51.

[179]邵兴全,林艳. 社会资本的累积效应及其家庭福利改善. 改革,2011 (9):131-136.

[180]石莹. 搜寻匹配理论与中国劳动力市场. 经济学动态,2010(12):108-113.

[181]宋健,白之羽. 城市青年的职业稳定性及其影响因素——基于职业生涯发展阶段理论的实证研究. 人口研究,2012(11):46-56.

[182]宋月萍. 社会整合中的性别差异:流动人口工作搜寻时间的实证分析. 人口研究,2010(11):10-18.

[183]宋月萍. 职业流动中的性别差异:审视中国城市劳动力市场. 经济学(季刊),2007(1):629-654.

[184]苏治,张景贺,黄向前. 从"搜寻理论"到"失业"释解与政府经济对策. 财贸经济,2011(7):127-133.

[185]唐美玲. 青年白领的职业获得与职业流动——男性与女性的比较分析. 青年研究,2007(12):1-8.

[186]唐颖,孟庆跃,王健. 现阶段农民自感健康状况及其影响因素分析. 中国初级卫生保健,2005(6):40-42.

[187]田明. 进城农民工的高流动性及其解释. 清华大学学报(哲学社会科学版),2013(5):69-80.

[188]万向东,刘林平,张永宏.工资福利、权益保险与外部环境——珠三角与长三角外来工的比较研究.管理世界,2006(6):37-45.

[189]王春超,吴佩勋.产业结构调整背景下农民工流动就业决策行为的双重决定——珠江三角洲地区农民工流动就业调查研究.经济社会体制比较,2011(5):77-87.

[190]王国猛,徐诗佳.新生代农民工工作搜索行为及其影响因素——基于计划行为理论和668份调查问卷.湖南农业大学学报(社会科学版),2013(6):40-46.

[191]王宏伟.中国农村居民消费的基本趋势及制约农民消费行为的基本因素分析.管理世界,2000(4):163-174.

[192]王华.发达地区农村劳动力转移与迁移意愿分析——对广州10村的调查.南方人口,2008(4):45-49.

[193]王文信,徐云.农民工就业影响因素分析——对安徽阜阳农村的调查.农业经济问题,2008(1):85-89.

[194]蔚志新.流动人口社会保险参与状况的地区差异分析——基于2011年全国32个省级单位的流动人口问卷调查.人口学刊,2013(2):81-89.

[195]文军.从生存理性到社会理性选择:当代中国农民外出就业动因的社会学分析.社会学研究,2001(6):19-30

[196]翁杰,周必彧,韩翼祥.中国大学毕业生就业稳定性的变迁——基于浙江省的实证研究.中国人口科学,2008(2):33-42.

[197]吴晓刚.中国的户籍制度与代际职业流动.社会学研究,2007(6):38-67.

[198]吴秀敏,林坚,刘万利.城市化进程中西部地区农户的迁移意愿分析——对成都市农户的实证研究.中国农村经济,2005(4):17-33.

[199]吴愈晓.劳动力市场分割、职业流动与城市劳动者经济地位获得的二元路径模式.中国社会科学,2011(1):119-139.

[200]伍德里奇.计量经济学导论(第四版).费剑平,译校.北京:中国人民大学出版社,2010.

[201]武正华,陈岱云.流动人口社会福利状况调查研究——以济南市为例.山东社会科学,2012(6):27-33.

[202]肖云. 女性农民工就业现状及特点——对重庆市375名女性农民工的调查.中国人口科学,2005(增刊):119-123.

[203]谢康. 市场经济条件下信息搜寻行为与效益分析.数量经济技术经济研究,1994(10):6-13.

[204]谢勇. 基于人力资本和社会资本视角的农民工就业境况研究——以南京市为例.中国农村观察,2009(5):49-55.

[205]谢勇. 农民工就业流动的工资效应研究——以南京市为例.人口与发展,2009,15(4):32-37.

[206]许传新. 农民工的进城方式与职业流动——现代农民工的比较分析.青年研究,2010(3):1-13.

[207]许光. 社会排斥下的城市新贫困群体福利改善研究.中共浙江省委党校学报,2009(1):65-70.

[208]姚俊. 流动就业类型与农民工资收入——来自长三角制造业的经验数据.中国农村经济,2010(11):53-62.

[209]姚先国,赖普清.中国劳资关系的城乡户籍差异.经济研究,2004(7):82-90.

[210]叶静怡,周晔馨. 社会资本转换与农民工收入——来自北京农民工调查的证据.管理世界,2010(10):34-46.

[211]于蔚,汪淼军,金祥荣. 政治关联和融资约束:信息效应与资源效应.经济研究,2012(9):125-139.

[212]张车伟,王智勇. 全球金融危机对农民工就业的冲击——影响分析及对策思考.中国人口科学,2009(2):16-26.

[213]张春泥.农民工为何频繁变换工作——户籍制度下农民工的工作流动研究.社会,2011(6):153-177.

[214]张世勇. 新生代农民工逆城市化流动:转变的发生.南京农业大学学报(社会科学版),2014(1):9-19.

[215]张顺,程诚.市场化改革与社会网络资本的收入效应.社会学研究,2012(1):130-153.

[216]张文宏,刘琳. 职业流动的性别差异研究——一种社会网络的分析视角.社会学研究,2013(5):53-75.

[217]张稳. 从劳动力流动看"民工荒".经济视角(下),2011(11):102-104.

[218]张新岭. 社会资本、人力资本与农民工工作搜寻和保留工资. 人口与发展,2010(5):60-69.

[219]张艳华,沈琴琴. 农民工就业稳定性及其影响因素——基于4个城市调查基础上的实证研究. 管理世界,2013(3):176-177.

[220]张智勇. 社会资本与农民工职业搜寻. 财经科学,2005(1):118-123.

[221]长子中. 新生代农民工值得关注的"动向". 人民论坛,2009(8):46-47.

[222]赵卫红,刘秀娟,刘冬蕾. 农村已婚女性劳动力转移就业影响因素分析——以河北省为例. 农村经济,2012(3):118-121.

[223]赵延东. 再就业中的社会资本:效用与局限. 社会学研究,2002(4):43-54.

[224]赵耀辉. 中国农村劳动力流动及教育在其中的作用——以四川省为基础的研究. 经济研究,1997(2):37-43.

[225]赵忠. 我国农村人口的健康状况及影响因素. 管理世界,2006(3):78-85.

[226]郑晓瑛. 农村人口健康投资新模式的评价——论卫生管理的投资效果. 人口与经济,2001(6):9-14.

[227]郑真真,连鹏灵. 劳动力流动与流动人口健康问题. 中国劳动经济学,2006(1):82-93.

[228]钟春平. 失业波动之谜与搜寻匹配模型的进展与争议. 经济学动态,2010(6):115-119.

[229]钟甫宁,徐志刚,栾敬东. 经济发达农村地区外来劳动力的性别差异研究. 人口与经济,2001(2):31-37.

[230]周立. "刘易斯拐点"已现:"民工荒"与"涨薪潮". 湖北经济学院学报,2011(3):24-30.

[231]周其仁. 机会与能力——中国农村劳动力的就业和流动. 管理世界,1997(5):81-100.

[232]周晔馨. 社会资本是穷人的资本吗?——基于中国农户收入的经验证据. 管理世界,2012(7):83-95.

[233]周晔馨. 社会资本在农户收入中的作用——基于中国家计调查(CHIPS 2002)的证据. 经济评论,2013(4):47-57.

[234]朱玲. 健康投资与人力资本理论. 经济学动态,2002(8):56-60.

[235]朱信凯,骆晨.消费函数的理论逻辑与中国化:一个文献综述.经济研究,2011(1):140-153.

[236]宗成峰.社会资本对农民工工资决定的调查分析——以北京市建筑业为例.首都经济贸易大学学报,2012(3):36-41.

附　录

农民工城市就业状况调研问卷

尊敬的朋友：

您好！我是浙江大学农业经济管理专业在读博士研究生,作为一名农村孩子,我一直特别关注农民工朋友的外出务工就业状况。此次针对您个人就业状况的调研不记名、不涉及个人隐私信息,所有调研信息将予以严格保密,并只用于为我们的学术研究提供客观的现实依据。

衷心感谢您的配合！

注:① 本次调查对象为年龄在 16~65 岁的农村外出打工者。

② 所有附有选项的问题请直接选择,没有选项的问题请在横线上填写。

一、个人特征

1.性别:

A.男　　B.女

2.年龄:＿＿＿＿岁

3.户籍:

＿＿＿＿＿＿省＿＿＿＿＿市(县)

4.是否创业:

A.是　　B.否

5.受教育程度:

A.小学及以下　　　B.初中　　C.高中　　　D.大学及以上

6. 政治面貌：

A. 党员　　　　B. 非党员

7. 婚姻状况：

A. 未婚　　　　B. 已婚

如果已婚：

A. 无孩子　　B. 有孩子____个

	年 龄	是否上学		年 龄	是否上学
男孩 1			女孩 1		
男孩 2			女孩 2		

二、家庭特征

1. 家庭人口概况

您家共有：____人，其中劳动力____人，外出务工____人，老人____人

	年龄	性别	是否外出务工	是否创业	从事职业	年外出时间	务工年收入
劳动力 1							
劳动力 2							

2. 家庭耕地概况

耕地规模____亩，其中旱地____亩，作物类别及其单价____；水田____亩，作物类别及其单价____。

3. 家庭收入概况

家庭总收入____元，其中农业收入____元；非农业收入____元：工资性收入____元、经营性收入____元、财产性收入____元、转移性收入____元。

三、参与行为

请注意：以下五组问题针对第一份工作。

1. 您外出务工的原因是：

A. 增加收入　　　B. 学习技术与知识　　　C. 增加生活阅历

D. 寻找城市生活机会　　　E. 其他

2. 您当时外出务工家里是否支持：

A. 支持   B. 不支持

如果【支持】，原因是：

A. 挣钱补贴家用   B. 增加工作经验

C. 学习技术   D. 其他

如果【不支持】，原因是：

A. 外出务工收入不确定   B. 担心受骗人身安全受到威胁

C. 担心受外面恶习影响   D. 其他

3. 您外出务工前办理了哪些证件？（可多选）

A. 身份证   B. 流动人口婚育证

C. 外出务工证   D. 职业等级证

E. 健康证   F. 经营许可证

G. 暂住证   H. 其他

您办理这些证件共花费____元

您觉得这些证件中哪些对找工作更重要，请给出排序_____（直接填代码即可，如 A＞B＞C 等）。

4. 您通过什么方式找到了第一份工作：

A. 亲戚朋友等熟人介绍工作   B. 自己主动搜寻工作

C. 政府机构   D. 其他

5. 您觉得外出务工最主要的影响因素是什么？（可多选）

A. 经济条件   B. 工作经验

C. 受教育程度   D. 工作技能

E. 心理承压能力   F. 其他

请注意：以下两组问题针对获得第一份工作时已婚者。

1. 配偶参与行为

您爱人是否外出务工：

A. 否   B. 是，但不参与工作   C. 是，且参与工作

选择【否】，原因是：

A. 农村有固定收入   B. 家里农活较多

C. 家里孩子或老人需要照顾   D. 其他，请说明

选择【是，但不参与工作】，原因是：

A. 打理家务   B. 照顾孩子

C. 无胜任能力或合适工作　　D. 其他

选择【是,且参与工作】,则你们是否在同一个城市打工:

A. 是　　　　　　　　B. 否

如果【是】,原因是:

A. 互相照顾　　　　　　B. 维持感情

C. 共同寻找工作机会　　D. 其他,请说明

如果【否】,将来是否打算到转移到同一个城市?

A. 是　　　　　　　　B. 否

如果【是】,原因是:

A. 互相照顾　　　　　　B. 稳定生活

C. 孩子教育与家庭情感　　D. 其他,请说明

　　如果【否】,原因是:

A. 距离较远　　　　　　B. 就业机会

C. 工作尚未稳定　　　　D. 其他,请说明

2. 孩子条件下的参与行为(第一份工作时没孩子可不填)

您是否一直将孩子带在身边:

A. 是　　　　　　　　B. 否

如果【是】,原因是(可多选):

A. 家里没人照顾　　　　B. 带在身边更放心

C. 为孩子健康成长　　　D. 其他

如果带在身边的孩子快到或已经到了上学的年龄,您是否让孩子在您所在城市上学:

A. 是　　　　　　　　B. 否

如果【是】,原因是:

A. 城里教育质量好　　　B. 带在身边更放心

C. 孩子考学的希望更大　D. 其他

如果【否】,原因是:

A. 城市生活费用太高,负担不起　　B. 孩子不喜欢读书

C. 农村上学也挺好　　　　　　　D. 其他

如果【否】,原因是:

A. 孩子太小　　　　　　B. 没有时间照顾

C. 城市生活费用太高　　D. 在老家上学

E.其他

四、搜寻能力

(一)社会资本

1.您跟您外出务工的亲戚朋友在同一个城市务工吗?

A.是　　　　　　　　B.不是

如果【是】,原因是:

A.互相介绍　　　　　B.碰巧

C.相互照应　　　　　D.其他

如果【不是】,原因是:

A.交际圈差异　　　　B.工作地点差异

C.喜欢独自工作　　　D.其他

2.您跟您外出务工的亲戚朋友是否从事同一个行业?

A.是　　　　　　　　B.不是

如果【是】,原因是:

A.互相介绍　　B.碰巧　　　C.其他

如果【不是】,原因是:

A.行业偏好差异　　　B.掌握技术不同

C.工作目标不同　　　D.其他

3.您和您外出务工的亲戚朋友之家互相交流工作状况或互相介绍工作吗?

A.是　　　　　　　　B.否

如果【是】,原因是:

A.增进感情　　　　　　　　B.分享工作寻找就业机会

C.发挥集体力量克服困难　　D.其他_____

如果【否】,原因是:

A.关系疏远　　　　　B.担心工作竞争

C.工作性质差异大　　D.其他

4.您是否参加同乡会?

A.参加　　　　　　　B.不参加

如果【参加】,原因是:

A. 结识更多朋友　　　　　B. 了解更多就业信息

C. 心理上得到更多安全感　　D. 其他

如果【不参加】，原因是：

A. 没有同乡会　　　　　　B. 没有时间

C. 交流成本比较高　　　　D. 其他

(二)人力资本

1. 您外出务工前掌握有哪些职业技能？如果有，工作经验有多长？

A. 建筑技术，时间_____年　　　B. 理发，时间_____年

C. 装潢，时间_____年　　　　　D. 泥瓦工，时间_____年

E. 其他

2. 您外出务工前参加过哪些职业就业培训？如果有，培训多长时间？成本多少？

A. 政府机构的就业培训，时间____月，成本____元

B. 自己去培训单位或在学校接受的培训，时间____月，成本____元

C. 其他

3. 您觉得哪一项人力资本对外出务工最有帮助？

A. 受教育程度　　　　　　B. 工作经验

C. 健康状况　　　　　　　D. 工作技能

E. 其他

(三)信息处理能力

1. 您在获得第一份工作前总共搜集____家招工单位的就业信息。

2. 您一般通过哪些渠道搜集就业信息？

A. 亲戚朋友等熟人介绍工作　　B. 自己主动搜寻工作

C. 政府机构　　　　　　　　　D. 其他

3. 您是如何处理每天搜集到的招工信息的？

A. 归纳、分类并筛选适合自己的信息

B. 分析综合挖掘潜在价值的信息

C. 其他

4. 您整理出来的就业信息，真正对自己成功就业的有效信息情况如何？

A. 有效的信息较少　　　B. 有效信息较多　　　C. 其他

五、搜寻要素

1. 搜寻时间

您找工作时每天大概搜寻____小时

2. 搜寻强度

您找到第一份工作时，总共搜寻了多少家用人单位？

A. 1～3 家　　　B. 4～10 家　　　C. 10 家及以上

3. 搜寻半径

您找工作时每天大概走多远？

A. 1 公里以内　　B. 1～10 公里　　C. 10 公里以上

4. 持续时间

您从开始搜寻到获得第一份工作，等待时间为____月

5. 实际成本

找到第一份工作前，您的总花费为____元，其中：A. 交通费用____元；B. 通信费用（如打电话等）____元；C. 吃饭住宿____元；D. 其他，请说明

6. 预期收益

您心里期望的第一份工作月工资为____元

7. 保留工资

(1)您寻找第一份工作时最低能接受的工资是____元/月

(2)给出该最低可接受工资，您参考的主要标准是：

A. 基本生活成本　　　B. 行业最低工资

C. 市场行情　　　D. 其他

(3)找工作时，如果老板开的工资低于您的心理价位，您会怎么办？

A. 直接拒绝　　　B. 勉强接受

如果【直接拒绝】，原因是：

A. 低于行业最低工资　　　B. 不足以维持基本生活　　　C. 其他

如果【勉强接受】，原因是：

A. 工作经验　　　B. 市场行情

C. 搜寻成本　　　D. 其他

(4)如果现在再去找份工作,您能接受的最低工资是____元/月

(5)将心理价位作出如此调整,您出于哪方面的考虑?

A. 就业机会　　　　　　B. 个人技能

C. 市场行情　　　　　　D. 物价水平

E. 其他原因

8. 接受原因

您选择接受第一份工作的原因是什么?

A. 工资待遇　　　　　　B. 工作环境

C. 搜寻成本　　　　　　D. 搜寻心理压力

E. 其他

六、工作转换

1. 您目前一共有_____份工作经历。具体情况如下表。

问　　题		第一份工作	第二份工作	第三份工作	当前工作
(1)开始时间					
(2)务工地点					
(3)工作任期(月)					
(4) 搜寻成本	交通费				
	通信费				
	住宿费				
	伙食费				
	其他费用				
(5)搜寻等待时间(天)					
(6) 每天平均工作时间(小时)					
(7)月工资水平					

续　表

问　题	第一份工作	第二份工作	第三份工作	当前工作
(8)是否培训:A.政府机构提供的就业培训　B.工作单位提供的上岗培训　C.培训单位或学校接受的培训　D.无				
(9)工资支付情况:A.基本按时支付工资　B.有时延期支付工C.经常延期甚至拖欠工资				
(10)搜寻渠道:A.亲戚朋友等熟人介绍　B.自己主动搜寻工作　C.政府机构				
(11)工作岗位:A.服务员(家政、勤杂、饭店等)　B.生产工人(工业、建筑等)　C.技术员　D.办公职员　E.批发零售　F.管理人员				
(12)是否加班:A.是　B.否				
(13)工作福利:A.免费用餐或补贴　B.免费住宿或补贴　C.电话费补贴　D.路费补贴　E.带薪假期　F.年终奖　G.医疗保险　H.意外伤害保险　I.工伤事故保险　J.养老保险　K.无				
(14)务工职业:A.采矿业　B.建筑业　C.制造业　D.批发和零售业　E.交通运输、仓储和邮政业　F.住宿和餐饮业　G.其他服务				
(15)是否签订合同:A.签订正式书面合同　B.只有口头协议C.没有合同				
(16)工作满意点:A.工资水平B.社会保险情况　C.合同签订情况　D.工作条件及环境E.工作劳动强度　F.居住环境G.社会地位				

续　表

问　题	第一份工作	第二份工作	第三份工作	当前工作
(17)工作不满意点：A.工资水平　B.社会保险情况　C.合同签订情况　D.工作条件环境　E.工作劳动强度　F.居住环境　G.社会地位				
(18)离职原因：A.工资待遇不高　B.工作环境较差　C.员工关系不好　D.公司裁员　E.合同到期　F.单位倒闭				

2.曾经给您介绍过工作的介绍人情况

问　题	第一介绍人	第二介绍人	第三介绍人	最近介绍人
1.相互关系： A.家人　B.亲戚朋友　C.其他				
2.职业类型： A.采矿业　B.建筑业　C.制造业　D.批发和零售业　E.交通运输、仓储和邮政业　F.住宿和餐饮业　G.居民服务和其他服务				
3.岗位任职： A.政府人员　B.企业管理者　C.普通职员　D.其他				
4.企业性质： A.国有　B.合资　C.个体户　D.其他				
5.企业规模： A.10人以下　B.50人以下　C.100人以下　D.100人及以上				
6.介绍方式： A.正规招聘　B.直接引进　C.其他				

七、当前工作

(一)工作特征

1. 工作时间

您每天平均工作____小时

2. 工资类型

您的工资结算方式是:

A. 计时工资　　　B. 计件工资　　　C. 月基本工资

3. 工资待遇

您的工资水平是____元/月

4. 工作强度

您工作过程中是否加班:

A. 经常加班　　　B. 偶尔加班　　　C. 不加班

5. 心理压力

您工作过程是否有心理压力:

A. 没有　　　　　B. 有　　　　　　C. 没有考虑过

6. 工作环境

您觉得工作环境怎样?

A. 环境挺好　　　B. 环境不好　　　C. 其他

7. 工作福利

您在工作过程中,单位有没有给您过生日、发放节日慰问品等福利?

A. 有,比较温馨　　　B. 没有,但能接受

C. 没有,心里有些埋怨

8. 话语权

您在工作过程中,如给单位提一些意见会得到认可吗?

A. 没有　　　　　B. 有一定话语权　　　C. 没有考虑

9. 工作保障

您是否签了劳动合同?

A. 有　　　　　　B. 没有

如果【有】,原因是:

A. 老板要求　　　B. 自己要求

C.中介达成　　D.其他

如果【没有】,原因是:

A.老板没有用工合同　B.自己没要求　　C.其他

10.社会保险

单位有没有给您购买医疗保险、工伤保险等社会保险?

A.有　　　　　　　　B.没有

如果【有】,都有哪些险种?

_____

如果【没有】,原因是:

A.老板强制不买　　　B.自己没有要求　C.其他

11.就业安全

您工作的安全性如何?

A.比较安全　　　　　B.有安全风险　　　C.没有考虑

(二)工作环境

1.您工作单位有工会组织吗?

A.有　　　　　　　　B.没有

如果【有】,您是会员吗?

A.是　　　　　　　　B.不是

如果【是】,原因是:

A.保证基本工资水平　B.维护自身权利

C.增加社会资本　　　D.其他

如果【不是】,原因是:

A.不知道工会　　　　B.不相信工会

C.加入不了　　　　　D.其他

如果【没有】,您是如何维护自己权益的?

A.自己独自维权　　　　　　B.依靠法律机构维权

C.依靠工友集体力量维权　　D.妥协

E.其他

2.您工作场所卫生条件如何?

A.比较干净　　　　　B.比较脏

3.您工作场所饮食条件怎样?

A. 自己做饭　　　　　　B. 集体食堂

C. 在家吃饭　　　　　　D. 其他

4. 您工作时住在哪里？

A. 工地　　　　　　　　B. 单位集体住所　　C. 租住在当地社区

D. 在家　　　　　　　　E. 其他

5. 您与工友关系如何？

A. 关系挺好　　　　　　B. 关系一般

C. 关系较差　　　　　　D. 其他

6. 您工作之余怎么安排？

A. 与工友聊天、打牌、逛街等　　B. 待在宿舍看电视等

C. 找份其他活，增加收入　　　　D. 参加职业培训

E. 继续学习　　　　　　F. 其他

7. 您平均每月消费水平是？

总计＿＿元/月，其中 A. 生活费＿＿元　　B. 交通通信费＿＿元

C. 娱乐＿＿元　　D. 维持社交关系＿＿元　　E. 其他

(三)其他工作要素考察

1. 您对当前工作比较满意的地方是：

A. 工资水平　　　　　　B. 工作环境

C. 学习机会　　　　　　D. 交际圈子

E. 社会保险　　　　　　F. 其他

2. 您当时接受当前这份工作，最主要的原因是：

A. 工资待遇　　　　　　B. 搜寻成本

C. 工作环境　　　　　　D. 其他

3. 您当时接受当前这份工作时工资是老板(或招聘主管、经理)直接定的吗？

A. 是的　　　　　　　　B. 不是，和老板共同商定的

C. 经中间人确定的　　　D. 其他

4. 您接受当前工作过程中有没有受到歧视？

A. 没有　　　　　　　　B. 有

如果【有】，在哪些方面？

A. 户籍　　　　　　　　B. 年龄　　　　　　　C. 性别

D. 健康状况　　　　　　E. 受教育程度　　F. 其他

5. 如果您的亲戚朋友想加入您的当前工作,您是否希望他们加入?

A. 希望　　　　　　　　B. 不希望

如果【希望】,原因是:

A. 扩大交际面　　　　　　B. 相互之间有所照应

C. 如有问题,可以集体维权　D. 其他

如果【不希望】,原因是:

A. 单位工资待遇不好　　　　B. 增加就业竞争压力

C. 相处不好易出问题　　　　D. 其他

6. 您对当前的工资水平与同行比较满意吗?

A. 满意　　　　　　　　B. 不满意

如果【满意】,原因是:

A. 与同行业持平或更高　B. 比亲戚朋友要高

C. 比自己预期高很多　　D. 其他

如果【不满意】,原因是:

A. 比同行业都低　　　B. 比亲戚朋友低

C. 比自己预期的要低　D. 其他

7. 相比较您刚进来时,当前的工资水平是否有所提高?

A. 有　　　　　　　　B. 没有

如果【有】,提高_____元/月。原因是:

A. 个人工作能力　　　B. 随物价水平上涨

C. 老板生意效益好　　D. 其他

如果【没有】,原因是:

A. 工资一开始就商量好的　　B. 所有工友都是这个价　　C. 其他

8. 您现在对当前工作是否满意?

A. 不太满意　　　　　　B. 比较满意

如果【不太满意】,主要是哪些方面不太满意?

A. 工资水平　　　　B. 工作环境　　　C. 社会保险

D. 福利待遇　　　　E. 其他

如果【比较满意】,主要满意在哪些方面?

A. 工资水平　　　　B. 工作环境　　　C. 社会保险

D. 福利待遇　　　　E. 其他

9. 现在有没有转换工作的想法?

A. 有   B. 没有

如果【有】,原因是:

A. 想获得更高收入   B. 想要福利更好的工作

C. 想转换职业   D. 其他

如果【没有】,原因是:

A. 对现有工作较满意   B. 想先积累工作经验

C. 考虑到孩子的发展   D. 其他

10. 假设您一直保持目前这份工作,您希望单位在哪些方面有所改善?

A. 提高工资水平   B. 增加社会保险

C. 改善工作环境   D. 培养企业文化,注重员工关系

E. 其他

图书在版编目(CIP)数据

农民工城市就业:搜寻渠道与匹配路径 / 韩洪云,
梁海兵著. —杭州:浙江大学出版社,2018.5
ISBN 978-7-308-18051-1

Ⅰ.①农… Ⅱ.①韩…②梁… Ⅲ.①民工—劳动就
业—研究—中国 Ⅳ.①D669.2

中国版本图书馆 CIP 数据核字(2018)第 049810 号

农民工城市就业:搜寻渠道与匹配路径

韩洪云　梁海兵　著

责任编辑	田　华	
责任校对	陈　翩	
封面设计	春天书装	
出版发行	浙江大学出版社	
	(杭州市天目山路 148 号　邮政编码 310007)	
	(网址:http://www.zjupress.com)	
排　版	浙江时代出版服务有限公司	
印　刷	杭州钱江彩色印务有限公司	
开　本	710mm×1000mm　1/16	
印　张	14.5	
字　数	240 千	
版印次	2018 年 5 月第 1 版　2018 年 5 月第 1 次印刷	
书　号	ISBN 978-7-308-18051-1	
定　价	48.00 元	